LA VÉRITABLE HISTOIRE

Collection
dirigée
par
Jean Malye

LA VÉRITABLE
HISTOIRE
D'AUGUSTE

Textes réunis et commentés
par
Bruno Albin

LES BELLES LETTRES
2014

À PARAÎTRE

Les femmes romaines célèbres
Les femmes grecques célèbres
Brutus
Pyrrhus
Jules César

Dans le corps du texte, les textes en italiques sont de Bruno Albin et ceux en romains sont d'auteurs anciens, excepté pour les annexes.

Les dates s'entendent avant J.-C. sauf cas indiqués.

www.lesbelleslettres.com

Retrouvez Les Belles Lettres sur Facebook et Twitter.

© *2014, Société d'édition Les Belles Lettres*
95, boulevard Raspail 75006 Paris.

ISBN : 978-2-251-04018-9

Auguste, nous le verrons, eut pour père Gaius Octavius, de la famille Octavia, de Vélitres dans le Latium.

On le surnomma parfois Thurinus – Suétone se demande si ce n'est pas pour rappeler le lieu d'origine de ses ancêtres. On l'appela Octave, Octavien. Puis, après son adoption par Jules César, il porta aussi le nom de Caius César. Enfin, le Sénat décida de le nommer Auguste.

Les historiens romains le nomment indifféremment César, Octave, Octavien, et Auguste, quelle que soit la période à laquelle ils se réfèrent.

Pour plus de simplicité, nous avons décidé de le nommer Octave, et ce, jusqu'au moment où il devient Princeps, *le premier entre tous les autres, et reçoit donc du Sénat de Rome le surnom sous lequel il a régné jusqu'à la fin de sa vie, en l'an 14 de notre ère : Auguste.*

Rome est en liesse. Trois jours durant, à la mi-août de l'an 29, la ville entière célèbre celui qui a ramené la paix. Celui qui a mis fin à quinze années de guerre civile. Le héros, Octave, petit-neveu mais aussi fils adoptif de Jules César. Bientôt, par la volonté du Sénat, il deviendra Auguste.

Pour l'heure, il est le triomphateur. Et l'empire sur lequel il va régner est déjà à ses pieds.

[Comment dire] par quel concours de foule, par quel enthousiasme de gens de toute condition, de tout âge, de tout ordre, Octave a été accueilli à son retour en Italie et à Rome, quelle a été la magnificence de ses triomphes, des spectacles qu'il a donnés, cela ne pourrait même pas être convenablement exprimé dans un ouvrage de dimensions normales, à plus forte raison dans un abrégé tel que le mien. Rien de ce que les hommes peuvent demander aux dieux, rien de ce que les dieux peuvent fournir aux hommes, rien de ce qui peut être accompli avec un plein succès qu'Auguste n'ait réalisé pour l'État, le peuple romain et le monde entier.

Velleius Paterculus, *Histoire romaine*, 2, 89, 1-2.

Rouge est son visage. Rouge, le reste de son corps. Octave a été couvert de minium, de cinabre, écarlate. Tout comme la statue de Jupiter Capitolin, également recouverte de minium, comme pour rehausser l'éclat de la terre cuite, à l'occasion de chaque jour de fête. Jupiter, le père de tous les dieux, qui règne sur la terre et sur le ciel.

En ce jour, la religion compte pour beaucoup. Octave côtoie les dieux. Comme tous les triomphateurs avant lui. Il les côtoie

*même de si près que le rituel exige la présence d'un esclave, debout,
derrière lui, sur son char. L'esclave tient la couronne de lauriers
au-dessus de sa tête et lui répète à l'oreille, avec insistance, qu'il
n'est qu'un homme[1] : « Memento mori », « Souviens-toi que tu
vas mourir ! » Ou encore, « Cave ne cadas », « Prends garde
de ne pas tomber ! »*

*Le poids de la religion toujours : Virgile, le poète, le rappellera
dans l'Énéide, Octave consacre ce jour-là trois cents temples à
travers tous les quartiers de Rome.*

Les rues bruissaient de joie, de jeux, d'applaudissements.
Dans chaque temple, un chœur de matrones, à chaque
sanctuaire son autel : et, devant les autels, des taureaux
immolés ont couvert le sol. Octave lui-même, siégeant sur
le seuil blanc comme neige du rayonnant Phébus, recense
les présents des différents peuples et les fixe aux jambages
de la superbe porte ; les nations vaincues s'avancent en une
longue file, aussi différentes par leurs armes et leur costume
que par leur langage.

Virgile, *Énéide*, 8, 717-723 (traduction de Paul Veyne).

*Trois jours, trois triomphes pour Octave… Le premier, pour
partager les lauriers décernés à C. Carinas, un général dont les
victoires sur les Dalmates, les Celtes, les Gaulois ont étendu les
frontières de l'empire. Pourquoi Octave a-t-il voulu partager ces
succès lors de batailles auxquelles il n'a pas pris part ? Parce que*

1. « On lui rappelle sa condition humaine le jour même du
triomphe, quand il est assis sur le plus sublime des chars, car on crie
derrière lui : "Regarde derrière toi ! Souviens-toi que tu es homme !"
Et naturellement sa joie augmente, quand il songe qu'il brille d'une
gloire si éclatante qu'il est nécessaire de lui rappeler sa condition. Il
serait moins grand, si on l'appelait dieu en cette circonstance, parce
que ce serait un mensonge. Il est plus grand, quand on l'avertit qu'il
ne doit pas se croire dieu. » Tertullien, *Apologétique*, 33, 4.

« l'honneur de la victoire remontait de droit à son autorité suprême »[2].

Le second triomphe sera pour la victoire d'Actium. Bataille navale qui précipitera la fin du règne de Cléopâtre et la perte de Marc Antoine.

Le dernier célébrera la soumission de l'Égypte, désormais réduite au rang de province romaine.

Les processions furent rehaussées par le butin égyptien – tant de richesses avaient été amassées qu'elles suffirent pour toutes –, mais c'est la célébration du triomphe sur l'Égypte qui fut la plus somptueuse et la plus majestueuse. On y transporta notamment Cléopâtre représentée sur un lit dans l'attitude qu'elle avait au moment de sa mort, de sorte qu'on la vit elle aussi, en quelque sorte, avec les autres prisonniers et ses enfants, Alexandre Hélios et Cléopâtre Séléné[3], dans le cortège triomphal.

Dion Cassius, *Histoire romaine*, 51, 21, 7-8.

Le défilé se prolonge. Les pensées d'Octave font peut-être ressurgir d'autres images. Celles des disparus. Depuis l'âge de dix-neuf ans, et après que sa vengeance contre les assassins de Jules César s'est confondue avec le combat qu'il a mené pour assurer sa survie et son pouvoir, quinze ans de luttes sanglantes, d'intrigues, de violences reviennent en mémoire. Les morts… César, son père adoptif, tout d'abord, et les proscrits comme Cicéron, puis, bien sûr, le rival, Marc Antoine, et enfin, Cléopâtre, tous comme tant d'autres, tués, assassinés, poussés au suicide, victimes de quinze années de guerres civiles.

---

2. Dion Cassius, *Histoire romaine*, 51, 21.

3. Les enfants qu'elle a eus de Marc Antoine. Leur troisième fils, Ptolémée Philadelphe a été tué à Alexandrie par les soldats d'Octave. Césarion, le fils présumé de Jules César et Cléopâtre, a connu le même sort.

Celles de Modène, de Philippes, de Pérouse, de Sicile et d'Actium, la première et la dernière, contre Marc Antoine, la seconde, contre Brutus et Cassius[4], la troisième, contre Lucius Antoine, frère du triumvir, la quatrième, contre Sextus Pompée, fils de Cnéius[5].

Suétone, *Auguste*, 9, 2.

À cheval, de chaque côté du char du triomphateur, deux adolescents… Marcellus, son neveu, fils de sa sœur Octavie, et Tibère, le fils né du premier mariage de Fulvie, son épouse.

À trente-quatre ans, Octave n'a pas de fils. Il n'en aura jamais d'ailleurs. Une fille seulement, Julia, dont nous reparlerons.

Octave entra à leur suite triomphalement et accomplit tous les rites selon la coutume, mais laissa son collègue au consulat et les autres magistrats le suivre avec les sénateurs qui avaient participé à la victoire, contrairement à l'usage établi. Car l'usage était que les uns marchent en tête et que les autres suivent.

Dion Cassius, *Histoire romaine*, 51, 21, 9.

Octave, toujours, suit Marcellus et Tibère du regard. Les deux jeunes gens chevauchent entre le cortège et la foule bruyante qui se presse au bord du Clivus Capitolinus, *dont les pavés conduisent lentement le cortège vers le sommet de la colline, au temple de Jupiter.*

Vingt ans plus tôt – mais à cet instant, en a-t-il le souvenir ? –, il avait lui-même pris place sur le char de Jules César. Après sa victoire dans la guerre d'Espagne, César rentrait en Italie. Auprès de celui qui n'était encore que son grand oncle, Octave vivait un premier rendez-vous avec l'histoire.

4. Les chefs de la conjuration des assassins de Jules César.
5. Cneius Pompeius Magnus, Pompée le Grand.

SOUS LA PROTECTION DE CÉSAR

63-44

Que sait-on d'Octave ?

Qu'il est né le « neuvième jour avant les calendes d'octobre[1], sous le consulat de M. Tullius Cicéron et de C. Antonius, un peu avant le lever du soleil, dans la partie du Palatin appelée "aux têtes de bœufs"[2] », *sous le consulat de Cicéron, écrit Suétone.*

Sa mère, Atia, était la fille de Julie, sœur de Jules César.

À la fin de sa vie, Auguste écrivait dans ses mémoires qu'il était « issu d'une famille de chevaliers, ancienne et riche, dans laquelle le premier sénateur fut son père[3]. »

Ces précisions quant à son lignage ont leur importance. C'est sur ce sujet de discorde, qui touche à l'honneur familial, que l'on rencontre pour la première fois un personnage crucial de la vie d'Octave. Le consul Marc Antoine, qui s'en prend violemment aux ancêtres du futur empereur. Cela ne laisse pas de surprendre l'historien Suétone.

Marc Antoine lui reproche d'avoir eu pour bisaïeul un affranchi, un cordier du canton de Thurium, et pour grand-père, un changeur. [...]

Gaius Octavius, le père d'Auguste, jouit dès sa jeunesse d'une grande fortune et d'une haute considération. Dès lors, je suis vraiment surpris que certains le donnent, lui aussi, comme changeur, ou même le comptent parmi les agents

---

1. Le 23 septembre 63.
2. Suétone, *Auguste*, 5, 1.
3. Suétone, *Auguste*, 2, 5.

électoraux et les courtiers du champ de Mars. Élevé en effet au milieu de l'opulence, il obtint facilement les charges publiques et les remplit avec distinction.

À l'issue de sa préture, il tira au sort la Macédoine et, tandis qu'il s'y rendait, massacra, en vertu d'une mission extraordinaire à lui confiée par le Sénat, les esclaves fugitifs, restes des bandes de Spartacus et de Catilina, qui infestaient le territoire de Thurium. Dans le gouvernement de sa province, il ne montra pas moins de justice que de courage. [...]

Le même Antoine, étendant son mépris aux ancêtres maternels d'Octave, lui reproche d'avoir eu un bisaïeul d'origine africaine qui exerça tour à tour dans Aricie le métier de parfumeur et celui de boulanger. De son côté, Cassius de Parme[4], dans l'une de ses lettres, le taxe d'avoir eu pour grands-pères non pas seulement un boulanger, mais aussi un courtier de monnaies, voici en quels termes : « Ta farine maternelle provient du plus grossier moulin d'Aricie, et c'est un changeur de Nerulum qui l'a pétrie de ses mains noircies au contact de l'argent. »

Suétone, *Auguste*, 2, 6 – 4, 4.

Curieusement, Octave ne répondra jamais aux propos insultants de Marc Antoine, si ce n'est en rappelant les origines nobles de son père. Son face à face dramatique avec Marc Antoine se livrera sur un tout autre terrain.

Pour l'heure, il a quatre ans. Son père, Gaius Octavius, meurt subitement. Mais Jules César, son grand-oncle l'aima comme son propre fils.

Devenu grand, il vécut avec César. Celui-ci en effet, qui n'avait pas d'enfants et fondait de grands espoirs sur lui, le chérissait et l'entourait de ses soins, parce qu'il avait l'intention d'en faire l'héritier de son nom et de sa puissance, c'est-à-dire de son pouvoir personnel, et surtout parce qu'Atia

---

4. L'un des assassins de César : voir Appien, *Guerre civiles*, 5, 2.

soutenait avec une insistance particulière qu'elle l'avait conçu d'Apollon : s'étant un jour endormie dans le temple de ce dieu, elle avait rêvé qu'elle s'unissait avec un serpent et, suite à cette union, elle avait accouché dans les délais attendus. Avant de mettre l'enfant au monde, elle avait vu en songe ses entrailles portées au ciel et répandues sur toute la terre. La même nuit, Octavius de son côté avait rêvé que le soleil se levait du ventre de sa femme.

Dion Cassius, *Histoire romaine*, 45, 1, 1-3.

Par petites touches, le merveilleux s'installe dans les biographies des Romains illustres… Et, autant que les faits, les historiens nous rapportent la légende.

De plus, l'enfant à peine né, le sénateur Nigidius Figulus lui prédit aussitôt le pouvoir absolu. Parmi ses contemporains, il était en effet le meilleur connaisseur de la disposition de la voûte céleste, des différences entre les astres, des mouvements qu'ils accomplissent en s'éloignant et en se rapprochant les uns des autres, lors de leurs conjonctions et de leurs oppositions, et il fut même accusé pour cela de pratiques secrètes. C'est cet homme qui, ce jour-là – le Sénat se trouvait tenir séance –, demanda à Octavius, arrivé tardivement au lieu de réunion à cause de la naissance de son fils, la raison de son retard ; lorsqu'il l'apprit, il s'écria : C'est un maître pour nous que tu viens d'engendrer ! Octavius fut profondément troublé par cette parole et voulut faire disparaître le bébé, mais Nigidius le retint en disant qu'il était impossible que l'enfant connût pareil sort.

Puis, pendant qu'Octave était en nourrice à la campagne, un aigle lui arracha un pain qu'il tenait dans ses mains et s'envola, puis il s'abattit et le lui rendit.

Quand Octave était petit garçon et qu'il séjournait à Rome, Cicéron rêva un jour qu'il était descendu du ciel au Capitole par des chaînes en or et qu'il avait reçu un fouet des mains de Jupiter. Il ne savait toutefois pas de qui il s'agissait. Or le lendemain, il tomba justement sur Octave au Capitole et, l'ayant reconnu, il raconta sa vision aux personnes présentes. Et Catulus, qui lui non plus n'avait jamais vu personnellement Octave, crut voir dans son sommeil que l'ensemble des enfants nobles s'étaient rendus en procession auprès de Jupiter sur le Capitole et que, au cours de cette procession, le dieu avait déposé une statuette dans les bras de cet enfant. Frappé par ce rêve, il se rendit en haut du Capitole pour adresser une prière au dieu et là, rencontrant Octave qui était monté pour une raison quelconque, il fit le rapprochement entre les traits de ce dernier et son rêve et eut la conviction que sa vision était vraie.

Plus tard Octave, devenu adolescent, intégrait les rangs des jeunes gens et avait revêtu la toge virile quand sa tunique se déchira aux deux épaules et tomba à ses pieds. Cet incident, qui en soi n'était déjà pas un indice de bon augure, affligea les personnes présentes parce qu'il s'était produit le jour où il revêtait la tunique virile pour la première fois, mais comme Octave eut la présence d'esprit de dire : « J'aurai toute l'autorité sénatoriale à mes pieds », il bénéficia d'une tournure des événements conforme à cette parole.

Dion Cassius, *Histoire romaine*, 45, 1, 3 – 2, 6.

Jules César le prend sous son aile et l'initie.

Voilà donc pourquoi César fonda de grands espoirs sur lui ; il le fit entrer dans les rangs des patriciens, l'exerça à gouverner et, tout ce que doit savoir un homme qui est destiné à administrer correctement et dignement un pouvoir d'une pareille importance, il le lui apprit minutieusement : il l'exerça à la rhétorique, non seulement en latin mais aussi dans notre langue[5], il lui donna, au cours de ses campagnes,

___

5. Dion Cassius, d'origine grecque, écrivait dans cette langue.

un entraînement solide et il lui enseigna avec rigueur les affaires de l'État et du pouvoir.

Dion Cassius, *Histoire romaine*, 45, 2, 7.

Des voyages forment son expérience.

Ensuite, quand son oncle partit pour les Espagnes[6] afin de combattre les fils de Cnéius Pompée, il l'y suivit de près, quoiqu'il fut à peine remis d'une maladie grave, passant avec une très faible escorte par des routes infestées d'ennemis, essuyant même un naufrage, et se fit grandement valoir [auprès de César], qui eut tôt fait d'apprécier même ses heureuses dispositions, outre la hardiesse de son voyage.

Suétone, *Auguste*, 8, 3.

Jules César l'initie à la guerre.

[César par la suite] le garda auprès de lui. Jamais il ne le logea ailleurs qu'avec lui ni ne le fit voyager dans un autre véhicule que le sien. Il l'honora de la dignité de pontife[7] quand il n'était encore qu'un enfant. Quand les guerres civiles furent terminées, voulant former l'esprit de ce jeune homme exceptionnel aux disciplines libérales, il l'avait envoyé pour faire ses études à Apollonie[8]. Il se promettait l'avoir comme compagnon d'armes dans sa guerre contre les Gètes[9], puis contre les Parthes[10].

Velleius Paterculus, *Histoire romaine*, 2, 59, 3-4.

6. On distinguait l'Espagne citérieure ou Tarraconaise, l'Espagne ultérieure et la Lusitanie.
7. Membre du collège pontifical qui doit surveiller la bonne observance des pratiques religieuses.
8. Apollonie d'Illyrie, ancien port grec, puis romain, situé sur la côte de la province d'Illyrie, l'actuelle Albanie.
9. Tribus thraces du Bas-Danube.
10. Les Perses.

Octave se fait aimer de l'armée.

Avec les cavaliers stationnés eux-mêmes à Apollonie, des escadrons venaient à tour de rôle de Macédoine participer à l'entraînement d'Octave, et certains chefs militaires le fréquentaient assidûment, comme un proche parent de César. Cela lui valait une certaine notoriété auprès de l'armée, qui était bien disposée à son égard, attendu qu'il accueillait tout le monde de bonne grâce.

Appien, *Guerres civiles*, 3, 9, 31.

Et le drame survient.

[Au quatrième mois de son séjour], un affranchi arriva chez lui, venant de sa patrie et envoyé par sa mère : plein de trouble et d'inquiétude, il apportait une lettre annonçant que César avait été tué dans le Sénat par Cassius, Brutus et leurs complices.

Sa mère estimait que son fils devait la rejoindre, car même elle (expliquait-elle) ne savait pas ce qui allait arriver après cela. Il fallait qu'il se montre un homme, réfléchisse avec discernement à ce qu'il allait faire et mette sa décision en pratique, en épousant le destin et les circonstances. Tel était le contenu de la lettre de sa mère. Le messager lui donnait les mêmes indications : il avait été envoyé tout de suite après la mort de César et ne s'était plus arrêté nulle part afin qu'Octave, informé des événements au plus vite, pût prendre une décision.

Le péril était grand pour la famille de la victime et il fallait, pour commencer, voir comment y échapper. En effet, parmi les assassins, nombreux étaient ceux qui voulaient pourchasser et tuer les proches de César. [...]

Octave eut l'opportunité de discuter de l'ensemble de la situation avec ses amis, alors que la nuit était très avancée, pour savoir ce qu'il fallait faire et comment tirer parti des événements. Il y avait plusieurs possibilités :

parmi ses amis, certains lui conseillèrent de rejoindre l'armée de Macédoine.

Nicolas de Damas, *Vie d'Auguste*, F 130, 16, 38-40.

Là-bas, Jules César avait stationné des légions en vue d'une campagne militaire contre les Parthes. Fallait-il rentrer à Rome sous leur protection ou bien fallait-il attendre, et s'informer ?

Il décida de ne rien faire, de partir pour Rome et, une fois arrivé en Italie, d'essayer d'abord de savoir ce qui s'était passé après la mort de César et de se concerter sur toute l'affaire avec les amis qui se trouveraient là. [...]

Octave prit la mer sur les premiers bateaux qu'il trouva, dans des conditions particulièrement dangereuses car c'était encore l'hiver et, après avoir traversé la mer Ionienne, il accosta à la pointe de la Calabre, à un endroit où aucune nouvelle précise du renversement à Rome n'était encore parvenue aux habitants. Il débarqua et, de là, se rendit à Lupies[11], à pied.

Nicolas de Damas, *Vie d'Auguste*, F 130, 16, 43 – 17, 47.

Sur le chemin du retour, on lui apprend ce qui s'est déroulé à Rome en son absence.

Quand il y parvint, il rencontra des gens qui avaient assisté aux funérailles de César à Rome. Ils lui annoncèrent entre autres choses que, dans son testament, César l'avait adopté et lui avait légué les trois-quarts de ses biens. Le quatrième quart avait été légué aux autres, dont soixante-quinze drachmes par homme du peuple. Par ailleurs, ils racontèrent que César avait chargé Atia, la mère de son « fils », de s'occuper de ses funérailles et comment dans sa

---

11. Lecce actuelle, sur la côte adriatique de l'Italie. Voir la carte p. 296 et 297 pour tous les noms de lieux.

fureur, la foule avait dressé un bûcher et brûlé le corps au milieu du Forum. Ils ajoutèrent que les assassins complices de Brutus et de Cassius avaient occupé le Capitole et le tenaient, et qu'ils avaient appelé les esclaves à rejoindre leur combat, en leur promettant la liberté. Les deux premiers jours, où les amis de César étaient encore sous le choc, beaucoup de gens s'étaient joints aux meurtriers. Mais ensuite, quand les colons des cités voisines, que César avait établis et qu'il avait installés dans les cités, vinrent en masse se ranger aux côtés de Lépide, maître de la cavalerie et de Marc Antoine, collègue de César au consulat, pour venger l'assassinat, nombreux furent ceux qui se dispersèrent.

Restés seuls, les conjurés réunirent quelques gladiateurs et d'autres partisans, certains qui vouaient une haine implacable à César, certains qui participaient au complot. Peu de temps après, même ceux-là étaient tous descendus du Capitole, ayant reçu des garanties de Marc Antoine qui disposait déjà de forces considérables, mais renonçait pour l'instant à venger César. Grâce à quoi ils purent quitter Rome en toute sécurité et se rendre à Antium. Alors, même leurs maisons furent assiégées par le peuple, qui n'avait pas de chef, mais qui massivement n'avait pas toléré le meurtre à cause de son affection pour César, surtout après avoir vu sa toge ensanglantée et son corps blessé à mort. C'est à ce moment-là que dans sa fureur la foule lui rendit des honneurs funèbres au milieu du Forum.

Nicolas de Damas, *Vie d'Auguste*, F 130, 17, 48-49.

Octave poursuit sa route en recevant d'autres nouvelles.

[Après ce récit, Octave] partit à Brindes[12], car il savait désormais qu'il n'avait pas d'ennemis dans cette ville, alors que, auparavant, il craignait qu'elle ne fut entre leurs mains.

---

12. Brindisi actuelle, sur la côte adriatique.

C'est pour cela qu'il avait fait un détour sur son trajet depuis la côte grecque.

Il reçut alors une lettre de sa mère, qui le suppliait de rentrer au plus vite et de les rejoindre, elle et toute sa famille, pour éviter que son éloignement de Rome ne facilitât un complot à la suite de son adoption par César. Elle lui donnait des informations semblables à celles qu'il avait déjà reçues et ajoutait que le peuple tout entier, indigné des méfaits commis par les partisans de Brutus et de Cassius, s'était soulevé contre eux.

De son côté, son beau-père Philippus lui écrivit en le priant de ne pas accepter l'héritage de César, de ne même pas prendre son nom, étant donné ce que César avait subi, et de vivre tranquillement à l'écart de la politique.

Nicolas de Damas, *Vie d'Auguste*, F 130, 18, 51-53.

Bravant sa peur, il décide de venir réclamer l'héritage de son oncle.

Octave ne doutait pas que ces conseils ne fussent dictés par la bienveillance, mais il était d'un avis opposé, car il avait déjà de grands projets et de grandes ambitions. Il assumait la fatigue, le danger et la haine des gens auxquels il n'allait pas plaire si pour cela il fallait renoncer à un si grand nom et au pouvoir en faveur de qui que ce fut, d'autant plus que la patrie le soutenait et l'appelait à accepter les charges de son père [adoptif], en toute justice.

Nicolas de Damas, *Vie d'Auguste*, F 130, 18, 53.

Les destins qui veillent sur le salut de l'État et de la terre entière le réclamaient pour fonder et maintenir la grandeur du nom romain. Aussi, cette âme divine, méprisant les conseils humains, se proposa-t-elle de suivre la voie de la grandeur dans les dangers plutôt que celle de la médiocrité dans la sécurité. Il préféra se fier au jugement sur son propre compte d'un oncle tel que César qu'à celui de son beau-père, ne cessant de répéter qu'il n'avait pas le droit de se juger lui-même indigne d'un nom dont César l'avait jugé digne.

Velleius Paterculus, *Histoire romaine*, 2, 60, 1-2.

Il prend les dispositions nécessaires et se met en route pour Rome.

Il envoya tout de suite chercher en Asie les fournitures de guerre et l'argent que César y avait envoyé auparavant pour la guerre parthique. Quand cela lui fut rapporté, et en même temps le tribut annuel des peuples d'Asie, Octave, se contentant des biens de son père, envoya l'argent public à l'Aerarium[13] de la Cité. [...]

Il avait à cœur d'accéder aux fonctions de son père en respectant les lois et avec l'approbation du Sénat pour s'acquérir une réputation de justice et non pas d'ambition. Aussi écoutait-il surtout les conseils de ses amis les plus âgés et les plus expérimentés. Il quitta alors Brindes pour rentrer à Rome.

Nicolas de Damas, *Vie d'Auguste*, F 130, 18, 55-57.

Il prend des risques mais son audace paie.

Sur le moment, sa conduite parut précipitée et audacieuse, mais finalement, à cause de sa bonne fortune et de ses succès, on le considéra même comme courageux. [...]

La conduite d'Octave fut certes dangereuse et risquée : alors qu'il venait à peine de sortir de l'enfance [il avait dix-huit ans], et qu'il voyait bien que le fait d'hériter de la fortune et de prendre la succession familiale suscitait jalousie et critiques, il n'en poursuivit pas moins les mêmes objectifs

---

13. L'*Aerarium Saturni*, déposé dans le temple de Saturne, au pied du Capitole, conservait des documents officiels, des objets en métal précieux et des sommes d'argent en espèces.

que ceux qui valurent à César d'être assassiné sans que cette mort fût vengée, et il ne redouta pas les meurtriers, pas plus que Lépide et Antoine. Pourtant, sa décision ne fut pas jugée mauvaise, précisément parce qu'il réussit.

Dion Cassius, *Histoire romaine*, 45, 4, 1-4.

Et la foule l'accueille sur sa route en l'acclamant.

Octave faisait route vers Rome avec une foule considérable, qui grossissait chaque jour davantage comme un torrent, et, grâce à ce concours du peuple, il était à même de triompher d'un mauvais coup porté à visage découvert. Mais il n'en redoutait que bien plus des traquenards, presque toutes les personnes qui l'accompagnaient ne lui étaient connues que de fraîche date. L'attitude à son égard des villes autres que les colonies juliennes n'était pas partout uniforme. Mais les anciens soldats de César, qui avaient été dispersés dans des lotissements de terre, accouraient en masse de leurs colonies pour faire fête au jeune homme. Ils pleuraient sur le sort de César, vitupéraient contre Marc Antoine qui ne punissait pas une telle abomination, et répétaient qu'ils en tireraient vengeance eux-mêmes pour peu que quelqu'un prît leur tête. Remettant momentanément à plus tard cette vengeance, Octave les renvoya chez eux en les couvrant d'éloges.

Appien, *Guerres civiles*, 3, 12, 40-41.

Et il entre dans la Ville.

Comme il approchait de Rome, une immense foule d'amis accourut à sa rencontre et, à son entrée dans la Ville, on vit le disque du soleil former autour de sa tête un cercle régulier brillant des couleurs de l'arc-en-ciel. Il semblait comme une couronne sur la tête de celui qui allait bientôt devenir un si grand homme.

Velleius Paterculus, *Histoire romaine*, 2, 59, 6.

C'est ainsi que celui qui fut appelé d'abord Octave, à partir de ce moment-là César et par la suite Auguste, se mit aux affaires publiques et mena leur réalisation avec plus de fougue qu'aucun homme mûr, mais avec plus de bon sens qu'aucun vieillard.

Pour commencer, en effet, ce fut comme pour recevoir uniquement l'héritage, en simple particulier et sans pompe, qu'il entra dans la Ville. Ensuite, il ne proférait aucune menace envers qui que ce fut et ne faisait pas paraître qu'il était irrité par ce qui s'était produit et qu'il en tirerait vengeance.

Dion Cassius, *Histoire romaine*, 45, 5, 1-2.

LE MÉPRIS DE MARC ANTOINE

44

Octave est un jeune homme de dix-huit ans. L'avenir doit dire ses qualités : la fierté, l'ambition, le courage, le sens politique, le sens du devoir. Au lendemain de l'assassinat de Jules César, le voici placé, brusquement, sur la route des adversaires de l'homme qui vient de l'adopter. Sur la route aussi de ceux qui se disaient les amis de César. Et naturellement, au carrefour de toutes les ambitions.

L'Histoire est implacable. Le premier rendez-vous d'Octave sera décisif. Face à face avec l'un des géants de l'histoire de Rome. Marc Antoine, consul par la grâce de Jules César, et depuis l'assassinat de celui-ci, l'homme le plus puissant de Rome. Un homme mûr, la quarantaine, redoutable guerrier. Un chef, d'une force aussi impressionnante dans l'arène politique que sur le champ de bataille, habitué des coups de force.

Cet homme-là, qui trouve Octave sur le chemin du pouvoir, cet homme-là a vécu. Et, à travers le portrait que les historiens nous donnent de lui, on sent qu'il veut vivre encore, intensément.

Marc Antoine était dans sa jeunesse d'une éclatante beauté. On dit que l'amitié et l'intimité de Curio tombèrent sur lui comme un fléau : ce Curio était grossièrement adonné aux plaisirs, et, pour rendre Marc Antoine plus complaisant envers lui, il le jeta dans les beuveries, les femmes et les dépenses somptuaires et honteuses, qui lui firent contracter une lourde dette, énorme pour son âge, de 250 talents. Curio s'était porté garant du tout, mais son père, l'ayant su, chassa Antoine de sa maison.

Plutarque, *Antoine*, 2, 4-5.

Alors, il part en Grèce, « où il passa son temps à s'entraîner physiquement en vue des luttes guerrières et à étudier l'éloquence », *nous dit Plutarque.*

De là, il s'embarque pour une campagne militaire en Syrie, sous les ordres d'Aulus Gabinius, général romain à l'esprit aventureux. Et c'est à la tête de la cavalerie de ce dernier que Marc Antoine commence à forger son image de chef, en accomplissant « des prouesses d'audace » *et en faisant preuve de la* « clairvoyance digne d'un général », *non sans révéler une réelle finesse politique. La campagne d'Aulus Gabinius s'achève en Égypte, où Marc Antoine, pour la première fois, entrevoit Cléopâtre.*

Même ce que les autres trouvaient vulgaire, son habitude de se vanter, de railler, de boire en public, de s'asseoir auprès des dîneurs ou de manger debout à la table des soldats, tout cela inspirait à ses troupes une sympathie et une affection extraordinaires. Ses amours non plus n'étaient pas sans grâce, et là encore il se rendait populaire auprès de beaucoup de gens en servant leurs passions et en se laissant volontiers plaisanter sur les siennes.

Sa libéralité et les faveurs qu'il accordait à ses soldats et à ses amis d'une main largement ouverte et sans compter lui frayèrent une route brillante vers le pouvoir, et, quand il fut devenu un grand personnage, accrurent encore davantage son influence, malgré les milliers de fautes qui pouvaient par ailleurs la compromettre.

Je vais rapporter un seul exemple de sa prodigalité. Il avait commandé de donner à l'un de ses amis 250 000 drachmes, somme que les Romains nomment *decies*. Son intendant, étonné et voulant lui faire voir l'importance du don, étala l'argent par terre, bien en vue. Antoine en passant lui demanda ce que c'était.

— C'est, dit l'intendant, ce que tu as commandé de donner.

Antoine, comprenant sa malice, répliqua :

– Je croyais, moi, que le *decies* faisait bien davantage. C'est vraiment peu : ajoutes-en encore autant.

Plutarque, *Antoine*, 4, 4-9.

Mais dès qu'il s'agit de faire son chemin dans l'univers de la politique, Marc Antoine ne s'égare pas. Au tout début de sa carrière en tout cas.

Dans l'affrontement qui oppose les deux grandes factions romaines, celle des patriciens, initialement conduits par le Grand Pompée, et celle des plébéiens, le parti de Jules César, il choisit sans balancer le camp de ce dernier. Son talent militaire, son soutien sans faille aux choix politiques de César, l'imposent irrésistiblement au plus haut du pouvoir. Et lorsque le même César part pour l'Espagne poursuivre les troupes de Pompée en fuite, il charge Marc Antoine alors tribun du peuple, de la garde de l'Italie et du commandement des troupes.

Celui-ci sut aussitôt se faire aimer des soldats : il partageait leurs exercices et presque toute leur existence, et leur faisait des largesses selon ses ressources. Mais il se rendit insupportable aux civils, car il négligeait, par insouciance, de punir les injustices et entendait avec colère ceux qui venaient le solliciter. Il avait d'ailleurs mauvaise réputation à cause de sa conduite avec les femmes d'autrui. [...]

[Il y avait dans son cercle d'amis] le mime Sergius, un de ceux qui avaient le plus de crédit auprès de lui, et une femme qu'il aimait, Cythéris, qui appartenait à la même troupe d'acteurs. Dans toutes les villes où il se rendait, il la faisait porter dans une litière, qui était accompagnée d'autant de serviteurs que celle de sa propre mère.

On s'affligeait aussi du spectacle des coupes d'or promenées dans ses déplacements comme dans des processions, des tentes dressées sur son chemin, de ses somptueux repas servis près des bois sacrés et des rivières, des lions attelés à ses chars, des maisons d'hommes et de femmes honnêtes assignées comme logement à des prostituées et à des joueuses de sambuque[1].

On trouvait révoltant, alors que César lui-même bivouaquait hors d'Italie pour éteindre les restes de la guerre au prix de fatigues et de dangers immenses, de voir que d'autres, grâce à lui, outrageaient par leur vie de plaisirs les citoyens. Il semble que ces excès augmentèrent la discorde et lâchèrent la bride aux convoitises et aux violences terribles de l'armée. [...]

Bref, la domination de César qui, s'il n'eût tenu qu'à ce grand homme lui-même, aurait paru très différente d'une tyrannie, devint odieuse à cause de ses amis, parmi lesquels Antoine, dont les fautes semblaient d'autant plus grandes qu'il avait plus de puissance, fut le plus gravement responsable. Cependant César, à son retour d'Espagne, ferma les yeux sur les accusations portées contre Antoine, et, voyant en lui un homme actif, courageux et fait pour commander, il l'employa pour la guerre et ne fut nullement déçu.

Plutarque, *Antoine*, 6, 5-6. 9, 7 - 10, 1. 6, 7 - 7, 1.

Preuve de cette confiance : c'est toujours Marc Antoine, chargé d'honneurs qui joue un rôle essentiel dans la victoire de Pharsale[2] au côté de Jules César.

Sur le point de livrer la dernière bataille, celle de Pharsale, qui décida de tout, César prit pour lui l'aile droite et confia le commandement de la gauche à Antoine, comme au meilleur guerrier d'entre ses lieutenants. Après la victoire, César, qui avait été proclamé dictateur, comme il se lançait lui-même à la poursuite de Pompée, désigna Antoine comme maître de la cavalerie et l'envoya à Rome. Cette charge est la seconde lorsque le dictateur est présent. S'il est absent,

---

1. Harpe.
2. Bataille décisive de la guerre civile remportée en 48 par Jules César sur Pompée le Grand, dans le nord de la Grèce.

c'est la première et presque la seule, puisque, à l'exception du tribunat de la plèbe qui subsiste, la nomination d'un dictateur suspend toutes les autres charges.

Plutarque, *Antoine*, 8, 3-5.

Mais c'est pourtant un incident, provoqué par Marc Antoine, qui va donner aux adversaires de Jules César, les républicains partisans de Pompée, le prétexte de l'organisation de la conjuration qui aboutira à l'assassinat du dictateur.

Pour mieux comprendre le caractère dramatique de cette scène, il faut savoir que l'idée même de la monarchie était insupportable aux Romains depuis qu'ils avaient chassé leur dernier souverain, Tarquin le Superbe, en 509, pour donner naissance à la République.

On célébrait à Rome la fête des Lycaia, que les Romains appellent Lupercales[3]. César, en costume de triomphateur et assis au Forum sur la tribune, regardait les coureurs, car on y voit courir beaucoup de jeunes gens nobles et de magistrats frottés d'huile, qui, en manière de jeu, frappent ceux qu'ils rencontrent avec des lanières de peau garnies de poils. Antoine était l'un des coureurs. Sans tenir compte des usages traditionnels, il entoura un diadème d'une couronne de laurier, puis, bondissant vers la tribune et soulevé par ses compagnons de course, il voulut placer le diadème sur la tête de César, comme si la royauté lui revenait de droit. Mais César fit des manières et déclina cet honneur. Enchanté à cette vue, le peuple applaudit. Antoine cependant présentait à nouveau le diadème, et César à nouveau l'écartait. Cette sorte de lutte dura un certain temps. Lorsqu'Antoine essayait d'imposer de force la couronne à César, il était applaudi d'un petit nombre d'amis. Quand César refusait, c'était tout le peuple qui battait des mains et poussait des cris.

3. Fête pastorale très ancienne célébrée du 13 au 15 février (ici en 44), près d'une grotte, le Lupercal, et autour du mont Palatin.

Il était vraiment extraordinaire de voir des hommes qui supportaient effectivement tout ce que supportent les sujets des rois rejeter le titre de roi, comme signifiant la destruction de la liberté.

Enfin César, dépité, se leva de la tribune et, écartant de son cou son manteau, il cria qu'il s'offrait à qui voulait l'égorger. La couronne ayant été posée sur une des statues de César, certains tribuns du peuple l'en arrachèrent, et le peuple leur fit escorte en les félicitant et en les applaudissant, mais César les démit de leur charge.

Plutarque, *Antoine*, 12, 1-7.

Cet incident, entièrement dû à une initiative fâcheuse de Marc Antoine va donner corps à la conjuration conduite par Brutus et Cassius. Étrangement, le nom de Marc Antoine circule de nouveau dans leurs conversations précédant l'assassinat de Jules César.

Dressant la liste de leurs amis les plus sûrs en vue de l'attentat, ils s'interrogèrent au sujet d'Antoine. La plupart songeaient à se l'adjoindre, mais Trebonius s'y opposa et leur dit qu'au temps où ils allaient au-devant de César à son retour d'Espagne, il avait voyagé et logé avec Antoine, et lui avait touché quelques mots du complot avec mesure et précaution, qu'Antoine l'avait bien compris, mais n'avait pas accueilli l'ouverture, que toutefois il n'avait pas fait non plus de dénonciation à César et avait loyalement gardé le secret.

Alors ils délibérèrent de nouveau en se demandant si, après avoir tué César, ils n'égorgeraient pas Antoine. Mais Brutus fit écarter cette suggestion, parce qu'il estimait que leur audacieuse entreprise, ayant pour but le maintien des lois et du droit, devait rester pure et n'être entachée d'aucune injustice. Cependant, comme ils redoutaient la force d'Antoine et le prestige de sa charge, ils placèrent auprès de lui quelques-uns des conjurés, qui devaient, après que César serait entré dans le Sénat et que viendrait le moment de passer à l'acte, le retenir au dehors par une conversation animée.

Tout se passa comme il avait été convenu et, César ayant été tué dans le Sénat, Antoine revêtit aussitôt un habit d'esclave et se cacha.

Plutarque, Antoine, 13-14, 1.

Marc Antoine, gardien du secret de la conspiration ? Plutarque semble accorder crédit à cette éventualité…

Il note aussi que le soir même de l'assassinat, alors que Brutus soupait chez Lépide, Cassius, l'autre chef des conjurés était, pour sa part, l'invité de Marc Antoine.

Le lendemain, Marc Antoine convoque le Sénat et propose une amnistie générale, l'oubli du passé, que Cicéron va défendre, en plaidant l'exemple du célèbre décret pris par les Athéniens[4].

Marc Antoine demande aussi que des provinces soient assignées à Brutus et à Cassius.

[Devant le Sénat], il parla lui-même en faveur d'une amnistie et de l'attribution de provinces à Cassius, à Brutus et à leurs complices. Le Sénat ratifia ces propositions et décréta que l'on ne changerait rien à ce qu'avait fait César. Antoine sortit du Sénat comme le plus glorieux des hommes : il paraissait avoir évité la guerre civile et traité avec la prudence d'un politique consommé des affaires difficiles et qui pouvaient entraîner de grands troubles.

Plutarque, Antoine, 14, 3-4.

---

4. Après la guerre du Péloponnèse, en 404, un gouvernement, dit « des Trente tyrans » succéda à la démocratie athénienne. Moins d'un an après, il y fut mis un terme. Une amnistie, dite de l'oubli du passé, fut déclarée : sous peine de mort, nul ne pouvait leur reprocher le passé. (Aristote, *Constitution d'Athènes*, 39, 6.)

C'est pourtant à cet instant que se manifeste toute l'ambiguïté de la situation. D'une main, Marc Antoine, qui partageait le consulat avec Jules César, fait amnistier ses assassins, leur accorde un sauf-conduit en quelque sorte. De l'autre, il pousse les Romains à manifester leur colère.

La popularité dont il jouissait auprès de la foule le fit rapidement changer de projets, et il conçut le ferme espoir de devenir le premier, s'il abattait Brutus.

Lors du convoi funèbre de César, il eut à prononcer, comme c'était l'usage, l'éloge du mort au Forum : voyant le peuple singulièrement ému et attendri, il mêla à ses louanges des paroles faites pour exciter la pitié et souligner le caractère révoltant de ce meurtre, et, à la fin de son discours, il agita les habits du défunt tout ensanglantés et percés de coups d'épée, en appelant les auteurs de l'attentat assassins et scélérats. Il inspira ainsi aux assistants une telle colère qu'après avoir brûlé le corps de César au Forum en entassant les bancs et les tables, ils prirent au bûcher des tisons enflammés et coururent aux maisons des meurtriers pour leur donner l'assaut.

Brutus et les autres conjurés étant pour cette raison sortis de la ville, les amis de César se groupèrent autour d'Antoine, et sa veuve, Calpurnia, se fiant à lui, fit porter hors de sa maison et mettre en dépôt chez lui presque tout ce qu'elle avait d'argent, soit au total 4 000 talents. Il reçut aussi les registres de César où étaient mentionnés par écrit ses choix et ses intentions. Antoine y inséra les noms qu'il voulut, nommant ainsi beaucoup de magistrats, beaucoup de sénateurs, rappelant quelques bannis, libérant certains prisonniers ; il présentait toutes ces mesures comme des décisions de César. Aussi les Romains appelaient-ils par raillerie tous ces gens-là des Charonites[5], parce que, si on

5. D'après le nom de Charon, le nocher, le passeur des Enfers qui, dans la mythologie grecque et latine, conduisait l'âme des morts de l'autre côté du Styx ou de l'Achéron.

les pressait de produire leurs titres, ils allaient les chercher dans les mémoires du mort.

Plutarque, *Antoine*, 14, 5 – 15, 1-4.

Quelques jours plus tard, Octave arrive à Rome. C'est la confrontation.

Là, s'étant présenté au préteur urbain Gaius Antoine, le frère d'Antoine, il déclara accepter son adoption par César. C'est en effet un usage romain que les adoptions aient lieu devant les préteurs, qui en sont les témoins. Quand les employés publics eurent enregistré sa déclaration, il se rendit aussitôt du Forum chez Antoine. Celui-ci se trouvait dans les jardins que César lui avait offerts et qui avaient appartenu à Pompée. Comme il dut attendre assez longuement à la porte, Octave trouvait en cela aussi une raison de soupçonner Antoine d'animosité à son égard. Quand finalement il eut été introduit, ils se saluèrent et se posèrent l'un à l'autre les questions d'usage.

Puis comme il leur fallait maintenant aborder les sujets qu'ils avaient à traiter, Octave prit la parole :

– Antoine, mon père – les bienfaits dont César t'a comblé et le gré que tu lui en sais justifient que je te considère comme un père –, en ce qui concerne tes actions après lui, il en est certaines que je loue et dont je te devrai de la reconnaissance . Mais il en est d'autres que je blâme et cela sera dit avec la franchise à laquelle le chagrin me conduit. Tu n'étais pas présent aux côtés de César au moment où on l'assassinait, puisque les meurtriers avaient fait cercle autour de toi à la porte : autrement, tu l'aurais sauvé ou tu aurais été exposé à subir le même sort que lui. Si c'est cette seconde éventualité qui avait dû se produire, c'est une bonne chose que tu n'aies pas été présent. Et quand certains proposaient de voter des récompenses aux meurtriers sous prétexte qu'ils avaient abattu un tyran, tu t'y es opposé vigoureusement. De cela, je te sais une gratitude éclatante, même si tu as pris conscience que ces hommes avaient bel et bien résolu de te tuer avec César, non pas, comme nous le pensons, nous, parce que tu allais être le vengeur de César, mais parce que, comme ils le disent eux-mêmes, tu allais hériter de sa tyrannie.

Mais d'un autre côté, pour être des tyrannicides, il fallait qu'ils eussent d'abord été des assassins ! C'est pourquoi ils se sont ensemble réfugiés au Capitole, comme des coupables se réfugient en qualité de suppliants dans un sanctuaire, ou des ennemis dans une citadelle. D'où vient donc qu'ils aient obtenu l'amnistie et n'aient pas eu à répondre du meurtre, sinon du fait qu'ils avaient soudoyé une fraction du Sénat et du peuple ?

Et toi, qui es consul, tu aurais dû voir le sentiment de la majorité. Mais, même si tu voulais te conduire autrement, la magistrature que tu exerces soutenait ton action, du moment que tu cherchais à châtier une si grande abomination et à faire changer d'opinion les égarés. [...]

Mais alors, lorsque, après la lecture du testament de César et le juste éloge funèbre prononcé par toi-même, le peuple, retrouvant l'exact souvenir de ce qu'avait été César, portait le feu contre ses meurtriers et que, les ayant épargnés à cause des voisins, il était convenu de recourir aux armes le lendemain, comment expliquer que tu n'aies pas fait cause commune avec le peuple, pris le commandement des incendiaires et des hommes en armes, ou du moins intenté un procès aux meurtriers, si vraiment un procès était nécessaire contre des criminels avérés, quand tu es l'ami de César, consul, et Marc Antoine ! [...]

On dira qu'il s'agit là aussi d'une décision du Sénat. Pourtant, c'était toi qui mettais le texte aux voix et présidais la séance du Sénat, toi à qui il convenait, plus qu'à tout autre, de dire non, dans ton propre intérêt. Accorder en effet l'amnistie, c'était le fait de gens qui se bornaient à laisser gracieusement la vie sauve aux meurtriers, alors que leur voter une nouvelle fois des gouvernements provinciaux et des honneurs était le fait de gens qui cherchaient à faire injure à César et à annuler ta décision. Voilà jusqu'où la passion m'a emporté, plus loin sans doute qu'il n'eût convenu à mon âge et au respect que je te dois. C'est pourtant chose dite, dans la pensée que je m'adresse à un homme qui vouait à César une amitié assez scrupuleuse, à un homme que celui-ci avait jugé mériter les honneurs les plus élevés et la plus grande puissance, et dont il aurait peut-être fait son fils adoptif, s'il avait su que tu accepterais de devenir un Énéade[6] au lieu d'être un Héraclide[7].

Appien, *Guerres civiles*, 3, 14, 49 – 16.

Réponse d'Antoine, habile mais non exempte de la volonté d'intimider le fils adoptif de Jules César.

Le genre de propos tenu par Octave laissa Marc Antoine abasourdi : il avait montré un franc-parler et un aplomb dépassant de beaucoup ce qu'on aurait attendu d'un si jeune homme. Mais, irrité par des propos qui n'avaient pas observé autant qu'il eût fallu les convenances à son égard, et surtout par le fait qu'il lui eût réclamé l'argent, il lui répondit assez sèchement de la manière que voici :

– Si César, avec son héritage et son nom, mon enfant, t'avait laissé également l'Empire, il serait raisonnable que tu me réclames les comptes de l'argent public et que moi je te les soumette. Mais s'il est vrai que les Romains n'ont jamais accordé encore à personne l'Empire par voie d'héritage, même pas quand il s'agissait de celui des rois, qu'ils chassèrent en

6. Il est bien connu que les membres de la *gens* (famille) *Iulii* prétendaient descendre de Vénus et d'Énée. Voir Suétone, *César*, 6.

7. Obéissant à une mode caractéristique de l'époque, Antoine attribuait à sa *gens* une origine divine. Selon Plutarque (*Antoine*, 4, 1-3), il prétendait descendre d'Anton, fils d'Héraclès.

jurant de n'en plus supporter d'autres – c'est précisément ce que les meurtriers de ton père lui reprochent : ils prétendent qu'ils l'ont tué parce qu'il se conduisait en roi et non plus en magistrat –, je n'ai même pas à te répondre au sujet des fonds publics et pour la même raison je te décharge de la dette de reconnaissance que tu crois avoir envers nous pour notre action. Car ce qui était accompli ne l'était pas dans ton intérêt, mais dans celui du peuple, sauf une seule action, sans doute la plus importante de toutes, qui concernait César et toi.

Si en effet, pour me mettre personnellement à l'abri de la crainte et de l'envie, j'avais toléré, moi, que l'on décernât des honneurs aux meurtriers en tant que tyrannicides, César devenait bel et bien un tyran, il ne possédait plus ni gloire ni honneur d'aucune sorte, et il n'était plus question de ratifier ses décisions. Il n'y aurait plus eu de testament, de fils adoptif, de fortune personnelle ; son corps même n'aurait pas mérité de funérailles, pas même celles d'un simple citoyen. Nos lois en effet privent de sépulture et rejettent au delà des limites de Rome le corps des tyrans, elles abolissent leur mémoire et confisquent leurs biens.

Redoutant pour ma part chacune de ces éventualités, je me suis battu pour César afin qu'il obtînt une gloire éternelle et des funérailles publiques, et ce ne fut pas sans péril pour moi ni sans m'attirer de la jalousie, puisque j'avais affaire à des hommes expéditifs couverts de sang (et qui, comme tu l'as appris, avaient déjà ourdi une conjuration contre moi), ainsi qu'au Sénat, irrité contre ton père à cause de la magistrature qu'il exerçait. Mais j'ai préféré de mon plein gré affronter également ces périls et subir toutes les épreuves possibles plutôt que de voir sans réagir César privé de sépulture et d'honneurs, lui qui fut à mes yeux le plus brave de ses contemporains, le plus favorisé par la Fortune dans le plus grand nombre de domaines et, entre tous, le plus digne d'honneurs.

C'est grâce à ces mêmes périls, que moi j'ai affrontés, que tu possèdes, toi, tous ces brillants éléments de l'héritage de

César dont tu disposes présentement : sa famille, son nom, son rang, sa fortune. De tout cela, il eût été légitime de me savoir gré plutôt que de reprocher à ton aîné, toi qui es le cadet, ce que j'ai dû céder pour amadouer le Sénat ou donner en échange de ce dont j'avais besoin, ou pour répondre à d'autres nécessités ou à d'autres calculs. Et tu te tiendras pour satisfait de cette réponse sur ces questions. Tu me fais d'autre part remarquer que j'aspire à l'Empire, alors que je ne le désire pas mais que j'estime ne pas en être indigne, et que je suis mécontent de ne pas avoir trouvé place sur le testament de César, tout en m'accordant qu'appartenir à la lignée d'Héraclès me suffit !

En ce qui concerne tes plaintes, quand tu exprimes le désir d'emprunter au Trésor, je pourrais croire que tu tiens là des propos sarcastiques, si je n'étais pas persuadé que tu ignores encore que ton père a laissé vides les caisses de l'État, attendu que depuis son arrivée au pouvoir les revenus de l'État étaient versés dans sa cassette personnelle au lieu de l'être dans le Trésor, et qu'on les retrouvera dans la fortune personnelle de César dès que nous aurons décidé de les rechercher. Cette mesure ne comportera aucune injustice à l'égard de César, qui est mort maintenant et qui, s'il s'était vu réclamer des comptes de son vivant, n'aurait pas trouvé la chose injuste, car une foule de particuliers, chacun pour son compte personnel, te contestent la fortune que tu possèdes, et tu reconnaîtras qu'elle est exposée à des litiges !

Quant à l'argent transporté chez moi, la somme n'était pas aussi considérable que tu te le figures, et il n'en reste rien à mon domicile : les magistrats et les personnages influents (sauf Dolabella et mes frères) se sont immédiatement tout partagé, comme s'il s'agissait de l'argent d'un tyran, mais par mon action ils ont été amenés à changer d'avis et à trouver agréables les mesures votées en faveur de César. Car toi aussi, si tu es sage, tu prendras ce qui reste pour le verser non point au peuple, mais aux mécontents.

Ce sont eux en effet qui, s'ils en sont d'accord, enverront le peuple dans les colonies juliennes. Le peuple en revanche – comme tu l'as appris toi aussi, puisque tu es fraîchement instruit dans les lettres grecques –, le peuple, dis-je, est chose instable comme la vague en mouvement dans la mer. L'une vient, l'autre se retire. C'est pour cette raison que, parmi nos hommes politiques, le peuple, après avoir porté aux nues les agitateurs, les fait tomber tour à tour à genoux.

Appien, *Guerres civiles*, 3, 18-20.

Pour devenir officiellement l'héritier de Jules César, Octave devait obtenir que soit officiellement présentée sa demande pour l'application de la loi curiate en vertu de laquelle devait se faire son adoption dans la famille de César.

[Antoine] lui-même en hâtait (du moins le prétendait-il) la présentation mais, par l'intermédiaire de certains tribuns de la plèbe, il la différait, pour que le jeune homme ne cherchât pas à s'occuper de sa fortune et eût moins de force pour le reste des affaires, puisqu'il n'était pas encore légalement le fils du premier César. Octave, quant à lui, était agacé par ces manœuvres, mais comme il ne pouvait même pas parler librement en toute sécurité, il se retint jusqu'à ce qu'il se fût concilié la plèbe, dont il savait qu'elle avait permis à son père [adoptif] d'accroître son pouvoir. Et en effet, comme il la savait en colère à cause de la mort de ce dernier et qu'il espérait qu'elle prendrait parti pour lui, parce qu'il était son fils, comme il avait également appris qu'elle haïssait Antoine pour sa charge de maître de la cavalerie et parce qu'il ne punissait pas les meurtriers, il entreprit de devenir tribun de la plèbe : il y voyait le point de départ pour gouverner le peuple et le moyen de recevoir le pouvoir absolu qui en résulte.

Dion Cassius, *Histoire romaine*, 45, 5, 4 – 6, 2.

*Octave ne deviendra pas tribun : échec dû à l'opposition de Marc
Antoine. Octave se résout alors à conquérir le soutien des Romains
eux-mêmes en assumant les promesses faites par Jules César à la
population et contenues dans son testament.*

Cependant, un astre parut pendant tous ces jours du nord
vers le couchant et, alors que certains l'appelaient comète
et disaient qu'il annonçait les présages habituels, le peuple
ne crut pas à cette interprétation, mais le consacra à César,
en prétendant qu'il était devenu immortel et qu'il était
inscrit au nombre des astres. Alors ses craintes disparurent
et il érigea à César, dans le temple de Vénus, une statue de
bronze dont la tête était surmontée d'une étoile.

Et puisque, par crainte de la foule, on n'avait même
pas empêché cette initiative, de la même manière d'autres
décisions prises auparavant en l'honneur de César furent
exécutées : on appela le mois en cours de son nom à lui,
Iulius et, lors des célébrations des victoires qui eurent lieu ce
mois-là, on sacrifia des bœufs pendant un jour particulier à
son nom. C'est la raison pour laquelle les soldats également
se rangèrent volontiers au parti de César, d'autant plus que
certains avaient été courtisés à prix d'argent.

Dion Cassius, *Histoire romaine*, 45, 7, 1-2.

Mais la situation ne s'améliore pas entre les deux rivaux.

Dans ce contexte, des rumeurs circulaient et l'on avait
l'impression qu'un changement allait se produire, d'autant
qu'Antoine n'avait pas accueilli Octave, qui voulait l'entretenir d'un sujet au tribunal, sur un endroit élevé et bien en
vue, comme c'était l'habitude du temps de son père, mais
l'avait fait jeter à bas et chasser par ses licteurs. Tout le
monde fut terriblement indigné, d'autant plus qu'Octave
ne fréquenta même plus le Forum, à la fois pour rendre
Antoine odieux et pour se gagner le peuple.

Aussi Antoine, qui avait peur, déclara-t-il un jour aux personnes présentes que, loin d'éprouver de la colère à l'égard d'Octave, il lui devait de la bienveillance et qu'il était prêt à dissiper tout soupçon. Ces paroles furent rapportées à Octave : ils eurent alors un entretien et certains crurent qu'ils s'étaient réconciliés – en effet, connaissant parfaitement leurs sentiments respectifs et estimant que le moment n'était pas approprié pour les confronter, ils se firent des concessions et trouvèrent un arrangement. Ils se tinrent tranquilles quelques jours, mais ensuite, s'étant remis à se soupçonner, soit à cause d'un véritable complot, soit en raison d'une fausse accusation, ce qui arrive souvent en pareil cas, ils furent de nouveau en désaccord.

Dion Cassius, *Histoire romaine*, 45, 7, 3 – 8, 1-2.

OCTAVE, GLAIVE EN MAIN

avril 43

Leurs querelles, leur méfiance réciproque sont trop profondes. Un an seulement après la mort de Jules César, la guerre civile va de nouveau s'abattre sur Rome. Le théâtre du premier affrontement sera Modène, à 460 km au nord de la Ville.

Mais avant de les voir s'affronter sur le champ de bataille, il faut garder en mémoire que les deux rivaux agissent sous le regard d'un personnage essentiel : le Sénat. Le Sénat est alors dominé par les adversaires irréductibles du dictateur assassiné, les héritiers politiques de Cnéius Pompée, par le camp des républicains.

En d'autres termes, la majorité du Sénat, qui vient en quelque sorte d'absoudre Brutus et Cassius du meurtre de César, voit d'un œil inquiet le danger potentiel que représente Octave, héritier prestigieux et ambitieux de César. Et, par conséquent, le Sénat se réjouit de le voir s'affronter à Marc Antoine, non moins dangereux, car lui aussi, prestigieux et ambitieux.

Le jeune Octave laisse déjà apparaître les qualités d'un politicien habile, avisé.

Il ne sera jamais un brillant général. Cela ne l'empêche pas de savoir que l'on ne combat pas sans danger sur deux fronts. Encore moins lorsqu'on a pour adversaires, d'un côté, un général redoutable et, de l'autre, le Sénat de Rome. Il va d'abord engager ses armes en s'appuyant sur les sénateurs qui observent et jouent en coulisse.

Octave voyait bien que Marc Antoine leur était odieux, surtout depuis qu'il tenait Decimus Brutus[1] assiégé dans

---

1. Decimus Junius Brutus Albinus, à ne pas confondre avec Marcus Brutus, le chef de la conspiration qui aboutit à l'assassinat de

Modène et s'efforçait de le chasser par les armes d'une province qui lui avait été donnée par César et laissée par le Sénat. Donc, sur le conseil de quelques-uns d'entre eux, Octave lui soudoya des assassins, mais la tentative fut découverte. Alors, craignant pour lui-même, il appela les vétérans à le secourir, lui et la République, et les rassembla en faisant toutes les largesses qu'il put.

Suétone, *Auguste*, 10, 4-5.

Paradoxalement, Octave, qui a fait serment de venger la mort de son « père », lève donc une armée pour voler au secours de l'un des conjurés assassins de Jules César. Mais sa véritable intention est tout autre : il veut, avec l'approbation du Sénat, affaiblir Marc Antoine qui a choisi le parti adverse : chasser Decimus Brutus de Modène, pour se retrouver, militairement et politiquement, en position de force.

Marc Antoine et Octave se livrent alors à une course aux armements pour réunir, payer et équiper leurs troupes.

Octave assista en spectateur aux exercices des deux légions qui avaient déserté le parti d'Antoine. S'étant scindés en deux camps pour s'affronter les uns les autres, les légionnaires faisaient, sans ménager leurs adversaires, tout ce que l'on fait dans un combat, sauf qu'ils n'allaient pas jusqu'à tuer. Ravi du spectacle et sautant de bon cœur sur le prétexte, il leur accorda de nouveau à chacun 500 drachmes et, pour le cas où il y aurait à livrer combat, il leur en promettait 5 000 s'ils étaient victorieux. C'était ainsi qu'Octave, par la générosité de ses dons, avait bien en main les mercenaires.

Appien, *Guerres civiles*, 3, 48, 197.

Jules César en mars 44. Decimus Junius Brutus Albinus, compagnon d'armes de Jules César pendant la guerre des Gaules, figurait sur le testament rédigé par le dictateur avant sa mort. Marc Antoine le fit assassiner quelques mois après l'épisode de Modène.

Ensuite, ayant reçu du Sénat l'ordre de se mettre, comme propréteur, à la tête de l'armée ainsi levée et de porter secours à Decimus Brutus, de concert avec Hirtius et Pansa, nommés consuls, il termina en l'espace de trois mois, en deux combats, la guerre qui lui avait été confiée.

Suétone, *Auguste*, 10, 5.

*Le Sénat lui a donc conféré l'*imperium, *le commandement militaire. Octave a désormais le pouvoir de guerroyer contre Marc Antoine en toute légalité. La campagne de Modène va donner lieu à des affrontements d'une rare violence.*

Les prétoriens de Marc Antoine affrontèrent les prétoriens d'Octave.

Comme il y avait deux marais, il y avait deux batailles, et la chaussée empêchait chacun de se rendre compte de la situation de l'autre. [...]

Conscients les uns et les autres qu'ils étaient l'élite de chacune des deux armées, ils espéraient décider de la guerre dans ce seul combat. Et que leurs deux légions fussent vaincues par une seule faisait honte aux uns, tandis que les autres mettaient tout leur amour-propre à remporter à eux seuls la victoire sur deux légions.

Appien, *Guerres civiles*, 3, 67, 276-278.

Le combat s'engage dans un étrange silence.

Ils marchaient ainsi les uns contre les autres, animés par la colère et l'amour-propre, persuadés qu'il s'agissait là d'un combat qui les concernait plus eux-mêmes personnellement que leurs généraux. D'ailleurs, en soldats expérimentés, ils ne poussèrent point de cri de guerre, tant ils étaient sûrs de ne pas s'intimider réciproquement, et, dans l'action, aucun d'entre eux, vainqueur ou vaincu, ne laissa échapper un son.

Comme ils n'avaient ni chemin de contournement ni emplacement pour courir, puisque l'on était au milieu de marécages et de fossés, ils faisaient bloc solidement et, comme ni les uns ni les autres ne pouvaient repousser l'adversaire, ils se combattaient à l'épée comme des athlètes luttent sur un stade. Aucun coup porté ne manquait son but, et c'étaient des blessures, des flots de sang, de simples gémissements au lieu de cris. Celui qui tombait était aussitôt enlevé et un autre prenait sa place.

Ils n'avaient pas besoin d'encouragements ou d'exhortations car, du fait de son expérience, chacun était son propre chef. Toutes les fois qu'ils étaient épuisés, ils s'écartaient un instant les uns des autres pour reprendre leur souffle, comme dans les joutes entre athlètes, puis ils reprenaient aussitôt le combat. Pour les jeunes recrues, qui étaient survenues, c'était un sujet d'émerveillement que de voir de tels exploits s'accomplir dans le bon ordre et le silence.

Appien, *Guerres civiles*, 3, 68.

Un avantage semble se dessiner.

Cependant que tous étaient ainsi à la peine, plus que la nature humaine ne peut en supporter, la cohorte prétorienne d'Octave périt tout entière. [...]

Néanmoins les deux adversaires résistaient obstinément avec un égal succès jusqu'au moment où Pansa fut blessé au flanc par une javeline de métal et évacué sur Bologne. À ce moment-là en effet ses hommes battirent en retraite, d'abord pas à pas ; puis ils changèrent de comportement et accélérèrent, comme quand on fuit. Et à ce spectacle les nouvelles recrues, en pleine débandade, s'enfuyaient en criant jusqu'au retranchement que le questeur Torquatus avait fait édifier à leur intention alors que la bataille était encore en cours, avec le pressentiment que l'on en aurait besoin.

Appien, *Guerres civiles*, 3, 69, 282-283.

Retournement de situation.

Alors qu'il se trouvait à Modène, Hirtius fut informé de la bataille, qui se déroulait à soixante stades[2] de là. Il s'élança au pas de course avec la seconde des légions qui avaient déserté Antoine. La soirée était déjà avancée et ceux des soldats d'Antoine qui avaient gagné la bataille s'en revenaient en chantant victoire. Et voici que leur apparaît en bon ordre – alors qu'eux-mêmes avaient rompu les rangs – Hirtius avec une légion intacte au grand complet. Eux, contraints par la nécessité, reformèrent leurs rangs et, contre ceux-là aussi, ils accomplirent un grand nombre d'actions d'éclat. Mais, épuisés comme ils étaient, ils n'eurent pas le dessus face à des troupes fraîches et ce fut principalement l'action engagée par Hirtius qui causa la perte de la plupart d'entre eux, bien qu'il ne les poursuivît point par crainte des marais ; et, comme le soir s'enténébrait déjà, ils se séparèrent. Le marais, sur une très grande étendue, était plein d'armes, de cadavres, de blessés à demi morts ; d'ailleurs, il y en avait même qui, quoique valides, étaient trop épuisés pour se soucier encore d'eux-mêmes. Des cavaliers, envoyés par Antoine – tous ceux qui combattaient à ses côtés –, parcourant le champ de bataille, les recueillirent toute la nuit durant ; et ils les faisaient monter sur leurs chevaux, tantôt à leur place, tantôt en croupe derrière eux ; ou bien ils les encourageaient à courir près d'eux, agrippés à la queue, et à s'aider eux-mêmes pour sauver leur vie.

Ce fut ainsi qu'Antoine, qui avait bien combattu, vit l'élite de ses forces détruite à cause de l'attaque d'Hirtius. Chez les autres, les pertes s'élevèrent à la moitié environ des effectifs engagés ; sauf pour la cohorte prétorienne d'Octave qui périt jusqu'au dernier homme.

Appien, *Guerres civiles*, 3, 70.

2. Plus d'un kilomètre.

Lors de la seconde bataille, Hirtius fut tué.

Le bruit se répandit qu'Octave avait fait périr Hirtius et Pansa[3], afin de pouvoir, une fois Marc Antoine mis en déroute et l'État privé de ses consuls, rester maître des armées victorieuses. En tout cas, la mort de Pansa parut tellement suspecte que l'on emprisonna son médecin Glycon, en l'accusant d'avoir empoisonné sa blessure. En outre, Aquilius Niger[4] prétend qu'Octave profita de la mêlée pour tuer de sa propre main Hirtius, l'autre consul.

Suétone, *Auguste*, 11.

Marc Antoine abandonne le combat et fait route vers les Alpes. Decimus Brutus tente de négocier avec Octave.

Maintenant qu'il était délivré du siège, Decimus reportait ses craintes sur Octave. Car, les consuls ne l'embarrassant plus, il le redoutait comme un ennemi personnel. C'est pourquoi il fit rompre avant le jour les ponts du fleuve et, envoyant sur une petite barque des émissaires à Octave, il reconnaissait en lui l'artisan de son salut et il lui demandait de venir conférer avec lui, avec le fleuve entre eux et leurs concitoyens comme témoins. Il le convaincrait en effet que la Divinité l'avait égaré, puisqu'il avait été amené par d'autres à prendre part au complot contre César.

Octave répondit avec colère aux arrivants et repoussa avec mépris le témoignage de reconnaissance que lui décernait Decimus :

– Je ne suis pas ici pour sauver Decimus mais pour faire la guerre à Antoine, avec lequel les lois divines me permettent de me réconcilier un jour. En revanche, la loi naturelle ne permet à Decimus ni de me voir face à face ni d'entrer en

3. Voir Tacite, *Annales,* 1, 10, 1.
4. Auteur d'un ouvrage sur la bataille de Modène.

pourparlers avec moi. Qu'il soit pourtant épargné, tant que le peuple de Rome en décide ainsi.

Informé de cette réponse, Decimus se posta devant le fleuve et, appelant Octave par son nom, il donna lecture d'une voix forte de la lettre du Sénat lui confiant le gouvernement de la Gaule, et il interdit à Octave de franchir, sans les consuls, le fleuve pour pénétrer dans une province qui n'était pas à lui, et aussi de continuer à marcher contre Marc Antoine : lui-même suffirait à le poursuivre.

Octave savait sans doute que c'était à cause du Sénat qu'il se permettait une telle audace. Mais, alors qu'il aurait pu se saisir de lui s'il en avait reçu l'ordre, il l'épargnait encore ; et, s'étant dirigé sur Bologne pour rejoindre Pansa, il adressa au Sénat la relation écrite de tout ce qui s'était passé.

Appien, *Guerres civiles*, 3, 73.

Alors, Appien apporte un témoignage important.

Pansa, alors qu'il était en train de mourir des suites de sa blessure, fit venir Octave auprès de lui et lui dit :

— Ton père m'était aussi cher que ma propre personne. Mais, quand il fut tué, je n'ai pas pu le venger ni non plus ne pas me rallier à la majorité du Sénat, à laquelle tu as sans doute bien fait toi aussi d'obéir, même si tu disposais d'une armée. Comme, au début, ces gens-là vous redoutèrent, Antoine et toi, parce qu'il était patent que lui aussi avait été animé du plus grand zèle pour réaliser le dessein de César, ils furent ravis du différend qui vous opposait, à la pensée que vous alliez vous briser l'un contre l'autre. Mais quand ils virent que, toi, tu étais maître aussi d'une armée, ils cherchèrent à te séduire, comme un jeune homme, par des honneurs glorieux, mais inconsistants.

Mais, une fois qu'il apparut que tu étais assez hautain et que tu ne te laissais pas dominer par l'ambition, tout particulièrement quand tu refusas la magistrature que ton armée t'avait octroyée, ils furent profondément troublés et ils te désignèrent pour partager le commandement avec nous, afin que nous t'attachions tes deux légions les plus opérationnelles. Ils espéraient que, l'un d'entre vous une fois vaincu, l'autre se retrouverait affaibli et isolé, et qu'après lui, une fois détruite l'entière faction de César, ils rétabliraient bientôt celle de Pompée. Car c'est là le point capital de leur plan.

Hirtius et moi-même exécutions les ordres reçus, avec l'objectif final de rabaisser Antoine, dont l'arrogance était encombrante. Mais, quand il aurait été vaincu, nous avions en tête de le réconcilier avec toi : nous pensions que nous aurions la possibilité de rendre à l'amitié que César nous avait portée ce témoignage de notre reconnaissance, le seul qui serait très utile à son parti pour les temps à venir.

Cela, nous ne pouvions pas te le révéler auparavant ; mais maintenant qu'Antoine est vaincu, qu'Hirtius est mort et que l'inéluctable nécessité m'emporte, voilà qui est dit au moment opportun, non pas pour que tu m'en saches gré après ma mort, mais afin que – puisque tu es né, comme tes actions le font voir, avec une destinée digne d'un dieu – tu prennes conscience de ce qui est de ton intérêt et des nécessités auxquelles la conduite d'Hirtius et la mienne ont obéi. Dans ces conditions, pour ce qui est de l'armée que tu nous as toi-même confiée, il y a d'excellentes raisons de te la rendre, et je la remets à ta disposition.

Appien, *Guerres civiles*, 3, 75 – 76, 308-310.

Dans sa fuite, Marc Antoine, subit de nombreuses difficultés et ses troupes sont en proie à la famine.

Mais sa nature était telle que les revers l'élevaient au-dessus de lui-même, et que le malheur lui donnait toutes les apparences d'un homme de cœur. [...]

Antoine, lui, fut alors un merveilleux exemple pour ses soldats : au sortir de la vie de délices et de luxe qu'il avait menée, on le vit boire sans répugnance de l'eau corrompue et manger des fruits sauvages et des racines. On dévora même, dit-on, l'écorce des arbres, et l'on goûta à des animaux dont personne n'avait tâté auparavant, alors qu'on traversait les Alpes. Le projet était d'aller rejoindre au delà des Alpes les armées que commandait Lépide, considéré par Antoine comme un ami et qui avait, grâce à lui, retiré beaucoup d'avantages de la bienveillance de César.

Plutarque, *Antoine*, 17, 4-5 – 18, 1.

Lorsqu'il apprit que Marc Antoine, après sa défaite, avait trouvé refuge auprès de Lépide et que les autres généraux, avec leurs armées, se ralliaient au parti adverse, Octave n'eut aucune hésitation à déserter la cause des grands et donna pour prétexte de ce changement des paroles et des actes qu'il reprochait à certains d'entre eux : les uns disait-il, avaient déclaré bien haut qu'il était un enfant[5], les autres « qu'il fallait le couvrir de fleurs et l'élever jusqu'au ciel »[6], cela pour ne point témoigner à lui-même ni à ses vétérans la reconnaissance qu'ils méritaient.

Suétone, *Auguste*, 12.

5. Cicéron.
6. Jeu de mots sur le double sens de *tollere*, qui signifie à la fois « exalter » et « faire disparaître ».

CONSUL À VINGT ANS

Octave, dans son habit militaire, puis Octave, chaque jour un peu plus drapé dans les habits de la politique.

On l'a tenu pour un personnage malléable, dont on pouvait se jouer. On a cru pouvoir utiliser le désir de vengeance d'un fils à des fins politiciennes. Il ne sera plus seulement l'héritier de l'honneur de Jules César, dont il s'est dit comptable. Ce que le pouvoir lui refuse, il va le conquérir, en forçant la main du Sénat.

Octave demandait le triomphe pour ce qu'il avait accompli. Les sénateurs ne prenant pas sa requête en considération, au motif qu'il visait des honneurs au-dessus de son âge, il redouta d'être encore plus en butte à leur dédain après la ruine d'Antoine, et il désirait trouver un arrangement avec celui-ci, comme précisément Pansa mourant le lui avait suggéré.

Appien, *Guerres civiles*, 3, 80, 325-326.

Mais le Sénat le déçoit profondément.

Jusqu'à ces événements donc, Octave n'avait fait que grandir dans l'estime du peuple et du Sénat, et il s'attendait par conséquent à recevoir, entre autres honneurs, la désignation immédiate comme consul [...]

Non seulement les sénateurs ne le jugèrent pas encore digne de recevoir une grande récompense, mais ils tentèrent de le briser en donnant à Decimus tous les honneurs qu'il espérait recevoir lui : ils décernèrent par décret à Decimus non seulement des sacrifices, mais aussi le triomphe. Aux soldats qui avaient été assiégés avec lui, ils décidèrent d'accorder des éloges et les autres avantages qui avaient été promis antérieurement à ceux d'Octave, bien qu'ils n'eussent aucunement contribué à la victoire, mais qu'ils l'eussent regardée du haut des murailles. [...]

En un mot, tout ce qui avait été fait au profit d'Octave contre Antoine fut décrété au profit d'autres, contre lui. Et surtout, pour qu'il ne voulût ni ne pût commettre quelque tort, le Sénat accrut la puissance de tous ses ennemis : à Sextus Pompée, il confia la flotte, à Marcus Brutus, la Macédoine, et à Cassius, la Syrie.

Le Sénat lui aurait en outre confisqué tout bonnement toutes les forces armées dont il disposait si toutefois il n'avait craint de prendre ouvertement ce décret, parce qu'il savait que ses soldats lui étaient dévoués. Mais il tenta néanmoins de susciter la sédition chez eux, à la fois entre eux et contre lui. Il ne voulut ni donner des éloges et des honneurs à tous, pour ne pas accroître leur arrogance, ni les priver tous d'honneurs et d'attention, afin de ne pas se les aliéner davantage et de ne pas les contraindre par là à s'entendre entre eux. Aussi prit-il une décision intermédiaire : il accorda des éloges à certains d'entre eux, et pas aux autres, il autorisa les uns à porter une couronne d'olivier aux cérémonies, et pas les autres. Ayant en outre décrété de donner aux uns une somme de 2 500 drachmes, aux autres pas même une pièce de cuivre, il espérait les brouiller entre eux et ainsi les affaiblir.

Dion Cassius, *Histoire romaine*, 46, 39-40.

Octave prend alors la résolution de se rapprocher de Marc Antoine, suivant ainsi la recommandation faite par Pansa sur son lit de mort.

Mais le jeune homme ne veut pas se rendre auprès d'Antoine sans s'être donné la seule stature qui lui permette de traiter d'égal à égal. Il veut s'emparer du consulat, vacant depuis la mort d'Hirtius et de Pansa. L'affaire est compliquée. Il n'a pas l'âge requis : pour faire acte de candidature, il faut avoir trente ans. Octave n'en a que vingt.

De plus, les Pompéiens, le parti des assassins de Jules César veut que les siens occupent cette magistrature, la plus haute des magistratures romaines. Pour parvenir à ses fins, Octave tente donc de s'assurer de l'appui et de l'influence de Cicéron.

[Il rencontra Cicéron] en privé, et il le convia même à exercer cette charge avec lui : Cicéron exercerait le pouvoir, puisqu'il était le plus âgé et le plus expérimenté, tandis que lui-même se contenterait de jouir du titre, qui lui permettrait de déposer les armes sans déshonneur, puisque c'était précisément ce pour quoi naguère il avait demandé les honneurs du triomphe. Excité par cette proposition en raison de son amour du pouvoir, Cicéron déclarait avoir le sentiment qu'un accord secret avait été conclu dans l'ombre entre les généraux commandant hors de Rome, et il conseillait de ménager l'homme en question, que l'on avait outragé et qui commandait encore une nombreuse armée, et d'accepter de le voir exercer le consulat à Rome avant l'âge plutôt que de le laisser ruminer son ressentiment sous les armes. D'ailleurs, afin d'éviter qu'il n'agît contre l'intérêt du Sénat, il exprimait le vœu qu'on lui donnât comme collègue un homme de bon sens choisi parmi les sénateurs les plus âgés, qui, comme un pédagogue, tiendrait fermement sa jeunesse en lisière. Mais le Sénat rit aux éclats de Cicéron et de son amour du pouvoir, et ce furent principalement les parents des meurtriers qui firent obstacle à la proposition, car ils craignaient qu'Octave, s'il était consul, ne leur fît payer leur crime.

Appien, *Guerres civiles*, 3, 82, 337-339.

Ayant échoué à imposer aux sénateurs un consulat partagé avec Cicéron, le jeune homme imagine un second stratagème.

Octave attisait désormais la colère de son armée, aussi bien pour la défense de ses propres intérêts (puisqu'on ne

cessait de l'outrager) que pour celle de ses soldats, qu'on
lançait dans une nouvelle campagne avant qu'ils eussent
reçu, pour la première, les 5 000 drachmes que les sénateurs
avaient promis de leur verser. Il leur expliquait qu'ils
devaient envoyer des émissaires réclamer. Ils envoyèrent
leurs centurions.

> Appien, *Guerres civiles*, 3, 86, 353.

*Nouvelle tergiversation politicienne : le Sénat envoie la moitié
des sommes qu'il doit aux soldats.*

S'étant présenté en personne devant l'armée réunie,
Octave exposa en détail tous les outrages que le Sénat lui
avait infligés ainsi que le complot visant tous les amis de
César, que l'on détruisait un par un : [...]
– Quelle garantie avons-nous, vous, concernant les terres
et l'argent que vous avez reçus de lui et, moi, concernant mon
propre salut, quand les parents de ses meurtriers règnent
ainsi en maîtres dans le Sénat ? En ce qui me concerne,
j'accepterai la fin, quelle qu'elle soit, qui viendra à m'échoir :
il est même beau de subir le pire quand on prend fait et
cause pour un père. Mais je crains pour vous, si nombreux
et si méritants, qui êtes en danger par amour de mon père
et de moi !
Vous savez, bien sûr, que je suis pur de toute ambition,
depuis le jour où, alors que vous m'offriez d'exercer le
commandement avec ses insignes, je n'ai pas accepté. La
seule planche de salut que je vois maintenant pour vous
et pour moi, ce serait que je fusse élu consul par votre
intercession. Tout ce qui vous a été donné par mon père
sera ainsi confirmé, les colonies qui vous sont encore dues
viendront s'ajouter à celles qui existent déjà, et toutes les
récompenses seront intégralement versées. Et moi, après avoir
traduit en justice les meurtriers, je pourrais bien mettre fin
pour vous aux autres guerres.

Tandis qu'il prononçait ces mots l'armée poussa une acclamation enthousiaste, et elle envoya immédiatement les centurions réclamer le consulat pour Octave.

Appien, *Guerres civiles*, 3, 86, 356 – 88, 361.

Suétone rapporte alors un témoignage de la violence du face à face entre les soldats et les sénateurs.

Le centurion Cornélius, chef de la délégation, rejeta en arrière son manteau et, montrant la poignée de son glaive, n'hésita pas à dire en pleine Curie :
— Si vous ne le faites pas consul, celui-ci s'en chargera.

Suétone, *Auguste*, 26, 2.

Octave et son armée se lancent dans le coup de force.

Comme les centurions tenaient ces propos avec une assez grande liberté de langage, certains sénateurs, offusqués de les voir s'exprimer avec une telle franchise alors qu'ils n'étaient que des centurions, les blâmaient de montrer un aplomb qui ne convenait pas à des soldats.

À cette nouvelle, la colère de l'armée redoubla et les soldats exigeaient qu'on les menât à Rome sur-le-champ : ils disaient qu'il était dans leurs intentions de l'élire eux-mêmes en procédant à une élection spéciale, comme fils de César ; et ils ne cessaient de couvrir d'éloges le premier César. Les voyant dans un tel état d'exaltation, Octave partit à leur tête aussitôt après l'assemblée : il emmenait huit légions, d'importantes forces de cavalerie et les différents contingents accompagnant les légions. Après avoir franchi, pour passer de Gaule Cisalpine en Italie, le fleuve Rubicon – ce fleuve qui avait déjà été franchi par son père de la même manière lors de la guerre civile, pour la première fois –, il divisa l'ensemble de son armée en deux corps. Il ordonna à l'un de suivre en prenant son temps ; tandis que lui-même, accompagné de

l'élite de l'armée, fonçait de l'avant, brûlant de surprendre
ses adversaires avant qu'ils n'aient achevé leurs préparatifs.

Appien, *Guerres civiles*, 3, 88, 362-365.

Le Sénat est terrorisé.

Les sénateurs étaient, quant à eux, en proie à une
panique sans nom, car ils ne disposaient d'aucune force
militaire, et ils s'adressaient mutuellement des reproches,
comme il arrive dans les moments d'affolement, les uns
rappelant qu'on lui avait outrageusement enlevé l'armée
qui devait marcher contre Antoine, d'autres l'arrogance
avec laquelle on lui avait refusé un triomphe qui n'était pas
immérité, d'autres qu'on l'avait empêché par malveillance
de distribuer l'argent, d'autres enfin disaient que c'était le
fait même de n'avoir pas versé rapidement et intégralement
les récompenses qui leur avait valu l'hostilité de l'armée.
Ils blâmaient surtout l'inopportunité de la querelle qu'on
lui avait cherchée, alors que Brutus et Cassius étaient
assez éloignés, encore en train de s'organiser, mais que sur
leur flanc à eux, Antoine et Lépide étaient là en ennemis.
Toutes les fois qu'ils songeaient que ces derniers allaient
se réconcilier tous les deux avec Octave, leur crainte était
à son comble. Et Cicéron, qui jusqu'alors les accablait de
sa suffisance, ne se montrait même pas.

Appien, *Guerres civiles*, 3, 89, 368-369.

Soudain, il y eut l'apparence d'un accord.

C'était, de la part de tous et dans tous les domaines,
un complet revirement : au lieu de 2 500 drachmes, on
voulait donner les 5 000 ; au lieu de ne les donner qu'aux
deux légions, on les donnait aux huit ; c'était Octave qui
leur distribuerait l'argent, et on lui permettait de briguer le
consulat sans être à Rome. Des émissaires quittaient Rome

en toute hâte, qui devaient se dépêcher de lui expliquer cela. Mais à peine s'étaient-ils mis en route que le Sénat revenait brusquement sur ses décisions : il ne fallait pas se laisser intimider avec une telle lâcheté ni accepter, sans verser le sang, une nouvelle tyrannie ; on ne devait pas donner à ceux qui désiraient le consulat l'habitude de l'obtenir par la force, ni à ceux qui sur un ordre avaient pris les armes, celle d'adresser eux-mêmes des ordres à la Patrie. Au contraire, après s'être armés autant qu'il était possible, il fallait opposer aux assaillants le bouclier des lois. On pouvait escompter en effet que, si on leur opposait les lois, même ces gens-là ne porteraient pas les armes contre la Patrie. S'ils le faisaient, on supporterait un siège, et on se défendrait jusqu'à la mort plutôt que d'accepter de nouveau sans réagir une servitude cette fois irrémédiable. Et ils rassemblaient les exemples anciens du courage manifesté par les Romains à propos de la Liberté et des épreuves qu'ils avaient subies pour elle, eux qui ne faisaient aucune concession quand la Liberté était en jeu !

Appien, *Guerres civiles*, 3, 90.

Octave annexe Rome dans le calme.

Au peuple, plongé dans l'agitation, Octave envoya des cavaliers pour exhorter les gens à ne pas s'effrayer et, dans la stupeur générale, il s'empara du secteur situé au delà de la colline du Quirinal, personne n'ayant entrepris d'en découdre avec lui ou de lui barrer le chemin.

C'était de nouveau, tout d'un coup, un autre revirement étonnant, puisque les nobles couraient à lui et le saluaient. La plèbe accourait elle aussi et interprétait la discipline des soldats comme un signe de leurs intentions pacifiques.

Ayant laissé son armée là où elle se trouvait, Octave se rendit le lendemain en ville, avec autour de lui une garde du corps importante.

Cette fois encore, tout le long de son itinéraire, les Romains venaient à sa rencontre par petits groupes et le saluaient, sans négliger aucune marque d'amitié ou d'obséquiosité débile. Sa mère et sa sœur l'accueillirent à bras ouverts dans le temple de Vesta, parmi les vierges sacrées.

Appien, *Guerres civiles*, 3, 92, 378-380.

Il parvient à ses fins.

Subitement, dans la nuit, une fausse rumeur se répandit : on disait que deux légions d'Octave avaient changé de camp pour venir soutenir la Ville, au motif qu'on avait eu recours à une ruse pour les mener contre la Patrie ! Et même les préteurs et le Sénat y ajoutèrent foi, avec la plus complète légèreté, bien que l'armée se trouvât à proximité immédiate. S'étant mis en tête qu'avec ces troupes d'élite ils tiendraient tête au reste des forces d'Octave, en attendant de recevoir quelque renfort de l'extérieur, les sénateurs firent partir, alors qu'il faisait encore nuit, Manius Aquilius Crassus pour le Picenum, afin d'y réunir une armée. Ils s'employaient à ce que l'un des tribuns, Apuleius, fît rapidement un tour de ville pour colporter la bonne nouvelle. Et, de nuit, le Sénat courut se rassembler à la Curie, Cicéron accueillant les sénateurs à la porte. Mais, la rumeur s'étant révélée mensongère, il s'esquiva en litière.

Leur conduite provoqua l'hilarité d'Octave, qui fit avancer son armée plus près de la Ville, jusqu'au Champ de Mars. [...]

Tout l'argent (public ou autre) qui se trouvait sur le Janicule ou ailleurs, il ordonna de le réunir et il distribua à son armée la somme qui, sur la proposition de Cicéron, lui avait été naguère allouée, à raison de 2 500 drachmes par homme, et il promit de leur faire cadeau de ce qui restait en caisse. Et il se retira de la Ville jusqu'à ce que le peuple eût désigné des consuls par élection.

Élu lui-même consul avec celui qu'il souhaitait – Quintus Pedius, qui lui avait fait présent de sa part de l'héritage de César –, il rentra de nouveau dans la Ville en qualité de consul et offrit des sacrifices : douze vautours étaient apparus, autant que Romulus en avait vu, à ce qu'on dit, quand il fondait la cité.

Appien, *Guerres civiles*, 3, 93 – 94, 386-388.

LE SANG DES PROSCRITS

Le voici consul. Un an après les Ides de Mars. Il partage cet honneur avec Quintus Pedius, son cousin, également petit-neveu de Jules César qui l'avait aussi couché sur son testament.

Quintus Pedius avait servi dans les légions de César durant la guerre des Gaules. Si Octave l'a choisi, c'est peut-être aussi parce qu'au moment où l'on avait ouvert le testament de César, Quintus Pedius avait remis à Octave la plus grande partie de l'argent dont il héritait.

Mais l'Histoire ne retiendra qu'Octave. Il a donc vingt ans. Il est l'élu du peuple à la plus importante magistrature romaine. Au-dessus du consul, il n'y a que le Sénat. Mais c'est le consul qui convoque le Sénat, et le préside.

Le décorum du consul est impressionnant : dans ses déplacements, il est précédé de douze licteurs portant des haches dont les manches étaient entourées d'un faisceau de verges qu'ils déliaient parfois pour fouetter les malfaiteurs, ou même pour les décapiter. Chacun s'écarte sur leur passage. Les consuls, eux, ne s'écartent que pour céder le passage aux Vestales. La religion, toujours, est omniprésente.

Octave s'intéresse moins aux symboles de la puissance consulaire qu'à venger la mort de son père adoptif. Le jeune héritier de César a déjà inscrit son nom dans l'histoire de Rome. Il est consul. Marc Antoine ne l'est plus.

Octave demande donc à ses amis d'organiser une rencontre avec lui. Et ce rendez-vous, destiné à mettre fin aux différends entre les deux hommes se déroule sur un îlot du fleuve Lavinius, près de Modène.

L'un et l'autre, ils prennent leurs précautions. C'est un euphémisme. La confiance n'a jamais pu s'installer entre ces deux hommes.

Chacun disposait de cinq légions d'infanterie : ils les placèrent les unes en face des autres et s'avancèrent avec trois cents hommes chacun sur les ponts de la rivière. Ensuite, Lépide en personne s'avança pour inspecter l'île, puis agita son manteau pour faire signe à chacun de venir. Ils laissèrent alors sur les ponts, avec leurs amis, les trois cents hommes, se rendirent au centre de l'île, dans un endroit bien en vue, et s'installèrent pour siéger tous les trois.

Appien, *Guerres civiles*, 4, 1, 2, 4-5.

Lépide s'était assis avec eux. Et comme le dit Plutarque, « ils furent bientôt d'accord sur le partage de l'empire, qu'ils divisèrent entre eux comme ils eussent fait d'un héritage paternel. » *Et ils jetèrent les bases d'un triumvirat dont l'objectif serait de* « restaurer la République ».

Octave s'assit au milieu en raison de la magistrature qu'il exerçait. Au terme de deux jours de réunion, de l'aube au crépuscule, ils prirent les décisions suivantes : Octave déposerait sa charge de consul et Ventidius lui succéderait pour le reste de l'année. Une nouvelle magistrature[1] serait instituée pour Lépide, Antoine et Octave, afin de régler les conflits civils : ils l'exerceraient pendant cinq ans et leurs pouvoirs seraient égaux à ceux des consuls. Ils décidèrent de procéder ainsi plutôt que d'être nommés dictateurs, peut-être à cause du décret d'Antoine interdisant désormais l'établissement d'un dictateur. Ils désigneraient en outre immédiatement les hommes qui exerceraient les magistratures annuelles à Rome pour les cinq ans à venir, après s'être partagé les gouvernements de provinces : Antoine aurait la Gaule tout

1 Un triumvirat.

entière à l'exception de la partie qui touche aux Pyrénées, que l'on nommait Gaule ancienne, et dont le gouvernement, ainsi que celui de l'Espagne, reviendrait à Lépide ; Octave, lui, recevrait l'Afrique, la Sardaigne, la Sicile et toutes les autres îles de la zone. Les trois hommes se répartirent de la sorte l'empire de Rome, et ne remirent à plus tard que le partage des territoires situés au delà de l'Adriatique, encore sous le contrôle de Brutus et de Cassius, contre lesquels Antoine et Octave devaient mener la guerre. Lépide, en effet, devait être consul l'année suivante et demeurerait dans la Ville pour y parer aux nécessités. Il gouvernerait l'Espagne par personnes interposées. De son armée, Lépide conserverait trois légions pour les besoins de la situation à Rome, les sept autres seraient réparties entre Octave et Antoine, trois pour Octave, quatre pour Antoine, de façon que chacun en emmenât vingt à la guerre. Et ils faisaient alors espérer aux soldats, entre autres gratifications pour prix de la victoire dans la guerre, l'assignation de colonies dans dix-huit cités italiennes – des endroits d'une beauté supérieure qui se distinguaient par la prospérité des domaines et des maisons, et devaient leur être distribuées avec leurs terres et leurs maisons, comme si elles avaient pris pour eux la place d'un territoire ennemi qu'ils auraient conquis par les armes. Parmi ces cités, les plus illustres étaient Capua, Rhegium, Venusia, Beneventum, Nuceria, Ariminum et Hipponium[2]. Tandis qu'ils répartissaient de la sorte entre les soldats les plus beaux endroits d'Italie, ils décidèrent aussi d'éliminer préventivement leurs ennemis personnels, pour qu'ils ne les contrecarrent pas quand ils appliqueraient ces mesures et mèneraient une guerre à l'extérieur.

Telles furent les décisions qu'ils prirent et consignèrent par écrit. C'est Octave qui, en tant que consul, en donna

---

2. Actuelles Capoue, Reggio de Calabre, Venouse, Bénévent, Nocera, Rimini et Vibo Valentia.

aux armées une lecture complète, mais sans mentionner
ceux qui allaient mourir. À cette annonce, ils se mirent à
chanter de joie et à s'étreindre pour saluer la réconciliation.

Appien, *Guerres civiles*, 4, 1, 2, 5-7 – 3, 8-13.

Mais les Dieux n'avaient pas l'air d'accord.

Pendant ces événements, il se produisait à Rome un
grand nombre de prodiges et des présages effrayants : des
chiens hurlaient de façon égale, comme des loups, ce qui
est un signe inquiétant, des loups traversaient en courant
le Forum, alors que cet animal ne fréquente pas les villes,
une vache fit entendre une voix humaine, un nourrisson se
mit à parler dès sa naissance, des statues de dieux suaient
de l'eau et parfois même du sang, on entendait de grandes
clameurs d'hommes, des bruits d'armes et des galops
de chevaux sans rien voir de correspondant ; autour du
soleil se montraient beaucoup de signes inquiétants, il
se produisait des pluies de pierres, la foudre ne cessait de
tomber sur les temples et les statues. Le Sénat fit alors
venir des sacrificateurs et des devins d'Étrurie. Le plus
vieux d'entre eux déclara que les royautés d'antan allaient
revenir et que tous deviendraient esclaves à l'exception
de lui-même ; après quoi, il ferma la bouche et retint sa
respiration jusqu'à ce qu'il en mourût.

Appien, *Guerres civiles*, 4, 1, 14-15.

L'odieux nettoyage est manigancé.

Les trois hommes, restés entre eux, rédigèrent la liste
de ceux qui devaient mourir : ils tinrent pour suspects
les personnages influents et inscrivirent leurs ennemis
personnels, en échangeant entre eux les proches ou les amis
qu'ils vouaient à leur perte, immédiatement aussi bien que
plus tard. La liste voyait en effet sans cesse de nouveaux

noms ajoutés, tantôt à cause d'une inimitié personnelle, tantôt simplement pour la gêne qu'ils constituaient, tantôt à cause de leur amitié pour des ennemis ou de leur hostilité pour des amis, tantôt pour leur richesse. Les triumvirs avaient effectivement besoin pour la guerre de beaucoup d'argent : on avait, en effet, remis à Brutus et à Cassius les tributs d'Asie, qu'ils continuaient à percevoir, à quoi s'ajoutait l'apport des rois et des satrapes[3]. Les triumvirs, en revanche, se trouvaient sans ressources à tirer de l'Europe et surtout de l'Italie, épuisées par les guerres et par les contributions.

Appien, *Guerres civiles*, 4, 2, 5, 16-18.

Sur le nombre des personnes figurant sur la liste des proscrits, les historiens se contredisent. La liste de ceux qui devaient périr comportait trois cents noms. Appien affirme pour sa part que trois cents sénateurs environ furent condamnés à mort, ainsi que deux mille chevaliers.

La majorité des victimes devait être proscrite lorsque les triumvirs entreraient à Rome, au retour de leur réunion, mais pour douze hommes, ou, selon certains, dix-sept, qui étaient les personnalités les plus influentes, et parmi elles, Cicéron, ils décidèrent d'envoyer à l'avance procéder à leur élimination immédiate. Quatre d'entre eux furent tués tout de suite au cours de banquets ou au hasard d'une rencontre. Comme on cherchait les autres et qu'on fouillait temples et demeures, la nuit tout entière s'emplit soudain d'une grande agitation, de cris, de poursuites accompagnées de plaintes, comme lors de la prise d'une ville.

Appien, *Guerres civiles*, 4, 2, 5, 21-22.

3. Administrateur de région dans l'Empire perse.

Échanges de bons procédés entre assassins.

À la fin, sacrifiant le respect de la parenté et les sentiments d'amitié à leur colère contre ceux qu'ils haïssaient, Octave abandonna Cicéron à Antoine, et Antoine à Octave, Lucius César, son oncle maternel. On permit aussi à Lépide de faire tuer son frère Paulus, mais certains auteurs disent que Lépide concéda Paulus aux autres, qui réclamaient sa mort.

Je ne crois pas qu'il se soit jamais rien fait de plus cruel ni de plus sauvage que ce marché : en échangeant ainsi meurtres contre meurtres, ils assassinaient également les victimes qu'on leur concédait et celles qu'ils laissaient sacrifier, et leur conduite était plus injuste envers leurs amis, qu'ils faisaient périr sans même les haïr. […]

Cicéron fut égorgé, et Antoine lui fit couper la tête et la main droite, avec laquelle il avait écrit ses discours contre lui.

Plutarque, *Antoine*, 19, 3-4 et 20, 3.

Cet épisode, d'une cruauté extrême, ne peut s'expliquer sans la lecture des diatribes de Cicéron contre le consul Marc Antoine. Celle de la Seconde Philippique *surtout, violente à l'extrême, jamais prononcée au Sénat, mais publiée cependant. Un texte inimaginable, où l'orateur, résolument opposé à la dictature de Jules César, jette à la face de Marc Antoine, qui s'en est toujours défendu, l'accusation d'avoir secrètement approuvé le complot, mais d'être resté passif à l'heure où les conjurés allaient frapper César.*

Cicéron a la parole :

Si c'est un crime que d'avoir voulu la mort de César, considère, Antoine, je te prie, ce qui doit advenir de toi, quand il est de notoriété publique qu'à Narbonne tu en avais formé le dessein avec C. Trebonius, et qu'en raison de cette complicité nous avons vu Trebonius, au moment où l'on tuait César, te tirer à l'écart. Quant à moi – vois combien peu je te traite en ennemi –, tu as eu une fois une bonne intention, je t'en félicite. Tu n'as pas révélé le complot, je t'en remercie. Tu ne l'as pas exécuté, je te le pardonne : c'est un homme que réclamait une telle action.

Si quelqu'un te citait devant un tribunal et avait recours à l'axiome de Cassius : « Qui en a profité ? », prends garde, je te prie, de te trouver dans l'embarras : quoi qu'en aient profité, comme tu le disais, tous ceux qui ne voulaient pas être esclaves, c'est toi, avant tout, toi qui non seulement n'est pas esclave, mais te comportes en roi, toi dont les dettes énormes ont été payées au temple d'Ops[4], toi qui, au moyen des mêmes livres de comptes, as dilapidé des sommes immenses, toi qui as fait transporter tant de choses chez toi de la maison de César, toi dont la maison est une fabrique si productive de faux papiers et notes, un marché scandaleux où l'on trafique de champs, de villes, d'immunités, de revenus publics. En effet, à ta détresse financière et à tes dettes, avais-tu d'autres remèdes que la mort de César ?

Tu me parais éprouver je ne sais quel trouble : appréhendes-tu secrètement qu'on ne t'attribue quelque responsabilité dans l'affaire ? Je vais te rassurer : personne ne croira jamais rien de tel. Rendre un service à la République n'est nullement ton fait. La République considère de très illustres citoyens comme les instigateurs de cette action magnifique. Quant à moi, je dis seulement que tu t'en réjouis. Je ne t'accuse pas d'en être l'auteur.

Cicéron, *Philippiques*, 2, 14, 34-36.

Peut-être comprend-on mieux encore, après cette description de la conduite du jeune Marc Antoine, la haine de ce dernier pour Cicéron.

Tu as pris la toge virile et, aussitôt, tu en as fait une toge féminine. D'abord prostituée offerte à tous, prix fixe pour ton infamie, et qui n'était pas médiocre. Mais bientôt survint Curion, qui t'enleva au métier de courtisane et qui,

4. Ops était la déesse de l'Abondance.

comme s'il t'avait donné la robe des matrones, t'a établi en un mariage stable et régulier. Jamais jeune esclave acheté pour la débauche ne fut sous la puissance de son maître aussi complètement que toi sous celle de Curion. Combien de fois son père t'a-t-il chassé de la maison ? Combien de fois a-t-il aposté des gardiens pour t'en interdire l'accès ? Et toi, cependant, avec la complicité de la nuit, stimulé par le plaisir, cédant à l'appât du gain, tu te laissais glisser par le toit. De tels scandales, cette maison n'a pas pu les supporter plus longtemps. Sais-tu bien que je parle ici de choses qui me sont parfaitement connues ? Rappelle-toi ce temps où Curion le père, accablé de chagrin, gardait le lit, où son fils, se jetant à mes pieds, tout en larmes, te recommandait à moi. Il me suppliait de le défendre contre son père, s'il lui demandait 6 millions de sesterces : car telle était la somme dont il disait s'être porté garant pour toi. Et lui, brûlant d'amour, jurait qu'il ne pourrait supporter le regret d'être séparé de toi et qu'il partirait pour l'exil.

À cette époque, quels maux j'ai adoucis ou plutôt supprimé dans cette famille si florissante ! J'ai persuadé le père de payer les dettes du fils, de libérer ce jeune homme, dont les qualités de cœur et d'esprit donnaient les plus hautes espérances, en y employant les ressources de son patrimoine, de lui interdire tout rapport et même toute rencontre avec toi, en usant de la puissance et des droits paternels. Puisque tu conservais le souvenir de ce que j'avais fait là, si tu ne mettais ta confiance dans ces épées que nous voyons, aurais-tu osé me provoquer par des paroles outrageantes ?

Cicéron, *Philippiques*, 2, 18, 44-46.

Et cette gifle encore, à la face du soldat, et du consul.

Vous pleurez la perte de trois armées du peuple romain : c'est Antoine qui les a fait périr. Vous regrettez les plus illustres citoyens : eux aussi, c'est Antoine qui vous les

a ravis. L'autorité de notre ordre sénatorial a été ravalée :
c'est Antoine qui l'a ravalée. Bref, tous les malheurs que
nous avons vus depuis — et quel malheur n'avons-nous pas
vu ? —, si nous raisonnons avec justesse, c'est au seul compte
d'Antoine que nous les porterons. Comme Hélène pour les
Troyens, cet homme a été pour notre République une cause
de guerre, une cause de désastre et de ruine. La suite de son
tribunat a été conforme au début : il a accompli tout ce que
le Sénat, pour le salut de l'État, avait réussi à empêcher.

Cicéron, *Philippiques*, 2, 22, 55.

*Et enfin, l'évocation, tellement crue, de l'inconduite de Marc
Antoine, maître de cavalerie, premier personnage de Rome pendant
l'absence du dictateur Jules César, lors de la guerre d'Espagne.*

Toi, avec ce gosier, ces flancs, cette robustesse de tout
ton corps de gladiateur, tu avais absorbé tant de vin aux
noces d'Hippias, qu'il t'a fallu le vomir en présence du
peuple romain, le lendemain encore. Quelle chose ignoble,
non seulement à voir, mais même à entendre raconter ! Si
c'était à table, au milieu de ces coupes énormes dont tu
te sers, que cela fût arrivé, qui ne le regarderait comme
une honte ? Mais, en pleine assemblée du peuple romain,
dans l'exercice des fonctions publiques, un maître de la
cavalerie, pour qui ce serait une honte de roter, vomit,
en couvrant de débris d'aliment qui sentaient le vin ses
vêtements et tout le tribunal. Mais il l'avoue lui-même
comme une de ses saletés.

Cicéron, *Philippiques*, 2, 25, 63.

Cicéron appelle même sa propre mort pour sauver la République.

J'ai méprisé les épées de Catilina, je ne redouterai pas
les tiennes. Bien plus : je ferai volontiers le sacrifice de ma
vie, si, par ma mort, je puis réaliser pour les citoyens le

rétablissement de la liberté, pour qu'enfin la douleur du peuple romain enfante ce dont elle est en travail depuis longtemps. Car si, il y a quelque vingt ans, dans ce même temple, j'ai déclaré que la mort ne pouvait être prématurée pour un consulaire, avec combien plus de vérité ne dirai-je pas aujourd'hui qu'elle ne peut l'être pour un vieillard. Pour moi, en vérité, sénateurs, la mort est désormais à désirer, après tous les honneurs que j'ai obtenus et toutes les actions que j'ai accomplies. Je ne forme plus que deux vœux : d'abord, de laisser en mourant le peuple romain libre – les dieux immortels ne peuvent m'accorder de faveur plus grande ; en second lieu, que chacun ait le sort que lui auront mérité ses services envers la République.

Cicéron, *Philippiques, Péroraison*, 66, 118-119.

Alors, la nouvelle de la mise à mort des proscrits est parvenue à Cicéron. On le conduisait vers sa maison, au bord de la mer, près de Capoue. Depuis plusieurs jours, l'entourage de l'orateur guettait les présages et suivaient les vols de corbeaux, impressionnants.

Il y a en cet endroit un petit temple d'Apollon, un peu au-dessus de la mer. Une nuée de corbeaux s'en éleva pour se porter à grand bruit vers le vaisseau de Cicéron, dont l'équipage ramait vers la terre. Les oiseaux se posèrent de chaque côté de la vergue, les uns croassant, les autres becquetant les bouts des cordages. Tout le monde vit là un mauvais présage. Cicéron débarqua, et, une fois entré dans sa villa, il se coucha pour prendre du repos. Alors la plupart des corbeaux se perchèrent à la fenêtre en poussant des cris tumultueux. L'un d'eux même s'abattit sur son lit et avec son bec écarta peu à peu le manteau dont Cicéron s'était voilé le visage.

Plutarque, *Cicéron*, 47, 8-9.

La scène impressionna tant les serviteurs de Cicéron qu'ils
réussirent à persuader ce dernier de retourner vers l'embarcadère.

À ce moment survinrent les meurtriers. C'était le
centurion Herennius et le tribun militaire Popillius, que
Cicéron avait autrefois défendu dans une accusation de
parricide, et avec eux, une troupe de satellites. Voyant les
portes fermées, ils les enfoncèrent, mais ils ne trouvèrent
pas Cicéron, et les gens de la maison affirmaient ne pas
savoir où il était. Alors, dit-on, un adolescent, instruit par
Cicéron dans les belles-lettres et dans les sciences, nommé
Philologus, affranchi de Quintus, son frère, dit au tribun
qu'on portait sa litière par les allées boisées et ombragées
vers la mer. Le tribun, prenant quelques hommes avec lui,
se précipita en faisant un détour pour gagner l'issue des
allées, tandis qu'Herrenius parcourait celles-ci au pas de
course. Cicéron l'entendit arriver et ordonna à ses serviteurs
de déposer là sa litière. Lui-même, portant, d'un geste qui
lui était familier, la main gauche à son menton, regarda
fixement les meurtriers. Il était couvert de poussière, avait
les cheveux en désordre et le visage contracté par l'angoisse,
en sorte que la plupart des soldats se voilèrent les yeux tandis
qu'Herennius l'égorgeait. Il tendit le cou à l'assassin hors de
la litière. Il était âgé de soixante-quatre ans. Suivant l'ordre
d'Antoine, on lui coupa la tête et les mains, ces mains avec
lesquelles il avait écrit les *Philippiques*, car c'est ainsi que
Cicéron avait intitulé ses discours contre Antoine, qui ont
gardé jusqu'à maintenant le même titre.

Lorsque la tête et les mains de Cicéron furent apportées
à Rome, il se trouva qu'Antoine procédait à des élections.
Ayant appris que ces trophées étaient là, et les ayant vus,
il s'écria :

– Les proscriptions ont maintenant atteint leur terme.

Plutarque, *Cicéron*, 48 – 49, 1.

Triste fin pour Cicéron.

[Antoine] en fut absolument ravi : il couronna le centurion et lui donna, en plus de la prime, 250 000 drachmes attiques pour avoir supprimé le plus important et le plus belliqueux de tous ses ennemis.

On dit même qu'Antoine plaça au moment du repas la tête de Cicéron devant sa table jusqu'à ce qu'il fût rassasié par la vue de son malheur.

Appien, *Guerres civiles*, 4, 4, 20, 79 et 81.

Fulvie[5] prit la tête dans ses mains, avant qu'on l'emportât, et, après l'avoir insultée par des paroles amères et avoir craché dessus, elle la plaça sur ses genoux ; puis, lui ouvrant la bouche, elle en tira la langue, qu'elle perça avec les aiguilles dont elle se servait pour parer sa tête, tout en l'accablant de railleries criminelles.

Dion Cassius, *Histoire romaine*, 47, 8.

La tête de Cicéron et sa main restèrent longtemps sur le Forum, suspendus à la tribune depuis laquelle, dans le passé, Cicéron avait prononcé ses harangues. Et on fut plus nombreux à courir pour voir cela qu'on ne l'avait été pour l'écouter.

Appien, *Guerres civiles*, 4, 4, 20, 80.

Bouleversé par cet épisode dramatique, Appien est allé en personne à Caieta[6], la ville où Cicéron fut tué, qu'il a « visitée pour mieux connaître cette affaire lamentable ».

---

5. La femme de Marc Antoine.
6. Aujourd'hui, Gaeta, ville du Latium.

Il donne à longueur de pages une relation accablante des déchaînements de cruauté aux jours de la proscription.

En même temps qu'on affichait les proscrits, on occupait les portes de la Ville et toutes ses autres sorties, ports, marais, terrains bourbeux et autres lieux soupçonnés de permettre la fuite ou d'offrir des refuges secrets. On confia aux centurions le soin de parcourir le territoire environnant pour le fouiller.

Tout cela se produisit simultanément. Aussitôt, dans la Ville et dans le territoire environnant, selon l'endroit où chacun était arrêté, il y eut un grand nombre de captures immédiates ; on assassina de différentes façons et on coupa les têtes afin de les montrer pour recevoir son salaire. Les fuyards recouraient à des procédés inconvenants et à des comportements incompatibles avec leur brillante situation antérieure. Les uns descendaient dans des puits, d'autres dans les fosses souterraines destinées aux immondices, d'autres se réfugiaient dans des soupentes enfumées ou se tenaient accroupis là où les tuiles des toits avaient une certaine épaisseur, en gardant le plus profond silence.

En réalité, tout autant que les meurtriers, certains craignaient leurs femmes ou leurs enfants parfois mal disposés à leur égard, d'autres leurs affranchis ou leurs esclaves, d'autres encore leurs débiteurs ou leurs voisins désireux de mettre la main sur leurs domaines.

Il se produisit donc une réouverture massive de toutes les plaies mal cicatrisées et un retournement de fortune inique pour des sénateurs, des consuls, des préteurs ou des tribuns : des hommes qui ambitionnaient encore ces fonctions ou les avaient déjà exercées se jetaient maintenant aux pieds d'un de leurs propres esclaves en gémissant et regardaient leur serviteur comme un sauveur et un maître. Mais le plus déplorable était parfois d'endurer cette situation sans provoquer la pitié.

Le malheur revêtait toute sorte de formes autres que lors de conflits civils ou en cas de guerre : car, alors, on craignait l'homme du parti adverse ou l'ennemi, mais on s'en remettait à ses proches. Or là, on craignait, plus encore que les meurtriers, ses proches qui, de leur côté, n'éprouvaient aucune des peurs habituelles en temps de guerre et de conflit civil, mais pouvaient se transformer instantanément en ennemis, par suite d'une haine rentrée ou à cause des récompenses qui leur étaient promises publiquement, ou encore de l'or et de l'argent qui se trouvaient dans la maison.

Pour l'ensemble de ces raisons, brusquement, personne n'éprouvait plus de loyauté à l'égard d'un proche et mettait son intérêt personnel avant la compassion qu'il éprouvait pour lui. De son côté, l'homme loyal ou bien disposé avait peur d'aider, de cacher ou d'être dans la confidence, puisque les peines étaient les mêmes.

Appien, *Guerres civiles*, 4, 3, 12, 48-52 – 14, 53-54.

Folie du moment où l'on tue pour l'appât du gain, où l'on se suicide…

Or, après la proscription, les uns se retrouvaient brusquement livrés à tous tandis que les autres, sans inquiétude pour eux-mêmes et poussés par l'appât du gain, se mettaient aux trousses des premiers pour les offrir aux meurtriers contre rémunération.

Le reste de la population était partagé : certains pillaient les maisons des personnages exécutés et leurs gains détournaient leur esprit des malheurs qui se déroulaient. Ceux qui avaient plus de conscience et de retenue étaient paralysés de terreur et se sentaient en pleine absurdité, surtout quand ils considéraient que les autres États avaient dû leur perte aux conflits civils et leur survie à la concorde, tandis que le leur, qui avait aussi d'abord dû sa ruine aux conflits entre les dirigeants, voyait ensuite la concorde entre ceux-ci avoir de tels effets. Les proscrits mouraient parfois en se défendant contre leurs assassins, mais certains ne se défendaient pas, car, à leurs yeux, ce n'étaient pas eux les auteurs de leurs maux.

D'autres se laissaient consumer volontairement par la faim, recouraient à un nœud coulant, se noyaient, se précipitaient des toits ou se jetaient dans le feu, s'offraient aux meurtriers ou même les envoyaient chercher quand ils tardaient, tandis que d'autres encore se cachaient, suppliaient en perdant toute dignité, cherchaient à repousser leur malheur ou à acheter leurs meurtriers. Des hommes moururent aussi contre la volonté des triumvirs, par erreur ou par calcul criminel.

Appien, *Guerres civiles*, 4, 3, 14, 55 – 15, 57.

On tente de fuir l'abominable.

L'on voyait bien qu'un cadavre n'appartenait pas à un proscrit quand il conservait sa tête : celles des proscrits étaient exposées sur le Forum, près des Rostres, là où il fallait les apporter pour toucher la prime. La sollicitude et le courage étaient tout aussi remarquables chez certains : des épouses, des enfants, des frères et des esclaves s'affairaient à sauver les proscrits, à trouver avec eux bien des stratagèmes et ils mouraient avec eux quand ils échouaient dans leur entreprise. Ils se tuaient aussi sur le corps des tués. Quant aux fuyards, ils périssaient parfois dans des naufrages, le sort s'acharnant jusqu'au bout sur eux, mais d'autres furent de façon inattendue amenés à exercer des charges à Rome, à commander les opérations dans des guerres et à célébrer des triomphes, tant cette époque présenta des situations inimaginables.

Appien, *Guerres civiles*, 4, 3, 15, 58-60.

Ce jeune homme, dont Dion Cassius nous dit qu'il « n'était pas cruel de sa nature, et [qu'il] avait été élevé dans les mœurs de son père[7] », apparaît pourtant à d'autres historiens comme un être d'une extrême cruauté.

Il souleva la haine par plusieurs de ses actes.

Ainsi, un jour qu'il haranguait ses soldats en présence d'une foule de civils qu'on avait laissé approcher, voyant un chevalier romain nommé Pinarius prendre des notes en cachette, il l'accusa d'indiscrétion et d'espionnage et le fit percer de coups en sa présence.

Une autre fois, comme Tedius Afer, consul désigné, avait critiqué en termes mordants l'un de ses actes, Octave lui fit de si terribles menaces qu'il se précipita dans le vide.

Le préteur Quintus Gallus étant venu le saluer en tenant des tablettes doubles[8] cachées sous sa toge, il le soupçonna de dissimuler un glaive, mais n'osant pas s'en assurer aussitôt, par crainte de découvrir autre chose, il le fit attacher un moment après à son tribunal par des centurions et des soldats, et mettre à la torture comme un esclave. Puis, n'obtenant aucun aveu, il ordonna de le tuer, après lui avoir crevé les yeux de sa propre main. Pourtant, il dit dans ses mémoires que ce personnage lui ayant demandé une audience particulière attenta à sa vie, qu'il fut jeté en prison puis relâché, avec interdiction de séjourner à Rome, et qu'il périt ensuite dans un naufrage ou fut assassiné par des brigands.

Suétone, *Auguste*, 27, 5-9.

Le sang versé lors des proscriptions ne fut pas seulement la marque des basses vengeances. On tua aussi pour assouvir la cupidité des nouveaux hommes forts de Rome. On vit Octave acquérir sur

---

7. Jules César.
8. Qui servaient de carnets de note.

le Palatin la maison d'un homme qu'il avait fait placer sur la liste des proscrits.

On l'accusa d'être passionné pour les meubles de prix et pour les vases de Corinthe, et de trop aimer le jeu. Ainsi, au temps des proscriptions, on inscrivit sur sa statue : « Mon père était argentier, moi j'en suis pour le bronze », parce qu'on le soupçonnait d'avoir fait mettre certaines personnes au nombre des proscrits pour s'approprier leurs vases de Corinthe.

Suétone, *Auguste*, 70, 3.

On assassina enfin pour rassembler l'argent nécessaire à la guerre que les triumvirs voulaient faire aux conjurés des ides de Mars. Sans toutefois y parvenir.

Les biens des proscrits qui se trouvaient dans leurs demeures furent éparpillés et presque personne n'achetait leurs propriétés : les uns avaient scrupule à accabler encore les victimes et pensaient que jamais biens de ces proscrits ne leur seraient de bon augure ; ils pensaient aussi qu'il était dangereux d'apparaître comme possédant or ou argent et que si les acquisitions n'étaient pas pour le moment sans risques, la possession de biens était encore plus risquée.

Seuls se présentaient les individus que rien n'arrêtait, et comme ils étaient seuls, ils achetaient tout à très bas prix, si bien que les gouvernants qui avaient espéré que ces ventes suffiraient à financer les préparatifs de la guerre, avaient encore besoin de 2 millions de drachmes. Ils expliquèrent cela au peuple et affichèrent les noms de mille quatre cents femmes qui se distinguaient par leur richesse : elles devaient estimer leurs biens et payer comme contribution pour les besoins de la guerre ce que les triumvirs estimeraient la part de chacune. Celles qui auraient caché le moindre de leurs biens ou en auraient présenté une évaluation mensongère subiraient des châtiments et leurs dénonciateurs, hommes

libres ou esclaves, recevraient des primes. Elles décidèrent de
supplier les femmes parentes des gouvernants. Leurs efforts
ne furent pas vains auprès de la sœur de César ni auprès de
la mère d'Antoine, mais Fulvia, la femme d'Antoine, les fit
repousser de sa porte et elles prirent très mal son attitude
outrageante. Elles se précipitèrent sur le Forum, devant la
tribune des gouvernants et, se plaçant entre le peuple et les
gardes armés, elles donnèrent la parole à Hortensia qu'elles
avaient désignée pour cela :

– Comme il seyait à des femmes de notre rang ayant
des suppliques à vous présenter, nous avons eu recours à vos
épouses. Mais, maltraitées par Fulvia comme il ne seyait
pas de l'être, nous nous sommes précipitées ensemble sur le
Forum à cause d'elle. Vous nous avez déjà retiré nos parents,
nos enfants, nos maris, et nos frères, en les accusant d'avoir
commis des fautes graves contre vous. Si vous nous retirez
en plus nos biens, vous allez nous placer dans une situation
inconvenante, indigne de notre lignée, de notre style de
vie et de notre nature de femmes. [...] Est-ce parce que,
comme vous le dites, c'est la guerre ? Et quand n'y a-t-il
pas eu de guerres ? [...]

Quelle peur éprouvez-vous donc maintenant pour votre
empire ou votre patrie ? Qu'éclate une guerre contre les
Gaulois ou les Parthes, et nous ne serons pas inférieures à nos
mères pour œuvrer au salut. Mais pour des guerres civiles,
pas question que nous versions jamais de contribution ni
que nous collaborions avec les uns contre les autres. [...]

Tandis qu'Hortensia tenait de tels propos, les triumvirs
s'indignaient de voir que des femmes avaient l'audace de se
réunir, alors que les hommes ne bougeaient pas, de soumettre
à examen l'action des gouvernants et, tandis que les hommes
étaient engagés pour l'armée, de ne même pas vouloir, elles,
apporter une contribution en argent. [...]

Le lendemain, ils affichèrent quatre cents noms, au lieu
de mille quatre cents, de femmes qui devraient évaluer leurs

biens, et ils ordonnèrent à tous les hommes possédant plus de 100 000 drachmes, qu'ils fussent citoyens, pérégrins[9], affranchis ou prêtres, de toute nation, sans aucune exception, de leur prêter sur-le-champ le 50e de leur fortune et de leur verser en outre le tribut d'une année pour la guerre.

Appien, *Guerres civiles*, 4, 5, 31, 133 – 34, 146.

9 Hommes libres habitant les provinces romaines conquises par Rome. Ils n'ont pas la citoyenneté romaine.

VENGER CÉSAR

42

Parfois, la plume de Suétone paraît expéditive :

S'étant ligué avec Marc Antoine et Lépide, Octave termina en deux batailles la guerre de Philippes.

Suétone, *Auguste*, 13, 1.

Ce résumé de l'un des épisodes les plus dramatiques des guerres civiles de Rome fait assez bon marché du rôle décisif joué dans ces deux batailles par Marc Antoine. La réalité est un peu différente. D'autres historiens la racontent avec plus de nuances, et en donnant un peu plus de détails.

La bataille de Philippes mit aux prises dix-neuf légions[1] conduites par Marc Antoine et Octave avec les dix-sept légions de Brutus et Cassius, les chefs de la conjuration des assassins de Jules César. Jamais, semble-t-il, on n'avait vu un tel déploiement de forces.

En deux ans, Brutus et Cassius, à qui le Sénat avait confié la Syrie et la Macédoine au lendemain de l'assassinat de César[2], avaient rassemblé une armée : quatre-vingt mille fantassins, vingt mille cavaliers, quatre mille archers, deux cents navires de guerre.

Ils avaient conclu des alliances avec des rois et des princes de la région, lourdement imposé les grandes fortunes de leurs provinces pour constituer leur trésor de guerre. Puis, ils avaient été rejoints par les sénateurs républicains et la noblesse qui avaient fui Rome au moment des proscriptions du triumvirat.

C'était aux derniers jours de septembre 42.

---

1. Une légion complète représentait un effectif d'environ six mille hommes.
2. Voir le chapitre « Consul à vingt ans ».

À l'est de Thessalonique, près des rivages de la mer Égée, non loin de la frontière actuelle entre la Grèce et la Turquie, la plaine de Philippes est immense. Dominée par des collines et une acropole où Cassius avait choisi d'établir son camp.

Après avoir effectué la purification selon les usages, Brutus et Cassius achevèrent le règlement des primes qu'ils avaient promises et qu'ils devaient encore verser à certains : ils avaient prévu de grandes quantités d'argent pour gagner par ces dons la bienveillance des troupes, surtout de celles qui, fort nombreuses, avaient servi sous Jules César et dont il fallait éviter qu'elles ne se mutinent à la vue ou au simple nom du jeune Octave, quand il arriverait. Pour cette raison aussi, ils estimèrent qu'il leur fallait s'adresser de nouveau aux troupes. Une grande tribune fut donc dressée et les commandants y montèrent, ne gardant à leurs côtés que des sénateurs. Les troupes des deux hommes (les leurs proprement dites et celles des alliés), réunies en cercle au bas de la tribune, furent tout de suite satisfaites de se voir les uns les autres en grand nombre, ce qui manifestait leur très grande force. Et les deux chefs se trouvèrent immédiatement encouragés et renforcés dans leur espoir en se voyant à la tête d'un tel effectif. Cet élément fut aussi primordial pour susciter dans l'armée la confiance dans ses chefs, car ce sont les espoirs partagés qui font naître le dévouement à leur égard. Le vacarme produit par une telle masse d'hommes fut interrompu par les cris des hérauts et les trompettes appelant au silence. Quand il fut établi, Cassius, comme il était le plus âgé, se détacha légèrement du rang pour s'adresser à eux en ces termes : [...]

– Que personne ne songe plus qu'il a été le soldat de César ! Car nous n'étions pas ses soldats, même alors, mais ceux de la patrie. Les soldes et les primes étaient versées non par César, mais par le Trésor public, et maintenant non plus, vous n'êtes pas tant l'armée de Cassius et de Brutus que celle de Rome. Et nous, généraux de Rome, nous sommes vos compagnons d'armes. Si ceux qui nous font la guerre pensaient de même, il serait possible sans danger pour tout le monde de déposer les armes et de rendre toutes ses armées à la Ville, qui choisirait elle-même où est son intérêt. Et nous les incitons à accepter ces conditions. Mais puisqu'ils ne les acceptent pas et qu'ils ne sauraient plus le faire à cause des proscriptions et de tous leurs autres forfaits, marchons, compagnons d'armes, avec une confiance entière et un enthousiasme sans réserve, combattre dans le seul intérêt du Sénat et du peuple romain pour la cause de la liberté. [...]

Après s'être ainsi exprimé et avoir préparé son armée par l'action, la parole et les gratifications, il leva l'assemblée. Les hommes restèrent sur place, se répandirent en louanges sur Cassius et Brutus et firent, en ce qui les concernait, toutes les promesses normales en pareil cas. Les deux chefs leur distribuèrent aussitôt leurs gratifications et accordèrent en plus de celles-ci d'autres primes, sous divers prétextes, aux meilleurs soldats. [...]

Deux aigles descendirent se poser sur deux aigles d'argent des enseignes pour les becqueter ou, selon d'autres, pour les couvrir et les protéger : ils y restèrent (et les généraux jugèrent bon de les faire nourrir) jusqu'à la veille de la bataille, où ils s'envolèrent.

Appien, *Guerres civiles*, 4, 12, 89, 374 – 101, 425.

Avant les batailles, les moindres faits deviennent des présages.
Ainsi, disait-on, Brutus, par une nuit très obscure, avait reçu la visite d'un fantôme, avant de partir pour la Macédoine.

Il se trouvait sous sa tente faiblement éclairée, et tout le camp était plongé dans le silence. Brutus, tandis qu'il réfléchissait et s'absorbait dans ses pensées, crut s'apercevoir que quelqu'un entrait chez lui. Il tourne alors les yeux vers la porte et voit la forme terrible et étrange d'un être

extraordinaire, effrayant, posté silencieusement près de lui.
Il ose le questionner :

– Qui donc es-tu, lui dit-il, homme ou dieu ? Dans
quelle intention es-tu venu chez-moi ?

Le fantôme répond à voix sourde :

– Je suis, Brutus, ton mauvais démon. Tu me verras à
Philippes.

À quoi Brutus réplique sans se troubler :

– Je t'y verrai donc.

Le fantôme une fois disparu, Brutus appela ses esclaves.
Ils dirent qu'ils n'avaient entendu aucune voix ni vu aucune
apparition. Alors, Brutus continua de veiller.

Plutarque, *Brutus*, 36, 6-7 – 37, 1.

*Octobre vint. Dans les marais de la plaine de Philippes, terrain
peu propice à la manœuvre d'une armée, Marc Antoine fit construire
durant plusieurs jours, une route qui pourrait conduire ses troupes
à travers les marais à l'assaut des positions de Cassius et provoquer
l'ennemi.*

[Marc Antoine] fit couper les roseaux et établir une
chaussée avec des pierres de chaque côté pour éviter son
effondrement, planter des pieux et installer des ponts
au-dessus des endroits profonds, et tout cela dans le plus
profond silence, tandis que les roseaux subsistant autour du
passage empêchaient l'ennemi d'apercevoir le travail en cours.

Après dix jours de tels travaux, il envoya soudain de nuit
des centuries en colonne s'emparer de positions intermédiaires
sur des hauteurs et y installer d'un seul coup de multiples
garnisons retranchées.

Cassius fut très impressionné par la conception de
l'opération et par sa discrétion, mais il conçut en retour
de couper Marc Antoine de ses garnisons et entreprit lui
aussi de lancer un rempart oblique à travers tout le marais,
depuis le camp jusqu'à la mer, en tranchant pareillement sa

végétation et en y installant des ponts. Il entreprit également de placer le retranchement sur des fondations solides et de couper le passage établi par Marc Antoine afin d'empêcher les hommes qui s'y trouvaient de se réfugier auprès de lui, et lui, de les secourir.

Il était aux environs de midi quand Marc Antoine vit où en était la situation et aussitôt, dans l'ardeur de sa fureur, il fit revenir sa propre armée, qui était rangée de l'autre côté, et la fit marcher contre le rempart que Cassius avait établi entre son camp et le marais : les hommes de Marc Antoine portaient des outils de fer et des échelles pour l'abattre puis se diriger vers le camp de Cassius.

Comme Marc Antoine accomplissait avec audace cette course en oblique et gravissait la pente en plein dans l'intervalle entre les armées des deux chefs, les soldats de Brutus étaient ulcérés de se voir de la sorte outragés par des ennemis qui effectuaient imprudemment leur traversée en courant, alors qu'eux-mêmes se trouvaient en armes.

Ils se précipitèrent alors contre eux de leur propre initiative, avant qu'aucun de leurs chefs ne leur en eût donné l'ordre et, tombant sur eux latéralement, ils firent un massacre de tous ceux qu'ils interceptaient. Une fois l'opération ainsi commencée, ils fondirent également sur l'armée d'Octave, qui constituait l'essentiel des troupes rangées en face d'eux, la mirent en déroute et la poursuivirent. Finalement ils s'emparèrent aussi du camp qui était commun à Marc Antoine et à Octave.

Appien, *Guerres civiles*, 4, 14, 109, 458 – 110.

Mais Octave, malade, avait déjà quitté les lieux.

Son médecin Artorius dormait, la nuit précédant la journée où, dans les plaines de Philippes, les armées romaines s'affrontèrent, quand Minerve lui apparut et lui prescrivit d'avertir son maître, qui se trouvait gravement malade, de

ne pas voir dans cet affaiblissement de sa santé une raison
de ne pas assister à la rencontre qui allait se dérouler.

Quand il eut appris cela, Octave se fit porter en litière sur
la ligne de bataille et pendant que, au delà de ses forces, il
veillait là à obtenir la victoire, Brutus s'empara de son camp.

Que s'est-il donc passé, d'après nous, sinon que la volonté
divine a fait en sorte que cet être destiné déjà à l'immortalité
ne fût pas la victime d'un coup du sort contraire à un génie
digne du ciel ?

Valère Maxime, *Faits et dits mémorables*, 1, 7, 1.

*Une fois encore, Marc Antoine fait la démonstration de sa
maîtrise de la stratégie et de sa capacité à entraîner ses soldats.*

Quand Marc Antoine vit que la bataille avait éclaté, il
fut ravi d'en avoir forcé le déclenchement, car il était très
inquiet pour le ravitaillement, et il décida de ne pas se replier
dans la plaine pour éviter, en redéployant sa ligne de front,
de la désorganiser, mais de garder l'impulsion initiale et de
continuer sa course montante.

Sous une terrible pluie de traits, il finit par se frayer un
passage jusqu'à tomber sur la ligne de Cassius qui cherchait
à garder la position qui lui avait été assignée et se trouvait
sidéré par le caractère inattendu de ce qui se passait. Marc
Antoine la força, emporté par son audace : il se précipita
vers le rempart qui se trouvait entre le camp et le marais,
fracassa la palissade, combla le fossé, mina la construction,
tua les défenseurs de la porte tout en résistant aux projectiles
envoyés du rempart. Enfin lui-même pénétra à l'intérieur
par la porte tandis que d'autres entraient par les tunnels
qu'ils avaient creusés et que d'autres encore grimpaient
par-dessus les cadavres.

Et tout se passa si rapidement que, juste après avoir pris
le rempart, ils rencontrèrent les troupes de Cassius travaillant
dans le marais qui venaient à la rescousse. Ils les mirent

en déroute, elles aussi, dans une charge impétueuse et les repoussèrent dans le marais, puis repartirent pour le camp même de Cassius. Seuls se trouvaient avec Marc Antoine ceux qui avaient franchi le rempart, les autres troupes des deux camps se livrant bataille à l'extérieur.

Comme le camp était entouré d'escarpements, il n'était gardé que par un très petit nombre d'hommes et c'est pourquoi Marc Antoine se rendit facilement maître d'eux. Désormais, l'armée de Cassius, qui se trouvait à l'extérieur, était elle aussi vaincue et quand elle vit que le camp était pris, elle se dispersa en désordre. L'opération était terminée pour les deux armées, et de la même façon : Brutus avait mis en déroute l'aile gauche des ennemis et pris leur camp, Marc Antoine avait dominé Cassius grâce à un coup d'audace extraordinaire et ravagé son camp.

Les pertes des deux camps étaient difficiles à évaluer : l'étendue de la plaine et la poussière leur interdirent de savoir ce qu'il en était des uns et des autres jusqu'au moment où, enfin, ils en furent informés et rappelèrent le reste des leurs. Il en revint qui ressemblaient plus à des porteurs qu'à des soldats et même alors ils ne percevaient pas la présence des autres, ni ne les voyaient, car sans cela ils auraient jeté leur charge et se seraient précipités sur des adversaires portant leur fardeau et désorganisés. Le chiffre des morts est estimé à huit mille du côté de Cassius, en comptant les valets d'armée, et au double du côté d'Octave.

Appien, *Guerres civiles*, 4, 14, 111-112.

La violence des combats et le tumulte empêchent tout d'abord de discerner si un camp l'a réellement emporté sur l'autre.

Il n'y eut, pour aucun des deux camps, victoire complète de l'un des deux partis sur l'autre ; chacun d'eux, tour à tour, éprouva, pour ainsi dire, le même sort : chacun, en effet, fut vainqueur et vaincu, mit en déroute ceux qui lui étaient

opposés et fut mis en déroute par lui. Il y eut poursuite et
déroute de part et d'autre : de chaque côté le camp fut pris.

Les combattants étaient si nombreux qu'ils occupaient
la plus grande partie de la plaine, de sorte que ceux d'un
même parti ne se voyaient pas les uns les autres. Dans
le combat, chacun ne connut que ce qui le regardait
personnellement. Aussi, quand arriva la déroute, les
deux armées s'enfuirent en sens inverse, sans retourner
sur leurs pas, chacune dans ses retranchements, situés à
une grande distance les uns des autres, ce qui, joint à
l'immense poussière qui s'éleva, fit qu'elles ignorèrent
l'issue de la bataille : ceux qui étaient vainqueurs crurent
que tout était emporté, et ceux qui étaient défaits, que
tout était perdu.

Dion Cassius, *Histoire romaine*, 47, 45, 4-5.

Quand Cassius eut été repoussé de ses remparts sans plus
pouvoir même entrer dans son camp, il monta sur la colline
de Philippes et chercha à voir ce qui se passait. Toutefois, la
poussière l'empêchait de voir la situation précisément et en
totalité : ne percevant que la prise de son propre camp, il
ordonna à son valet Pindaros de se jeter sur lui et de le tuer.
Comme ce dernier temporisait encore, voici qu'accourut un
messager annonçant que Brutus était en train de remporter
la victoire sur l'autre aile et de ravager le camp ennemi.
Cassius se contenta d'une brève réponse :

– Dis-lui : puisses-tu remporter une victoire complète !

Puis il se tourna vers Pindaros et lui dit :

– Pourquoi tardes-tu ? Pourquoi ne me délivres-tu pas
de ma honte ?

Alors Pindaros tua son maître qui présentait sa gorge.
Voilà comment, selon certains, mourut Cassius.

Selon une autre version, des cavaliers de Brutus venaient
apporter à Cassius la bonne nouvelle : celui-ci pensa que
c'étaient des ennemis et envoya Titinius s'en informer

précisément. Ce dernier fut, en tant qu'ami de Cassius, joyeusement entouré par les cavaliers qui, en outre, poussèrent une grande acclamation. Cassius crut que Titinius était tombé aux mains des ennemis et dit :

– Nous avons attendu de voir capturer un ami !

Puis il se retira sous une tente avec Pindaros, et Pindaros ne reparut plus, ce qui fait penser à certains qu'il tua Cassius avant d'en avoir reçu l'ordre. Ainsi s'acheva la vie de Cassius, le jour même de son anniversaire, puisque la bataille avait coïncidé avec ce jour-là.

Brutus, dans sa déploration devant la dépouille de Cassius, l'appela « le dernier vrai Romain, un homme dont la valeur ne serait plus égalée par personne », mais il lui reprocha sa trop grande précipitation à agir. Puis il vanta son bonheur d'être d'un coup délivré des soucis et des chagrins dont lui, Brutus, ignorait où ils allaient le conduire.

Appien, *Guerres civiles*, 4, 15, 113 – 114, 476.

Les deux armées, toujours aussi puissantes, se faisaient toujours face. Mais loin de Philippes, un autre événement s'était produit, qui mettait Octave et Marc Antoine en grand danger : le jour même de la première bataille, la flotte amenant les renforts attendus par Octave et Marc Antoine ainsi que la nourriture des soldats fut attaquée et détruite par les alliés de Brutus et de Cassius.

La nécessité d'agir pressait Octave et les siens, et la famine se faisait désormais clairement sentir : son ampleur et la peur qu'elle provoquait grandissaient chaque jour, car la Thessalie ne leur faisait plus parvenir l'indispensable et ils n'avaient rien non plus à espérer de la mer, partout sous la domination de leurs ennemis. La catastrophe advenue récemment sur l'Adriatique leur avait été annoncée à eux comme à leurs adversaires et leur peur s'en trouvait grandie. Ils appréhendaient également l'approche de l'hiver, installés comme ils l'étaient dans une plaine boueuse.

Conscients de tout cela, ils avaient envoyé une légion
en Achaïe pour y ramasser tout ce qu'elle pourrait trouver
et le leur expédier de toute urgence. Mais les hommes,
voyant venir un tel danger, n'acceptaient ni de mettre en
œuvre d'autres stratagèmes ni de se déployer encore dans
la plaine, et ils gravissaient les pentes jusqu'aux remparts
ennemis en hurlant et appelaient Brutus à la bataille avec
des moqueries et des insultes. Ils comprenaient bien que des
méthodes de siège n'amèneraient pas à l'affrontement un
adversaire qui le refusait et qu'ils devaient plutôt recourir
à une charge furieuse.

Brutus, quant à lui, persistait dans son opinion initiale.
Il s'y trouvait encore conforté par ses informations sur la
famine et sur le succès remporté en Adriatique et par la
vue des ennemis que démoralisait la pénurie. Il préférait
supporter un siège ou n'importe quoi d'autre plutôt que
d'engager le combat avec des hommes pressés par la faim,
désespérant de recevoir un secours extérieur et n'ayant plus
d'espoir que dans leurs propres bras.

Appien, *Guerres civiles*, 4, 15, 122 - 123, 515.

*Mais les récits des historiens divergent : Plutarque, de son
côté, affirme que Brutus apprit trop tard la déroute de la flotte qui
transportait les renforts et l'approvisionnement des légions d'Octave
et de Marc Antoine à travers l'Adriatique.*

*C'est l'une des raisons qui peuvent l'avoir conduit à accepter le
combat après les provocations régulières de l'armée des deux triumvirs.*

Octave et Marc Antoine parcouraient les rangs de leurs
hommes en tendant leur main droite à ceux qui se trouvaient
près d'eux et ils les pressaient encore plus solennellement,
sans occulter la question de la faim, car ils voyaient en elle
une circonstance favorable qui portait à se montrer audacieux.

– Soldats, nous avons trouvé les ennemis : nous pouvons
nous emparer en dehors de leurs remparts de ceux que

nous cherchions. Qu'aucun d'entre vous ne déshonore les provocations qu'il a lui-même lancées et que chacun se montre à la hauteur des menaces qu'il a proférées. N'allons pas opter pour la faim, un fléau atroce et sans remède, plutôt que pour les remparts et les personnes des ennemis, qui cèdent face aux actions audacieuses, aux armes et à l'énergie du désespoir.

Notre situation est à ce point critique qu'il ne faut rien remettre à demain, mais tout trancher aujourd'hui jusqu'à une victoire complète ou une mort dans la dignité. Si vous êtes vainqueurs, vous pouvez acquérir, en un seul jour et en une seule opération, nourriture, argent, bateaux et camps – et les primes de victoires de notre part.

Et cela se fera si, tout d'abord, nous les attaquons en nous souvenant des urgences qui nous pressent, puis si, une fois leurs rangs disloqués, nous les coupons tout de suite de leurs portes et les repoussons dans les précipices ou dans la plaine, pour éviter que la guerre ne renaisse ou que nos adversaires ne se réfugient de nouveau dans l'inaction, eux qui sont les seuls de nos ennemis à placer par faiblesse leurs espoirs non dans le combat, mais dans le refus du combat.

Telles étaient les exhortations qu'Octave et Marc Antoine adressaient aux hommes qu'ils approchaient. Et tous mettaient leur point d'honneur à se montrer dignes de leurs généraux et à échapper à la pénurie qui s'était aggravée de façon inattendue à cause de ce qui s'était passé sur l'Adriatique. Ils préféraient, s'il le fallait, périr au combat l'espoir au cœur plutôt que d'être consumés par un mal sans remède. Ils étaient dans ces dispositions et chacun les confiait à son voisin.

De la sorte, le moral des deux côtés était au plus haut et les hommes étaient remplis d'une audace incoercible. Et pour lors, ils ne se souvenaient absolument pas qu'ils étaient des concitoyens les uns pour les autres, mais ils se menaçaient comme s'ils étaient des adversaires par leur nature et leur origine, tant sur le moment la colère étouffait chez eux le raisonnement et la nature. Ils prophétisaient de façon identique dans les deux camps que cette journée-là, avec cette bataille-là, serait absolument décisive pour Rome. Et elle le fut.

Appien, *Guerres civiles*, 4, 15, 126-127.

De nouveau, à la veille du combat, les présages se multiplient.

On dit que cette nuit-là le fantôme apparut de nouveau à Brutus sous la même forme, puis disparut sans rien dire. Mais Publius Volumnius, un philosophe qui avait fait campagne dès le début avec Brutus, ne parle pas de ce prodige. Il dit en revanche que l'aigle de la Ire légion fut couverte d'abeilles, que du bras de l'un des officiers se mit à couler de l'essence de rose, et qu'à plusieurs reprises on l'essuya et le frotta sans pouvoir arrêter ce phénomène.

Il ajoute qu'avant la bataille même, deux aigles se jetèrent l'un sur l'autre entre les deux armées, qu'un silence incroyable régna alors sur la plaine, tandis que tout le monde regardait, et qu'enfin l'aigle qui se trouvait du côté de Brutus céda et s'enfuit.

Plutarque, *Brutus*, 48, 1-4.

C'est le 23 octobre. Les deux armées se font face.

Brutus, après avoir fait avancer ses troupes et les avoir rangées face aux ennemis, observa une longue pause, car, pendant qu'il passait sa revue, il lui était venu des soupçons sur certains hommes et il avait reçu des dénonciations. En outre, il voyait ses cavaliers peu disposés à commencer le combat et attendant toujours l'action de l'infanterie.

Puis soudain, un excellent soldat particulièrement estimé pour sa valeur, sortit des rangs à cheval, passa près de Brutus lui-même et alla se joindre aux ennemis. Il s'appelait

Camulatus. En le voyant, Brutus fut vivement chagriné, et, en partie sous l'effet de la colère, en partie par la crainte de défections et de désertions plus nombreuses, il mena aussitôt ses troupes à l'ennemi, vers la neuvième heure, alors que le soleil commençait à baisser.

Il fut vainqueur avec la partie de l'armée qu'il avait sous ses ordres, et il alla de l'avant en pressant l'aile gauche des ennemis, qui cédait. Il fut aidé en cela par sa cavalerie qui, voyant les adversaires en désordre, les chargea de concert avec les fantassins.

Mais l'autre aile, que ses chefs, craignant l'encerclement à cause de son infériorité numérique, avaient étirée en longueur, se disloqua par le milieu et, se trouvant trop faible, ne put tenir. Elle fut la première à prendre la fuite.

Plutarque, *Brutus*, 49, 1-6.

C'est le corps à corps sanglant.

Les jets de flèches, de pierres et de javelots furent un peu inférieurs à ce qu'ils sont habituellement à la guerre, car les combattants ne recoururent pas à d'autres artifices ni à d'autres tactiques que d'employer leurs seules épées dans une mêlée où ils donnaient et recevaient des coups et cherchaient à se pousser mutuellement hors de leurs rangs, les uns plutôt pour leur salut que pour la victoire, les autres pour remporter la victoire et calmer les craintes d'un général auquel ils avaient forcé la main.

Il y eut un grand carnage et on entendait partout gémir ; on emportait les corps et d'autres combattants venaient des rangs suivants les remplacer. Les chefs parcouraient les rangs et avaient l'œil partout, encourageaient les hommes par leur ardeur, exhortaient ceux qui se donnaient de la peine à s'en donner davantage encore et trouvaient des remplaçants aux hommes épuisés de façon à ce que, en première ligne, l'énergie fût toujours renouvelée. Finalement, les hommes d'Octave, soit par peur de la famine, soit à cause de l'heureuse fortune d'Octave lui-même (car il n'y avait rien à reprocher même aux soldats de Brutus) bousculèrent la phalange ennemie de la façon dont ils auraient renversé une machine des plus lourdes. Puis ce fut clairement la débandade.

Appien, *Guerres civiles*, 4, 15, 128, 533-537.

La défaite de Brutus est évidente.

Brutus s'échappa en gagnant les montagnes avec une troupe conséquente. Son intention était de revenir de nuit dans son camp ou de descendre jusqu'à la mer, mais comme tout le pays était entouré de postes de garde, il passa la nuit en armes avec tout le monde. Il aurait déclaré en regardant vers les étoiles : « Zeus, ne va pas méconnaître le responsable de ces malheurs ! » L'allusion, bien sûr, visait Marc Antoine.

Ces mots auraient été repris par Marc Antoine en personne, plus tard, quand, dans ses propres malheurs, il regrettait, lui qui aurait pu s'allier à Cassius et à Brutus, de s'être mis au service d'Octave. Mais, à ce moment-là, Marc Antoine lui aussi passa la nuit en armes dans les postes de garde à contrer Brutus en faisant ériger une palissade à l'aide de cadavres et de dépouilles amoncelés. Octave s'affaira jusqu'au milieu de la nuit, puis sa maladie l'amena à se retirer.

Quand Brutus vit que, le lendemain aussi, le blocus ennemi était toujours en place et qu'il ne disposait que des quatre légions incomplètes montées avec lui, il se garda bien d'aller les trouver lui-même et il envoya leurs officiers, que la honte de s'être trompés remplissait de remords, demander à leurs hommes s'ils consentiraient à forcer le blocus pour reprendre leurs positions qui étaient toujours gardées par leurs compagnons restés sur place.

Eux, qui l'avaient poussé tout à fait contre sa volonté à livrer bataille et qui par ailleurs avaient été pour la plupart très ardents au combat, eurent alors l'esprit troublé par quelque divinité et répondirent indignement à leur général qu'il devait décider de son propre sort ; pour leur part, ils avaient tenté le destin souvent, mais ils ne voulaient pas ruiner le dernier espoir restant d'une réconciliation.

Brutus dit alors à ses amis :

– Je ne suis donc plus utile à ma patrie puisque même ces hommes en sont là.

Appien, *Guerres civiles*, 4, 15, 130-131, 549-551.

On imagine alors le silence qui s'est abattu sur le campement, les hommes qui parlent à voix basse.

La nuit avançait lorsque Brutus, assis comme il était, se pencha vers Clitus, un de ses serviteurs, et lui parla. Clitus ne répondit rien et se mit à pleurer. Alors, Brutus prit à part son écuyer Dardanus et eut avec lui un entretien particulier. Finalement, il eut un entretien avec Volumnius lui-même, en grec, pour lui rappeler leurs études et leurs exercices communs et le prier de l'aider à tenir son épée et d'en appuyer le coup. Volumnius refusa, et les autres firent de même. Quelqu'un ayant avoué qu'il ne fallait pas attendre plus longtemps mais fuir, Brutus se leva :

– Assurément il faut fuir, dit-il, mais en se servant des mains, non des pieds.

Il serra la main de chacun avec un air tout à fait radieux.

– J'éprouve une grande joie à voir qu'aucun de mes amis n'a trompé ma confiance, reprit-il. Je n'ai à me plaindre que de la Fortune, à cause de la patrie. Je me crois plus heureux que les vainqueurs, non seulement jusqu'à un passé tout récent, mais même présentement, car je laisse une renommée de vertu qu'ils n'effaceront pas avec leurs armes et leurs richesses, et l'on pensera qu'injustes, ils ont triomphé d'hommes justes, et, méchants, d'hommes de bien, et qu'ils n'ont aucun droit à dominer.

Puis après les avoir priés et conjurés d'assurer leur salut, il se retira à l'écart avec deux ou trois amis, au nombre desquels était Straton, qui depuis ses années de rhétorique était son familier. Il le fit mettre tout près de lui, et saisissant de ses deux mains la poignée de son épée nue, il se jeta dessus et mourut.

D'autres disent que ce ne fut pas lui, mais Straton qui, sur ses instances réitérées, tint l'épée sous lui en détournant les yeux et que Brutus, se jetant impétueusement dessus, se transperça la poitrine et mourut ainsi presque sur le coup.

Plutarque, *Brutus*, 52, 1-8.

Tite-Live[3] *précise que* « quarante des citoyens les plus distingués de Rome », *qui avaient rejoint Brutus au moment des proscriptions, se donnèrent également la mort après la défaite de Philippes.*

Marc Antoine, ayant trouvé Brutus mort, fit envelopper son corps dans la plus somptueuse de ses chlamydes[4] de pourpre, et, plus tard, ayant appris que celle-ci avait été dérobée, il fit mettre à mort le voleur. Il renvoya les restes de Brutus à sa mère Servilia.

Quant à Porcia, la femme de Brutus, Nicolas le philosophe et Valère Maxime rapportent que, voulant se tuer, mais en étant empêchée par tous ses amis, qui la surveillaient et ne la quittaient pas, elle prit dans le feu des charbons ardents, qu'elle avala après les avoir retenus dans sa bouche hermétiquement close, ce qui la fit mourir.

Plutarque, *Brutus*, 53, 4-5.

Avec une sobriété glaciale, Auguste évoquera, à la fin de sa vie, la vengeance consommée à Philippes.

3. Tite-Live, *Histoire romaine*, *Abrégés* (*Periochae*), 121-130.
4. Manteau grec.

Quelques lignes seulement, gravées dans le marbre de son mausolée :

Ceux qui ont assassiné mon père [adoptif], je les envoyai en exil, et je vengeai leur crime en vertu d'actions judiciaires conformes à la loi. Et quand, après cela, ils firent la guerre à la République, je les ai vaincus deux fois en bataille rangée.

Hauts faits du divin Auguste, 2.

Suétone, cependant, rapporte quelques détails.

Loin d'user de sa victoire avec modération, Octave envoya à Rome la tête de Brutus pour qu'on la mît au pied de la statue de César[5] et s'acharna contre tous les prisonniers de marque, sans leur épargner ses paroles outrageantes : ainsi, paraît-il, comme l'un d'entre eux implorait de lui une sépulture, il lui répondit « que ce serait bientôt l'affaire des vautours ».

Deux autres captifs, le père et le fils lui demandant la vie sauve, il leur donna l'ordre de tirer au sort ou au jeu de mourre[6] celui des deux qui obtiendrait sa grâce, puis les regarda mourir, l'un après l'autre car le père s'étant offert de lui-même fut égorgé, et le fils à son tour se donna violemment la mort.

Aussi, quand les autres prisonniers furent menés au supplice, chargés de chaînes, ils saluèrent respectueusement Marc Antoine du titre de général, mais cinglèrent publiquement Octave des outrages les plus sanglants.

Suétone, *Auguste*, 13, 2-4.

5. La relation de Dion Cassius diffère encore de celle des autres historiens : « Son corps fut enseveli par Antoine et sa tête envoyée à Rome ; mais, dans le trajet vers Dyrrachium, une tempête qui s'éleva tout à coup la fit tomber dans la mer. » (*Histoire romaine*, 47, 49)

6. Jeu auquel se livrent encore aujourd'hui en Italie les gens du peuple. Il consiste à faire deviner le nombre de doigts que l'on a levés en ouvrant brusquement la main.

Ces affrontements furent sans précédent.

Jamais des forces d'une telle importance et d'une telle qualité ne s'étaient affrontées, constituées de Romains dans chaque camp. Les soldats n'avaient pas été recrutés lors d'une levée en masse de citoyens, mais choisis pour leur valeur et, loin d'être sans expérience de la guerre, exercés depuis longtemps ; en outre, c'est leurs compatriotes qu'ils affrontaient et non des étrangers ou des peuples barbares. De surcroît, ils parlaient la même langue, avaient les mêmes techniques de guerre, le même entraînement et la même endurance, ce qui les rendait redoutables à combattre les uns pour les autres. Et certains n'avaient jamais déployé autant d'énergie et de hardiesse à la guerre, alors qu'ils étaient des concitoyens, des parents et qu'ils avaient été compagnons d'armes : la preuve en est que le nombre des morts, si l'on met sur le même plan les deux batailles, ne semble pas avoir été moindre du côté des vainqueurs. L'armée de Marc Antoine et d'Octave avait concrétisé le mot d'ordre de ses généraux : en un seul jour et grâce à une seule bataille, transformer un risque extrême de famine et la peur d'être anéanti en une opulente abondance, en un salut assuré et en une glorieuse victoire. De plus, ce que les soldats avaient prophétisé pour les Romains en s'engageant dans la bataille se vérifia : cette bataille fut absolument décisive pour leur régime politique, il n'y eut plus de retour à la libre république et ils n'eurent plus à livrer de combats du même genre les uns contre les autres, sauf toutefois lors du conflit qui allait bientôt éclater entre Marc Antoine et Octave et qui fut pour les Romains le dernier.

Appien, *Guerres civiles*, 4, 15, 137 - 138, 579-580.

GUERRES EN SICILE

38 - 35

Les assassins de Jules César ont péri. La vengeance est consommée. Les conspirateurs, ceux qui les ont inspirés, armés, suivis, sont morts. Ceux qui ont survécu ont pris la fuite. D'autres préféreront rejoindre le camp des vainqueurs.

Pour autant, les triumvirs, Octave, Marc Antoine, et dans une moindre mesure Lépide, n'ont pas clos le chapitre des guerres civiles. Le rideau de l'Histoire n'est toujours pas tombé sur le fracas des combats qui déchirent, ensanglantent, affament Rome depuis des décennies. Les guerres civiles vont se poursuivre durant des années.

Au lendemain de la victoire de Philippes, avant de quitter la Macédoine, Octave et Marc Antoine se répartissent la conduite de l'empire.

Marc Antoine reçut mission de mettre de l'ordre dans les affaires d'Orient, et Octave, de ramener les vétérans en Italie et de les établir sur des terres municipales, ce qui lui aliéna aussi bien les vétérans que les propriétaires du sol, car les uns se plaignaient d'être expulsés, les autres de ne pas être traités comme ils s'y attendaient, d'après leurs mérites.

Suétone, *Auguste*, 13, 4.

En apparence du moins, les rôles des vainqueurs de Philippes sont bien définis. Mais les tâches à accomplir sont considérables et notamment la première : trouver de l'argent.

Marc Antoine arrive en Grèce, à Éphèse. Ses habitants ont largement financé le camp de Brutus et de Cassius. Une erreur que le vainqueur va leur faire payer au prix fort.

– Maintenant que la juste Fortune a décidé du sort de la guerre, non comme vous le vouliez, mais comme il convenait, s'il fallait vous traiter en agents de l'ennemi, il faudrait vous punir. Mais puisque nous voulons bien croire que vous avez été contraints d'agir ainsi, nous vous épargnerons les punitions majeures. Cela dit, nous avons besoin d'argent, de terres et de villes pour récompenser l'armée victorieuse ; elle comprend vingt-huit légions de fantassins, qui, avec leurs auxiliaires, représentent plus de cent soixante-dix mille hommes, et encore sans compter les cavaliers et autres troupes légères de nos deux armées.

D'après la quantité des hommes, vous pouvez imaginer la quantité des besoins. Octave part pour l'Italie afin de leur distribuer les terres et les villes, et même, s'il faut appeler les choses par leur nom, afin de faire émigrer l'Italie. Mais vous, pour vous éviter d'émigrer loin de vos terres, de vos villes, de vos maisons, de vos sanctuaires et de vos tombeaux, nous ne vous avons fait entrer en ligne de compte que pour l'argent. Pas même pour la totalité de la somme nécessaire, car vous ne le pourriez pas, mais pour une partie seulement, très petite de surcroît. Et une fois informés du montant, vous serez satisfaits, je crois.

Ce que vous avez versé à nos ennemis personnels en deux ans – vous leur avez versé environ le tribut de dix années –, voilà seulement ce que nous nous contenterons de prendre. Mais en une seule année. Car nos besoins sont pressants. Maintenant que vous êtes bien conscients de notre indulgence, j'aimerais ajouter cette petite remarque : pour aucune de vos fautes, on ne fixe une peine proportionnée.

Appien, *Guerres civiles*, 5, 5.

Puis, le triumvir collecteur d'impôt se rend en Syrie.

Là, il trouve une contribuable bien différente, peu sensible à ses méthodes : Cléopâtre.

Alors que Cléopâtre était venue le trouver en Cilicie[1], il lui reprocha de ne pas avoir pris part aux pénibles combats menés pour César ; mais, au lieu de se défendre, elle énuméra ce qu'elle-même avait fait : elle avait aussitôt envoyé à Dolabella les quatre légions qui étaient auprès d'elle, et alors qu'elle disposait, en outre, d'une flotte prête à appareiller, elle en avait été empêchée par le vent et par Dolabella lui-même, lequel avait subi une trop prompte défaite ; elle ne s'était pas alliée à Cassius, bien qu'il l'eût menacée à deux reprises, mais pour les soutenir, eux, tandis qu'ils faisaient la guerre à ces hommes-là ; elle-même avait navigué vers la mer ionienne avec sa flotte très lourdement équipée, sans craindre Cassius ni éviter Murcus, qui mouillait pourtant en embuscade, jusqu'à ce qu'une tempête endommageât sa flotte et la fît elle-même tomber malade, raison pour laquelle elle ne put même pas reprendre la mer plus tard, alors qu'ils étaient déjà vainqueurs. Et Marc Antoine, aussitôt frappé de stupeur par son intelligence, qui s'ajoutait à sa belle apparence, se trouva pris au piège de Cléopâtre, tel un gamin, bien qu'il eût quarante ans ; on dit qu'il avait toujours été naturellement très porté sur ces choses et on dit aussi que par le passé déjà, alors que Cléopâtre n'était encore qu'une toute jeune fille, il avait ressenti à sa vue une certaine excitation, lorsque, dans sa jeunesse, il avait suivi Gabinius dans son expédition contre Alexandrie comme chef de cavalerie.

Aussitôt donc, l'attention que Marc Antoine prêtait jusqu'alors à toute chose baissa d'un seul coup. Quant à

1. La Cilicie était une province romaine. Elle se situait au bord de la mer Méditerranée, à l'est de la Turquie actuelle, au nord du Liban et de la Syrie.

Cléopâtre, tout ce qu'elle pouvait ordonner était exécuté, sans plus de distinction entre ce qu'autorisent les lois divines et ce qu'autorisent les lois humaines, puisque Marc Antoine envoya même tuer Arsinoé, la sœur de Cléopâtre, venue à Milet comme suppliante d'Artémis Leucophryène.

Il ordonna par ailleurs aux Tyriens de livrer à Cléopâtre, Sérapion, son stratège à Chypre, qui s'était allié à Cassius et était venu chez eux comme suppliant. [...]

Tel fut le brusque changement subi par Marc Antoine et cette passion marqua le début et la fin de ses malheurs ultérieurs.

Appien, *Guerres civiles*, 5, 8-9, 34-36.

Alors, Cléopâtre retourne en Égypte, laissant Marc Antoine s'engager dans des combats et lever de nouvelles taxes, impitoyablement, le glaive à la main.

Après que Cléopâtre se fut embarquée pour regagner son royaume, Marc Antoine envoya sa cavalerie piller la ville de Palmyre, située non loin de l'Euphrate. Il n'avait que de légers reproches à leur faire : limitrophes des Romains et des Parthes, ils ménageaient habilement les uns et les autres (car, étant marchands, ils importaient de Perse les produits d'Inde et d'Arabie et les vendaient dans les territoires romains). Mais en réalité il songeait à enrichir ses cavaliers.

Or, comme les Palmyréniens avaient été prévenus, ils avaient transporté le nécessaire au delà du fleuve et, postés sur la rive dans l'éventualité d'une attaque, ils s'étaient équipés d'arcs, arme pour laquelle ils sont remarquablement doués, si bien que les cavaliers, ayant trouvé la ville déserte, s'en retournèrent sans avoir engagé le combat ni même fait de butin. [...]

Marc Antoine, sans attendre d'avoir consolidé le pays en proie à la confusion, mais après avoir réparti son armée dans les provinces pour les quartiers d'hiver, se rendit lui-même en Égypte auprès de Cléopâtre.

Celle-ci l'accueillit en grande pompe. Et il y passa l'hiver, sans les insignes du pouvoir, portant le vêtement et menant la vie d'un simple particulier, soit parce qu'il était dans un royaume étranger et dans un État souverain, soit qu'il fut en quartiers d'hiver comme en période de fête, puisqu'il avait mis de côté les préoccupations et les soins des chefs militaires. Il revêtait le manteau grec à quatre pans au lieu de la toge romaine et portait la sandale blanche attique, que portent aussi les prêtres athéniens et alexandrins et que l'on appelle *phaikasion*.

Il ne sortait que pour se rendre dans les sanctuaires, aux gymnases et aux réunions d'érudits, et il passait son temps avec des Grecs, soumis à Cléopâtre, à laquelle il consacrait principalement son séjour.

Appien, *Guerres civiles*, 5, 9, 37 – 11.

À Rome, le face à face entre Octave et Marc Antoine s'engage pourtant, malgré l'absence de ce dernier. Il faut compter avec le frère du triumvir, et avec Fulvie, sa femme. Peu à peu, l'intrigue se précise, sans que l'on puisse dire encore qui prend l'initiative de fourbir ses armes.

Octave se retira en Italie qu'il trouva beaucoup plus agitée qu'il ne l'avait escompté. C'est que le consul Lucius Antoine qui partageait les vices de son frère mais était dépourvu des qualités qui apparaissaient parfois chez celui-ci, avait, soit en décriant Octave auprès des vétérans, soit en appelant aux armes ceux qui avaient perdu leurs biens par suite de la décision de partage des terres et de l'installation de colons, rassemblé une grande armée. D'autre part, l'épouse de Marc Antoine, Fulvia, qui n'avait d'une femme que le corps, semait partout la guerre et le désordre.

Velleius Paterculus, *Histoire romaine*, 2, 74.

Lucius Antoine, fort du consulat qu'il exerçait et de la puissance de son frère, fomentait une révolution. Octave le contraignit à se réfugier dans Pérouse et le réduisit par la famine. [...]

Après avoir pris Pérouse, il ordonna une foule d'exécutions, et pour ceux qui cherchaient à implorer leur grâce ou à s'excuser il n'avait qu'une seule réponse :

– Il faut mourir.

Certains auteurs disent que parmi les vaincus il en choisit trois cents appartenant aux deux ordres et les sacrifia comme des victimes pour les ides de Mars, devant un autel élevé en l'honneur du divin Jules. Il s'est trouvé des gens pour prétendre qu'il avait pris les armes à la suite d'un accord avec Marc Antoine, pour démasquer ses ennemis secrets et ceux qui étaient retenus par la crainte plutôt que par leur volonté, en leur fournissant l'occasion de se rallier à Lucius Antoine, et pour pouvoir, en confisquant leurs biens, après les avoir battus, s'acquitter de ses promesses à l'égard de ses vétérans.

Suétone, *Auguste*, 14, 1-15.

Mais, à Rome, Octave doit faire face à un autre ennemi : les Romains eux-mêmes, et leur colère ; la prolongation des guerres civiles a créé une situation de famine intolérable.

Sextus Pompée, le fils du Grand Pompée, a transformé la Sicile, que le Sénat lui a confiée, en place forte. Auprès de lui se sont réfugiées de nombreuses familles romaines, placées par Octave et Marc Antoine sur la liste des proscrits ; des républicains qui accusent les triumvirs d'organiser la liquidation des institutions de la République romaine. En Méditerranée, il entretient une flotte qui impose un blocus sur toutes les livraisons de blé. Il crée ainsi les conditions d'une révolte des citoyens de Rome contre les triumvirs.

Déclarer la guerre à Sextus Pompée semblait la seule issue. Marc Antoine conseilla de hâter les préparatifs. Pour financer cette action, Octave publia un édit pour lever de nouveaux impôts.

Ce texte, le peuple l'arracha dans un élan de fureur, indigné de ce que, après avoir complètement vidé le Trésor public, pillé les provinces et écrasé l'Italie elle-même sous les contributions, les taxes et les confiscations, non pas dans le but de mener des guerres extérieures ni de faire de nouvelles conquêtes, mais dans le but de combattre des ennemis particuliers pour établir une domination personnelle – en vue de laquelle justement des proscriptions, des tueries et, après cela, une famine extrêmement douloureuse avaient eu lieu –, on le dépouillât encore de ce qui lui restait.

Les gens se rassemblaient en poussant des cris et, ceux qui ne participaient pas au rassemblement, ils les lapidaient et les menaçaient de piller leurs maisons et de les réduire en cendres, jusqu'à ce que toute la foule fût en émoi et qu'Octave, accompagné de ses amis et de quelques gardes personnels, vînt au milieu d'elle, désireux de faire une allocution et de rendre compte des faits qui lui étaient reprochés.

Mais dès qu'ils le virent, les Romains le lapidèrent sans aucun ménagement, et bien qu'il fît preuve de patience, qu'il s'offrît lui-même aux coups et qu'il fût blessé, ils ne lui témoignaient même pas du respect. Une fois informé, Marc Antoine s'empressa de venir à son secours. Tandis qu'il descendait la Voie Sacrée, les Romains ne le lapidaient pas lui aussi, persuadés qu'il était disposé à se réconcilier avec Sextus Pompée, mais ils l'incitaient à rebrousser chemin. Comme il s'y refusait, ils le lapidèrent.

Lui appela des légionnaires en plus grand nombre, lesquels se trouvaient hors des murs de la Ville. Et, les Romains ne lui cédant pas pour autant le passage, les légionnaires, qui s'étaient divisés en deux groupes et disposés latéralement à la Voie Sacrée et au Forum, attaquèrent par les ruelles en tuant tous ceux qu'ils rencontraient. Les gens ne pouvaient même plus fuir aisément, parce qu'ils étaient bloqués par la foule compacte et n'avaient plus de place pour s'enfuir, mais sur le Forum, il y avait des morts et des blessés, et du haut des toits retentissaient des plaintes et des cris.

Marc Antoine arriva sur les lieux avec peine et ce fut lui qui, aux yeux de tous et à ce moment précis, arracha Octave au danger et le ramena chez lui sain et sauf. Après que la foule se fut enfin dispersée, les cadavres furent jetés dans le fleuve, afin d'éviter que l'on fût troublé à leur vue. Et l'on avait une autre raison d'être endeuillé en voyant des cadavres glisser au fil de l'eau ; et comme les soldats les dépouillaient, tous les malfaiteurs qui étaient avec eux emportaient de préférence les vêtements élégants, comme si c'était leur bien. Cette émeute prit fin dans un climat de crainte et de haine à l'égard des gouvernants, tandis que la famine était à son comble et que le peuple gémissait, sans bouger.

Appien, *Guerres civiles*, 5, 67, 283-284 – 68.

Octave passa donc outre la colère des Romains.

La guerre de Sicile est une des premières qu'Octave ait engagée. Elle traîna en longueur, car il l'interrompit plusieurs fois, tantôt pour reconstituer ses flottes qui, à deux reprises, avaient été détruites par la tempête, et cela en plein été, tantôt pour faire la paix sur les instances du peuple, parce que les ravitaillements étaient interrompus et que la famine s'aggravait.

Suétone, *Auguste*, 16, 1.

En fait, la guerre de Sicile se déroula sur une période de près de trois ans. Suite de tensions, de combats, d'accommodements fragiles

succédant à d'autres arrangements plus fragiles encore. On se perd
à vouloir suivre le fil de ces événements. On est stupéfait de voir les
antagonistes recourir à tant de tromperies, violer des traités qui
n'avaient de traités que le nom.

Entre les combats, Octave et Marc Antoine, encouragés par leurs
amis, font assaut de gestes amicaux, offrent force témoignages de
leur volonté de réconciliation. À eux deux, et sans Lépide, ils se
répartissent une nouvelle fois l'empire.

Il fut manifeste qu'Octave ne faisait aucun reproche à
Marc Antoine et que lui-même rejetait sur Fulvia les griefs
que l'on avait contre lui ; leurs amis ne les laissèrent pas tirer
au clair leurs sujets de récrimination, mais les amenèrent à
s'entendre et partagèrent entre eux l'empire de part et d'autre
de la mer Ionienne, assignant à Marc Antoine les provinces
d'Orient, à Octave, celles d'Occident, et laissant l'Afrique
à Lépide. Ils convinrent aussi que, quand ils ne voudraient
pas exercer eux-mêmes le consulat, ils y nommeraient à
tour de rôle leurs amis.

Plutarque, *Antoine*, 30, 6.

Mais, on le sait, ces deux-là ont appris déjà à se défier l'un
de l'autre. Comment Octave peut-il s'assurer de Marc Antoine ?
Fulvie, l'épouse de ce dernier, est décédée…

Mais la logique du pouvoir s'accommodait mal de ce décès, et
encore moins du veuvage de Marc Antoine. Octave lui donna donc,
pour sceller le traité, Octavie, sa sœur, en mariage.

Ces accords, qui paraissaient bons, réclamaient une
garantie plus solide, que le hasard leur offrit. Octave avait
une sœur, Octavie, plus âgée que lui, mais non pas de la
même mère : elle était fille d'Ancharia, et Octave était né
plus tard d'Atia ; il aimait singulièrement sa sœur, qui
était devenue, dit-on, une merveille de femme. Or, elle
était veuve de Caius Marcellus, dont la mort était toute

récente, et Marc Antoine, lui aussi, passait pour veuf depuis le décès de Fulvia : il ne niait pas sa liaison avec Cléopâtre, mais il ne se déclarait pas marié à elle, et, sur ce point, la raison lui faisait encore combattre son amour pour l'Égyptienne. Tout le monde donc préconisait ce mariage, dans l'espoir qu'Octavie, qui joignait à une très grande beauté le sérieux et l'intelligence, une fois unie à Marc Antoine et fixant sa tendresse comme on pouvait l'attendre d'une telle femme, sauverait complètement la situation en assurant l'harmonie des deux rivaux. Ceux-ci approuvèrent le projet et s'en retournèrent à Rome pour célébrer le mariage d'Octavie.

Plutarque, *Antoine*, 31, 1-5.

Quant à Sextus Pompée, le maître de la Sicile, l'hôte de tous les républicains hostiles aux triumvirs et dont les vaisseaux pirates paralysaient le commerce sur toutes les mers voisines, il fallait l'amener à conclure un accord de paix. De son côté, Sextus Pompée voyait d'un assez bon œil l'éventualité de rejoindre le triumvirat pour y prendre la place de Lépide, le grand absent de tout le début de cet épisode.

Ils se réunirent au cap et au môle de Misène, près duquel Pompée mouilla sa flotte, tandis que Marc Antoine et Octave rangeaient en face leurs troupes de terre.

Plutarque, *Antoine*, 32, 2.

Non sans peine, ils parvinrent à un traité.

Il fut stipulé que Sextus serait lui-même choisi comme consul et nommé augure, qu'il obtiendrait 17 500 000 drachmes sur les biens de son père, qu'il gouvernerait la Sicile, la Sardaigne et l'Achaïe pour cinq ans sans recevoir de déserteurs ni acquérir de nouveaux bateaux. Il n'aurait pas de garnison en Italie mais aurait la mission d'en assurer la paix du côté de la mer et d'envoyer aux habitants de Rome du blé en quantité déterminée.

Ils lui fixèrent en outre cette limitation de temps parce qu'ils voulaient sembler eux-mêmes détenir une autorité temporaire et non perpétuelle. Après avoir conclu cet accord et l'avoir mis par écrit, ils confièrent les documents aux Vestales puis se donnèrent mutuellement la main droite et s'embrassèrent. Quand ce fut fait, une immense clameur s'éleva à la fois du continent et des navires. Car beaucoup de soldats ainsi que beaucoup de civils qui se trouvaient là, souffrant terriblement de la guerre et animés d'un vif désir de paix, poussèrent soudain ensemble des cris tels que même les montagnes en retentirent.

Dion Cassius, *Histoire romaine*, 48, 36, 4 – 37, 1-2.

On fêta cet heureux événement…

Puis ils s'invitèrent mutuellement à dîner. Ils tirèrent au sort qui recevrait les autres le premier, et c'est Pompée qui fut ainsi désigné. Marc Antoine lui demandant où ils dîneraient :

– Ici, dit-il, en montrant son navire amiral à six rangs de rames, car c'est là la seule maison paternelle qu'on ait laissée à Pompée.

Le reproche s'adressait à Marc Antoine, qui possédait la maison de Pompée, père de Sextus. Ayant mis son vaisseau à l'ancre et jeté une passerelle du promontoire à son bord, il les reçut cordialement.

Au beau milieu du repas, alors que fusaient les plaisanteries sur Cléopâtre et Marc Antoine, le pirate Ménas s'approcha de Pompée et lui dit, de manière à n'être pas entendu des autres :

– Veux-tu que je coupe les cordages des ancres et que je te rende maître, non seulement de la Sicile et de la Sardaigne, mais de tout l'empire romain ?

L'ayant écouté, Pompée réfléchit un moment, puis répondit :

– Il aurait fallu le faire, Ménas, sans m'en prévenir. Contentons-nous maintenant de ce que nous avons, car le parjure n'est pas mon fait.

Plutarque, *Antoine*, 32, 3-7.

... non sans une certaine tension.

Les jours suivants, Marc Antoine et Octave reçurent à leur tour Pompée, sous des tentes qu'eux-mêmes avaient fait dresser sur le môle, prétextant que tout le monde pourrait festoyer sur le rivage. Mais ils voulaient vraisemblablement assurer leur sécurité sans éveiller les soupçons. Car même dans ces circonstances, ils ne négligeaient aucune précaution : leurs navires mouillaient à proximité, leurs gardes étaient postés alentour et les gens qui s'occupaient du repas proprement dit étaient ceints de poignards cachés sous leurs vêtements. [...]

Lors de ce repas, on fiança la fille de Pompée à Marcellus, beau-fils de Marc Antoine et neveu d'Octave.

Appien, *Guerres civiles*, 5, 73, 308-312.

Cela fait, ils se séparèrent : Pompée vogua vers la Sicile, tandis qu'Octave et Marc Antoine faisaient route vers Rome. Dès que la Ville et l'Italie en furent informées, tous les habitants entonnèrent un chant d'allégresse, comme on le fait au retour de la paix, délivrés qu'ils étaient aussi bien de la guerre civile que du recrutement de leurs fils comme mercenaires, des violences des garnisons, de la désertion des esclaves, du pillage des campagnes, de la stagnation de l'agriculture et par-dessus tout de la famine, qui les avait réduits à la dernière extrémité.

À leur passage, Octave et Marc Antoine, tels des dieux sauveurs, se voyaient donc offrir des sacrifices. Et la Ville était prête à les accueillir en grande pompe, mais ils avaient fait leur entrée de nuit dans Rome à l'insu de tous.

Les seuls à être mécontents étaient tous ceux auxquels avaient été attribués les domaines de ceux qui devaient revenir avec Pompée, parce qu'ils pensaient que ces gros propriétaires, qui pour eux seraient d'irréductibles ennemis, habiteraient dans leur voisinage et que, si jamais ils le pouvaient, ils s'en prendraient à eux.

Mis à part quelques-uns, la plupart des exilés formant l'entourage de Pompée rentrèrent aussitôt à Rome, après avoir pris congé de Pompée à Pouzzoles.

Et la plèbe éprouvait une joie nouvelle et poussait des clameurs diverses en voyant que tant de personnages si illustres étaient sauvés contre toute espérance.

Appien, Guerres civiles, 5, 74.

Octave se rasa alors la barbe pour la première fois, organisa une grande fête et offrit des réjouissances à tout le monde aux frais de l'État. Par la suite, il se rasa le menton comme les autres.

Dion Cassius, Histoire romaine, 48, 34, 3.

Mais la fête n'est déjà plus qu'un souvenir. Malgré les belles paroles et les beaux gestes, la situation ne s'améliore pas. Les brigandages continuent… Et les manœuvres politiciennes d'Octave contribuent à entretenir les braises de la discorde.

Pompée faisait construire d'autres navires, enrôlait des rameurs et avait dit un jour, dans une harangue adressée à ses soldats, qu'il fallait se préparer à toute éventualité. Des équipages de pirates clandestins infestaient de nouveau la mer et les Romains n'avaient trouvé aucun soulagement ou presque à la famine, aussi criaient-ils que l'on ne les avait pas délivrés de leurs maux, mais que l'on s'était adjoint un quatrième tyran sous couvert d'une convention. Octave, ayant capturé quelques équipages de pirates, les mit à la torture : c'était Pompée, disaient-ils, qui les avait envoyés attaquer. Octave produisit ces aveux devant le peuple et les adressa par lettre à Pompée lui-même.

Appien, Guerres civiles, 5, 77, 327-329.

On décide d'agir.

Octave invita Marc Antoine à quitter Athènes pour se rendre à Brindes à une date fixée, en vue de délibérer avec lui au sujet de cette guerre. Il se dépêcha de faire circuler des navires de guerre venant de Ravenne, des troupes venant de Gaule et d'autres moyens militaires vers Brindes et vers Pouzzoles afin d'attaquer la Sicile par mer, en partant de ces deux points, si Marc Antoine était d'accord.

Ce dernier arriva à la date prévue avec quelques hommes, mais bien qu'il n'eût pas trouvé Octave, il ne l'attendit pas, soit parce qu'il blâmait sa décision de faire cette guerre, qu'il considérait comme une violation de l'accord, soit parce qu'il avait vu que les préparatifs d'Octave étaient importants – car jamais le désir de gouverner seul ne laissait de répit à leurs craintes –, soit parce qu'il avait été effrayé par quelque prodige. De fait, l'un de ceux qui dormaient autour de sa tente fut trouvé entièrement dévoré par des bêtes sauvages, excepté seulement son visage, laissé intact comme pour permettre d'identifier la victime, celle-ci n'ayant poussé aucun cri et aucun de ceux qui dormaient au même endroit ne s'étant rendu compte de quelque chose : les habitants de Brindes disaient qu'avant l'aube était apparu un loup qui sortait en courant du campement.

Néanmoins, Marc Antoine écrivit à Octave de ne pas rompre la convention.

Appien, Guerres civiles, 5, 78, 333 – 79, 336.

Pourtant, Octave livre deux batailles navales à Sextus Pompée.

Des deux flottes d'Octave, l'une, commandée par Agrippa, est victorieuse, l'autre, conduite par Octave lui-même, est anéantie, et les troupes qu'il a débarquées courent le plus grand danger.

Tite Live, *Histoire romaine, Periochae*, 129, 1.

La guerre se prolonge… Plus d'une année durant, Octave cherche le moyen de remporter la victoire. C'est à Agrippa, son compagnon d'armes de la première heure qu'il va confier le soin de préparer la flotte au combat.

Octave faisait construire des navires dans toute l'Italie et rassemblait comme rameurs des esclaves, en les prenant d'abord à ses amis, puisqu'ils les lui donnaient de leur plein gré, ensuite auprès des sénateurs, des chevaliers et des plébéiens riches ; il enrôlait des fantassins et collectait de l'argent auprès des citoyens, des alliés et des sujets, aussi bien en Italie que partout en dehors. Il passa cette année-là et la suivante à faire construire des navires et à rassembler et entraîner les rameurs. Lui-même s'occupait de la surveillance et de l'organisation de cela, et c'est à Agrippa qu'il avait confié l'équipement de la flotte. Il l'avait fait revenir alors qu'il guerroyait contre les Gaulois révoltés à cette occasion, il avait été le second romain à franchir le Rhin pour faire la guerre ; après lui avoir accordé les honneurs d'un triomphe, il lui demanda de veiller avec soin à l'équipement de la flotte et à l'entraînement des équipages. […]

Agrippa mit la plus grande ardeur à achever les préparatifs de la flotte. Mais, comme on ne trouvait aucun rivage sûr pour les mettre à l'ancre, il conçut et exécuta un ouvrage magnifique.

À Cumes, en Campanie, il se trouve un endroit en forme de demi-lune entre Misène et Pouzzoles. Il est entouré de

montagnes peu élevées et dénudées à de rares endroits près,
et la mer y forme trois golfes. L'un est à l'extérieur près des
villes, le second est séparé du premier par une étroite langue
de terre, et on trouve le dernier, de nature marécageuse,
dans la partie la plus enfoncée. Il est appelé Averne, celui du
milieu Lucrin. Celui de l'extérieur, faisant partie de la mer
Tyrrhénienne, est compté avec elle pour sa dénomination.
Dans cette mer intermédiaire, Agrippa perça par des accès
alors étroits la séparation entre le Lucrin et la haute mer de
chaque côté, et aménagea le long du continent des ports
très propres au mouillage. [...]

Telle est Baïes. Agrippa, dès qu'il eut réalisé les accès,
y rassembla les navires et les rameurs, cuirassa les premiers
et exerça les seconds à ramer sur des bancs.

Dion Cassius, *Histoire romaine*, 48, 49-51, 5.

*La tension est toujours aussi forte entre les deux adversaires,
malgré quelques arrangements.*

Dans le même temps, Marc Antoine revint de Syrie en
Italie sous prétexte de participer à la guerre contre Sextus à
cause des échecs d'Octave. Il ne resta cependant pas auprès
de lui mais, venu pour l'espionner plus que pour faire quoi
que ce fût, il lui donna des navires et promit d'en envoyer
d'autres, en échange desquels il reçut des fantassins. Puis il
partit lui-même avec l'intention de faire campagne contre
les Parthes. Avant son départ, Octave et lui s'adressèrent
mutuellement des reproches, d'abord par l'intermédiaire
de leurs amis, puis directement. Ils n'avaient pas encore le
loisir de se faire la guerre et se réconcilièrent plus ou moins,
à l'instigation pressante d'Octavie.

Afin d'être unis par des liens plus étroits de parenté,
Octave fiança sa fille à Antyllus, le fils de Marc Antoine
et Marc Antoine fiança la fille qu'il avait eue d'Octavie à
Domitius, bien qu'il eût été meurtrier de César et eût figuré

parmi les condamnés à mort. Tout cela n'était que feintes de part et d'autre. Car ils ne devaient tenir aucun de ces engagements, jouant un rôle en fonction des nécessités du moment. Ainsi, Marc Antoine renvoya aussitôt Octavie elle-même de Corcyre en Italie, afin, prétendait-il, de ne pas l'exposer avec lui aux dangers pendant sa campagne contre les Parthes. Néanmoins pour lors, ils agirent ainsi ; ils destituèrent aussi Pompée de son sacerdoce et du consulat pour lequel il avait été désigné et s'attribuèrent le pouvoir pour cinq années puisque les précédentes étaient écoulées.

Puis Marc Antoine se dirigea en hâte vers la Syrie et Octave entra en guerre. Tout marchait comme il le souhaitait.

Dion Cassius, *Histoire romaine*, 48, 54, 1-7.

Une confrontation se précise.

Comme de nombreuses escarmouches avaient lieu à travers la Sicile entière, Octave fit couper les vivres à Pompée et prendre, pour commencer, les villes qui lui en fournissaient. Particulièrement éprouvé par cette tactique, Pompée optait pour une bataille plus importante qui déciderait de tout. C'était les troupes terrestres d'Octave qu'il redoutait, mais, fier de ses propres navires, il envoya demander à Octave s'il acceptait une bataille navale décisive. Celui-ci était terrifié par tout ce qui était opérations maritimes, étant donné qu'il n'en avait mené aucune avec bonheur jusque-là. Mais, ayant jugé honteux de refuser, il accepta.

Ils se fixèrent un jour, pour lequel ils préparèrent, chacun de son côté, trois cents navires portant toutes sortes d'engins balistiques : des tours et toutes les machines imaginables.

Agrippa imagina notamment un engin appelé harpax, pièce de bois longue de cinq coudées[2], cerclée de fer et munie d'anneaux à chacune de ses deux extrémités : à l'un des

2. La coudée romaine (*cubitus*) mesurait environ 1,20 m.

anneaux était attaché le harpax, pièce de fer recourbée, et à l'autre de nombreux filins, qui grâce à des machines tiraient le harpax lorsque, catapulté, il s'accrochait au navire ennemi.

Appien, *Guerre civiles*, 5, 118.

L'affrontement a lieu à Nauloque.

Lorsque le jour fut arrivé, ce fut d'abord les rameurs qui rivalisaient de vitesse et poussaient des cris. Des projectiles volaient, lancés mécaniquement pour les uns, manuellement pour les autres, par exemple des pierres, des traits enflammés et des flèches. Ce furent ensuite les navires eux-mêmes qui se fracassaient les uns contre les autres, certains de flanc, d'autres à la hauteur des oreilles de proue, d'autres enfin du côté de l'éperon, là où la violence des coups parvient le mieux à déséquilibrer les soldats de marine et réduire le navire à l'impuissance. D'autres navires, de part et d'autre, coupaient la ligne ennemie, en lançant des projectiles et des javelots, et les bateaux de service recueillaient ceux qui tombaient à l'eau. La violence était à l'œuvre, comme la vigueur des marins et l'habileté des pilotes ; c'étaient des cris et les encouragements lancés par les généraux, et il y avait tous les engins possibles.

Mais c'était le harpax qui obtenait les meilleurs résultats, dans la mesure où, lancé de loin grâce à sa légèreté, il tombait sur les navires et s'y accrochait, surtout lorsqu'il était tiré en arrière par les filins.

Ceux qui en subissaient les dommages n'arrivaient pas facilement à le couper à cause du fer qui l'entourait, et sa longueur rendait les filins très difficiles à atteindre pour ceux qui cherchaient à les couper. Cet engin n'était pas connu jusqu'alors, sans quoi l'on aurait fixé des faux à des lances.

Pris au dépourvu, les Pompéiens n'imaginaient qu'une seule solution, celle de faire marche arrière, en ramant en sens contraire. Mais comme les ennemis faisaient de même, les forces des équipages s'équilibraient et le harpax produisait son effet propre.

Appien, *Guerre civiles*, 5, 119.

C'est la confusion.

Chaque fois donc que les navires se retrouvaient côte à côte, on combattait par tous les moyens et, de part et d'autre, on se lançait à l'abordage. Dès lors, il n'était plus aussi facile qu'avant de distinguer l'ennemi. Car presque tous les soldats utilisaient d'ordinaire les mêmes armes et parlaient la langue latine. Dans la mêlée, on communiquait les mots d'ordre à ses compagnons comme à ses adversaires, d'où particulièrement de nombreuses embûches diverses dans les deux camps, et il en résultait une méfiance envers ceux qui les avaient donnés. Enfin, tous étaient dans l'incapacité de se reconnaître les uns les autres, étant donné qu'ils étaient en pleine bataille et au milieu d'une mer remplie de corps, d'armes et d'épaves. Ils n'avaient pas manqué, en effet, de tenter tous les moyens, à la seule exception du feu. Après les premiers abordages, ils s'étaient abstenus de l'employer, les navires étant coque contre coque.

Depuis le rivage, chacune des deux armées terrestres regardait au loin vers la mer, dans la crainte et la tension, parce que c'était sur cette bataille navale qu'elles aussi fondaient l'espoir de leur salut. Mais en vérité, elles ne distinguaient rien. Elles ne le pouvaient pas, aussi grande que fût l'attention avec laquelle elles observaient, étant donné que six cents navires environ étaient rangés en ordre de bataille sur une très grande distance et que les lamentations se déplaçaient, venant tour à tour d'un côté puis de l'autre.

Appien, *Guerre civiles*, 5, 120.

Une victoire se dessine.

Ayant fini, non sans peine, par comprendre, grâce aux couleurs des tours (car c'était par ces seules couleurs que les navires se différenciaient les uns des autres), que Pompée avait perdu un plus grand nombre de navires, Agrippa encouragea les équipages proches de lui, comme si le succès leur était déjà acquis ; ayant fondu de nouveau sur les ennemis, il les harcelait sans répit, tant et si bien que, cédant à la force, tous ceux qui se trouvaient juste en face de lui renversèrent leurs tours et après avoir viré de bord, prirent la fuite vers le détroit.

Dix-sept navires eurent le temps de s'y engouffrer. Quant au reste d'entre eux, comme Agrippa leur avait fermé le passage, certains s'échouaient sur le rivage parce qu'ils étaient poursuivis ; dans leur élan, ceux qui les poursuivaient s'échouaient avec eux, ou bien ils tiraient à l'eau les navires immobilisés, ou bien encore ils les incendiaient, et tous ceux qui combattaient encore au large, ayant observé ce qui se passait autour d'eux, se rendaient aux ennemis. L'armée navale d'Octave entonna donc un chant de victoire en mer et l'armée terrestre répondit par des cris sur le rivage.

Appien, *Guerre civiles*, 5, 121, 500-501.

Pompée s'enfuit.

Les Pompéiens, eux, se répandirent en lamentations et Pompée lui-même, quittant précipitamment Nauloque, se pressa de gagner Messine, sans même, dans sa stupeur, avoir fait de recommandations concernant ses troupes terrestres. Aussi, comme elles négociaient leur reddition, Octave les accueillit sous conditions, de même que les cavaliers après eux, car les préfets de la cavalerie offraient de se rendre. Trois navires appartenant à Octave avaient coulé dans cette pénible bataille, et vingt-huit d'entre ceux de Pompée. Le reste de la flotte pompéienne avait été embrasé, capturé ou s'était fracassé en s'échouant sur le rivage. Seuls les dix-sept navires avaient réussi à fuir.

Ayant appris en chemin que son armée terrestre avait changé de camp, Pompée troqua son vêtement d'*imperator* contre celui de simple particulier et envoya des hommes à Messine charger tout ce qu'ils pouvaient sur les navires, avant son arrivée : tout était prêt depuis longtemps. Il faisait aussi venir en hâte [...] huit légions dont il disposait, pour fuir avec elles. Mais comme d'autres (amis, garnisons et troupes) faisaient défection et comme la flotte ennemie entrait dans le détroit, Pompée s'enfuit de Messine, sans même attendre ses légions dans une ville pourtant bien fortifiée, à la tête de ses dix-sept navires, pour rejoindre Marc Antoine puisque c'était dans des circonstances analogues, se disait-il, qu'il avait sauvé la mère de ce dernier. Plinius, qui commandait les huit légions, faute de l'avoir trouvé à temps, entra dans Messine et occupa la ville.

Appien, *Guerre civiles*, 5, 121, 502 – 122, 506.

Coup d'éclat de Lépide qui prend Octave par surprise.

Octave lui-même restait dans le camp près de Nauloque, mais il ordonna à Agrippa de prendre position près de Messine, et celui-ci y prit position avec Lépide. Lorsque Plinius envoya une ambassade négocier un armistice, Agrippa était d'avis d'attendre Octave jusqu'à l'aube, mais Lépide accorda l'armistice et, cherchant à s'approprier l'armée de Plinius, il consentit à ce qu'elle pillât la ville avec le reste de l'armée.

Ayant obtenu un butin inattendu, outre la vie sauve, qui était le seul et unique objet de leur sollicitation, les hommes de Plinius employèrent la nuit entière à piller Messine avec ceux de Lépide et passèrent sous le commandement de Lépide.

Disposant de vingt-deux légions de fantassins et de nombreux cavaliers, Lépide éprouvait une fière assurance et se figurait qu'il serait maître de la Sicile, en avançant comme prétexte qu'il était le premier à avoir débarqué sur cette île et qu'il avait rallié plus de villes que les autres. Aussitôt, il envoya à ses garnisons une circulaire disant de ne pas laisser approcher ceux qui viendraient de la part d'Octave, tandis que lui-même se rendait maître de tous les défilés.

Appien, *Guerre civiles*, 5, 122, 506 – 123, 509.

Mais derrière la victoire se profile déjà la rupture entre Octave et Lépide, et, de fait, la fin du triumvirat.

Octave arriva le lendemain et adressa des reproches à Lépide par l'entremise de ses amis, lesquels déclaraient qu'il était venu en Sicile en tant qu'allié d'Octave et non pour la conquérir dans son propre intérêt.

Celui-ci répliqua qu'il avait perdu sa position primitive, qu'Octave l'occupait à lui seul et que, s'il le voulait, il lui donnait maintenant l'Afrique et la Sicile en échange de celle-là. Mécontent, Octave, dans un accès de colère, vint en personne reprocher son ingratitude à Lépide, et après s'être violemment menacés, ils se séparèrent. Aussitôt après, les gardes cessèrent d'être assurées en commun, tandis que les navires mouillaient à l'ancre, parce que Lépide songeait, dit-on, à les incendier.

L'armée était accablée à l'idée de devoir mener une nouvelle guerre civile et de ne jamais devoir être délivrée des séditions. Néanmoins, les soldats ne plaçaient pas Octave et Lépide sur le même plan, pas même ceux qui servaient sous Lépide, mais ils admiraient Octave pour sa valeur et avaient conscience de l'indolence de Lépide, auquel ils reprochaient même le pillage de Messine, parce qu'ils avaient été mis sur un pied d'égalité avec les vaincus.

Comme on l'informait de cette situation, Octave envoyait des émissaires de tous côtés donner secrètement à chaque groupe des conseils éclairant leurs intérêts. Lorsqu'il vit que de nombreux soldats avaient été circonvenus, surtout les anciens soldats de Pompée, parce qu'ils craignaient que l'armistice conclu avec Lépide ne fût pas valable pour eux tant qu'Octave ne l'aurait pas ratifié, et alors que Lépide ignorait encore cela, à cause de son insouciance, Octave gagna son campement avec de nombreux cavaliers, qu'il laissa devant le camp retranché pour n'entrer qu'avec quelques-uns, et passa devant chaque unité, en lui certifiant que c'était contre son gré qu'il était engagé dans cette guerre. Tandis que les soldats qui le voyaient le saluaient du titre d'*imperator*, tous ceux des Pompéiens qui avaient été circonvenus couraient vers lui les premiers et le priaient de leur faire grâce. Mais lui se dit étonné de ce qu'ils demandassent grâce avant même de faire ce qui devait servir leurs intérêts. Ayant compris, ceux-ci se saisirent aussitôt de leurs enseignes et les remirent à Octave, tandis que d'autres démontaient des tentes.

Appien, *Guerre civiles*, 5, 123, 510 – 124.

Mais à cet instant, Octave lui-même est pris pour cible par les soldats de Lépide.

Lorsque Lépide entendit ce tumulte, il sortit en courant de sa tente pour faire prendre les armes. On se lançait déjà des projectiles et l'un des écuyers d'Octave tombait, lorsqu'Octave lui-même fut frappé à la cuirasse ; mais le trait n'atteignit pas la peau, et Octave s'enfuit en courant vers ses cavaliers.

À un poste de garde de Lépide, on se moqua de lui, en le voyant ainsi courir, et Octave eut un tel accès de colère qu'il ne se ressaisit pas avant de l'avoir pris avec ses cavaliers et détruit. À l'inverse, les commandants d'autres postes de garde, les uns aussitôt, les autres de nuit, passèrent de Lépide à Octave, les uns sans avoir subi aucun engagement, les autres après s'être fait un peu harceler par des cavaliers juste pour jouer la comédie.

Il y en avait, d'autre part, qui continuaient à supporter patiemment les attaques et à les repousser, car Lépide envoyait partout des renforts à tous les postes de garde. Mais comme les renforts eux-mêmes changeaient de parti, le reste de l'armée de Lépide opéra lui aussi un revirement d'intentions, même tous ceux qui lui étaient encore favorables. Tous ceux des Pompéiens restés auprès de lui étaient une fois encore les premiers à changer alertement de camp, une unité après l'autre. Lépide avait fait armer ses autres soldats pour leur faire obstacle, mais ceux qui avaient pris les armes pour faire obstacle aux autres emportaient avec eux leurs enseignes et se retiraient avec les autres auprès d'Octave.

Tandis qu'ils s'en allaient, Lépide leur adressait des menaces et des prières, s'accrochait à leurs enseignes et disait qu'il ne les lâcherait pas, jusqu'à ce que l'un des porte-enseignes lui eût dit qu'il les lâcherait une fois mort. Et saisi de crainte, il les lâcha.

Les cavaliers, qui étaient les derniers à se retirer, envoyèrent demander à Octave s'ils devaient tuer Lépide, puisqu'il n'était plus *imperator*. Mais Octave répondit que non.

Ainsi, Lépide, confronté à une déloyauté générale et inattendue, se retrouva en peu de temps privé d'une si haute fortune et d'une si grande armée. Après avoir changé de vêtement, il accourut vers Octave à toutes jambes, tandis que les témoins de la scène couraient avec lui, comme pour assister à un spectacle. Il accourait, lorsqu'Octave se leva devant lui et, après l'avoir empêché de se jeter à ses pieds comme il le voulait, l'envoya à Rome dans le vêtement qu'il portait précisément à ce moment-là, simple particulier d'*imperator* qu'il avait été, et n'étant plus rien, sinon prêtre titulaire du pontificat qu'il exerçait. Lui donc, qui avait été *imperator* à bien des reprises, ainsi que membre du triumvirat, et qui avait désigné des magistrats, ainsi que condamné à mort par proscription tant d'hommes de son rang, passa le reste de sa vie comme un simple particulier et comme le subordonné de certains proscrits devenus magistrats ultérieurement.

Quant à Pompée, Octave ne se lança point à sa poursuite et il ne chargeait personne d'autre de le poursuivre, soit qu'il se gardât de faire une incursion dans des territoires relevant d'une autre autorité, celle de Marc Antoine, soit qu'il attendît de voir la suite des événements et le comportement qu'aurait Marc Antoine envers Pompée, pour avoir un motif de dispute, au cas où se produiraient des manquements aux accords conclus – car ils n'étaient assurément pas sans soupçonner depuis longtemps que, par amour du pouvoir, ils se chercheraient querelle, une fois les autres écartés –, soit, comme Octave lui-même le dit ultérieurement, parce que Pompée n'avait pas été un meurtrier de son père.

Appien, *Guerre civiles*, 5, 125 - 127, 525.

Agrippa reçut d'Octave une couronne navale, marque d'honneur qui, avant lui, n'avait été accordée à personne.

Tite Live, *Histoire romaine, Periochae*, 129, 4.

Pour Octave, avec la victoire de Nauloque, la fuite de Pompée et la mise à l'écart de Lépide, l'horizon de la route vers le pouvoir absolu se dégage un peu plus encore. Et sa maîtrise de l'instrument politique se confirme chaque jour. Pas un geste, pas une décision qui ne donne l'impression d'avoir été soigneusement préparée.

On ne peut en dire autant de ses qualités militaires. Avec Marcus Agrippa, il a su confier ses armes à un général inventif et courageux, qui possède une vertu essentielle : l'humilité. Jamais, Agrippa ne tentera de paraître plus que ce qu'il restera toute sa vie, un ami fidèle, prêt à servir son chef et à veiller sur lui dans l'ombre.

C'est la grande chance d'un grand homme qui ne fut pas un grand capitaine : cette réputation-là lui a collé à la peau. Suétone rapporte les propos de Marc Antoine après la première bataille de Modène, lorsqu'« Octave prit la fuite et ne reparut que deux jours après, sans son manteau de commandement ni son cheval ». *Suétone nuance aussitôt le propos :* « Dans la seconde bataille – et la chose est sérieusement établie –, il fit son devoir non seulement comme chef, mais aussi comme soldat : voyant au plus fort de la lutte le porte-aigle de sa légion grièvement blessé, il prit son enseigne sur ses épaules et la porta longtemps[3] ».

Les récits historiques font ainsi se succéder faits d'armes brillants et situations plus obscures. Et le personnage d'Octave chef militaire pâtit souvent de la comparaison avec l'impression de force, de courage, qui se dégage de Marc Antoine.

On l'a vu précédemment à la bataille de Philippes : Marc Antoine commande l'assaut contre Cassius… Dans la contre-attaque, Brutus s'empare du campement d'Octave. Mais Octave, pourtant malade, l'a quitté sur un conseil que la déesse Minerve a transmis à son médecin personnel.

Octave semble manquer d'une vertu militaire presque cardinale : la bonne fortune. Suétone, toujours, à propos de la guerre de Sicile :

Il n'est peut-être pas de guerre où il courut de plus nombreux et de plus grands périls. Après avoir fait passer en Sicile une armée, il retournait en Italie chercher le reste de ses troupes, quand il fut assailli à l'improviste par les lieutenants de Pompée. C'est à grand-peine qu'il put leur échapper avec un seul navire.

Une autre fois, comme il passait à pied aux environs de Locres, pour aller à Rhegium, apercevant de loin des galères de Pompée qui longeaient la côte, et persuadé qu'elles étaient des siennes, il descendit sur le rivage et faillit être pris. Et même, dans cette circonstance, pendant qu'il s'enfuyait par des sentiers détournés, en compagnie de Paul-Émile, un esclave de ce dernier, lui gardant rancune d'avoir proscrit autrefois Paul, le père de son maître et jugeant que l'heure de la vengeance était venue, essaya de le tuer.

Suétone, *Auguste*, 16, 6-8.

3. Suétone, *Auguste*, 10, 6.

À Nauloque, à l'heure d'engager le combat, cette attitude étrange, cette sorte de passivité, incompréhensible face à un tel enjeu.

Vers l'heure du combat, il fut pris tout à coup d'un sommeil si profond, que ses amis durent le réveiller pour qu'il donnât le signal. C'est de cela, je pense, que Marc Antoine s'autorise pour lui reprocher « de n'avoir pas même eu le courage de regarder en face une armée rangée en bataille, mais d'être resté, plein de stupeur, couché sur le dos, les yeux au ciel, et d'avoir attendu pour se lever et paraître devant les troupes que Marcus Agrippa eût mis en fuite les navires ennemis. »

D'autres lui font un crime d'une parole et d'un acte, lui reprochant de s'être écrié, quand la tempête eut détruit ses flottes, « qu'il remporterait la victoire, même en dépit de Neptune », et d'avoir, pour les jeux qui suivirent, exclu de la procession traditionnelle la statue de ce dieu.

Suétone, *Auguste*, 16, 3-5.

Enfin, ce jeune homme de vingt-sept ans donnera toute sa vie l'impression d'être fragile.

Encore adolescent, il part retrouver son oncle Jules César en Espagne, court maints dangers, et souffre d'une faiblesse maladive qu'il surmonte cependant. Lors de la bataille de Philippes, on l'a vu, malade encore, sur son lit de camp. Et après la bataille, souffrant encore sur le chemin du retour. Alors qu'il fait voile vers l'Italie, le voici donc de nouveau assailli par la maladie au point qu'il doit interrompre son voyage et séjourner si longtemps à Brindisi que la rumeur de sa mort commença à courir à Rome.

Il eut, dans le cours de sa vie, un assez grand nombre de maladies graves et dangereuses, une surtout après avoir dompté les Cantabres. Le débordement de bile dont il souffrit alors le réduisit même au désespoir et le mit dans la nécessité de recourir à la méthode hasardeuse des traitements contraires. Les topiques chauds n'ayant point d'effet, il dut,

suivant l'ordonnance d'Antonius Musa, se traiter avec des
topiques froids. Il avait aussi des maladies annuelles qui
revenaient à des moments déterminés. Sa santé languissait
presque toujours vers l'anniversaire de sa naissance. De plus,
en début de printemps, il était pris d'une inflammation
intestinale, et le vent du midi lui donnait des rhumes de
cerveau, de sorte que son organisme affaibli ne supportait
facilement ni les froids ni les chaleurs.

Suétone, *Auguste*, 81.

*Mais cette réputation de faiblesse physique est pour le moins
paradoxale, s'agissant d'Octave dont la mainmise totale sur l'empire
romain s'étendra sur plus de quarante ans. Et le doute qui entoure
son aptitude à la carrière militaire est apparemment de peu de
conséquences sur le plan politique. Au lendemain de la victoire,
capitale, de Nauloque, Octave est bien l'homme le plus fort de
Rome et de son empire.*

*De la même plume, mesurée, que celle qu'il avait utilisée au
lendemain de la victoire de Philippes, Auguste, au soir de sa vie,
résumera ces trois années de guerre en à peine trois lignes, mais à
la première personne :*

J'ai libéré la mer des pirates. Au cours de cette guerre,
j'ai capturé environ trente mille esclaves qui avaient échappé
à leurs maîtres et pris les armes contre la République, et
je les ai rendus à leur maîtres pour qu'ils fussent châtiés.

Hauts faits du divin Auguste, 25.

*Et, dès son retour à Rome, on le sent, Octave est bien traité
en maître.*

À son arrivée, le Sénat lui décerna par un sénatus-
consulte des honneurs immenses, en le laissant décider de
les recevoir tous ou bien seulement ceux qu'il jugerait bon
d'accepter. Ceints de couronnes, les sénateurs ainsi que le

peuple s'avançaient le plus loin possible à sa rencontre et l'escortaient dans les sanctuaires, et des sanctuaires jusque chez lui, où il se retirait. Le lendemain, lui-même adressa au Sénat et au peuple des discours où il énumérait les actions qu'il avait accomplies et les mesures qu'il avait prises depuis le début de son mandat jusqu'à ce jour. Et après avoir couché par écrit ces discours, il les publia sous forme de livre. Il annonçait Paix et Joie. Maintenant que les guerres civiles étaient complètement éteintes, il exonérait de leurs impôts ordinaires et extraordinaires ceux qui en étaient encore redevables.

Parmi les honneurs qui lui étaient décernés par sénatus-consulte, il acceptait une procession, des solennités annuelles aux jours anniversaires de ses victoires et l'érection, sur le Forum, d'une colonne surmontée d'une statue dorée de sa personne, avec le vêtement qu'il portait en entrant dans la Ville, laquelle colonne serait entourée de rostres de navires. La statue fut érigée, portant l'inscription : « La Paix, depuis longtemps troublée par des séditions, il l'a solidement établie sur terre et sur mer ».

Appien, *Guerres civiles*, 5, 130.

Les régions d'Étrurie qui s'étaient révoltées s'apaisèrent dès qu'elles apprirent sa victoire et les habitants de Rome lui accordèrent à l'unanimité des éloges, des statues, une place d'honneur, un arc orné de trophées, le droit d'entrer à cheval dans la ville, de porter toujours une couronne de laurier et de célébrer le jour anniversaire de sa victoire (jour désormais marqué par des supplications d'action de grâces) par un festin dans le temple de Jupiter Capitolin avec son épouse et ses enfants.

Ces décrets furent pris aussitôt après sa victoire. Celle-ci avait été annoncée d'abord par un des soldats qui se trouvaient alors à Rome. Possédé par une divinité le jour même de la victoire, après avoir dit et fait beaucoup de choses, il finit par monter en courant au Capitole et déposa son épée aux pieds de Jupiter pour signifier qu'il n'en avait plus besoin. Elle fut ensuite annoncée par les autres qui avaient assisté à la victoire et avaient été envoyés à Rome par Octave.

Quand lui-même arriva, il rassembla le peuple à l'extérieur du *pomerium*[4] conformément aux pratiques ancestrales, lui rendit compte de ses actes, refusa certains des honneurs votés, fit remise de la contribution liée au cens et de ce qui pouvait encore être dû au Trésor public pour la période précédant la guerre civile, supprima certains impôts et n'accepta pas la dignité sacerdotale de Lépide qu'on lui offrait – il n'était pas permis d'en priver quelqu'un de vivant. On lui vota encore beaucoup d'autres privilèges.

Dès lors, certains répandirent le bruit que cette magnanimité avait pour but de faire accuser Marc Antoine et Lépide et de rejeter sur eux seuls la responsabilité des injustices commises auparavant. D'autres prétendirent que, comme il ne pouvait en aucune façon recouvrer les sommes dues, il transforma, sans que cela lui coûte, leur incapacité à payer en faveur octroyée par lui. Mais ce n'étaient que des bruits sans fondement.

Pour lors, on décida de lui offrir une maison aux frais de l'État. Car l'endroit qu'il avait acheté sur le Palatin pour en construire une, il l'avait déclaré propriété de l'État et l'avait consacré à Apollon, après que la foudre s'y fut abattue. On lui vota donc la maison ainsi que le privilège de n'être outragé ni en acte ni en parole, sous peine, pour celui qui aurait commis pareil outrage, d'être exposé aux mêmes châtiments que ceux qui avaient été fixés pour outrage au tribun. Il avait en effet reçu aussi le privilège de s'asseoir sur

---

4. Limite sacrée, à la fois juridique et religieuse, qui sépare la ville de son territoire. C'était par exemple cette limite que ne devaient pas franchir les troupes en arme.

les mêmes bancs que les tribuns. Voilà ce qui fut accordé à Octave par le Sénat.

Dion Cassius, *Histoire romaine*, 49, 15 – 16, 1.

Il solde les ressentiments des guerres civiles.

Le peuple voulait dépouiller Lépide de sa dignité de souverain pontife pour la lui remettre : Octave refusa et il ne toléra pas que le peuple l'invitât à tuer Lépide comme un ennemi.

Il envoya à toutes ses armées des lettres scellées, avec injonction que tout le monde les ouvre le même jour et exécute ensuite ce qu'elles ordonnaient. Ces directives concernaient tous les esclaves qui, après s'être sauvés durant la sédition, servaient comme soldats et pour lesquels Pompée avait demandé l'affranchissement, ce qui leur avait été accordé par le Sénat et par les accords conclus.

Ces esclaves furent tous arrêtés dans la même journée et après qu'ils eurent été conduits à Rome, Octave les rendit à leurs maîtres romains et italiens ou aux héritiers de ces derniers, et il les rendit aussi à leurs maîtres siciliens. Et tous ceux qui n'avaient personne pour les reprendre, il les faisait tuer près des villes mêmes dont ils s'étaient sauvés. [...]

Octave avait alors atteint l'âge de vingt-huit ans. Les villes lui élevaient des statues près de celles de leurs dieux.

Appien, *Guerres civiles*, 5, 131 – 132, 546.

Il rétablit l'ordre à Rome et triomphe sur tous les plans.

Comme Rome elle-même et l'Italie étaient infestées de brigands qui opéraient ouvertement par bandes, et comme ce qui se passait ressemblait plus à un pillage audacieux qu'à un brigandage clandestin, Sabinus, chargé par Octave de redresser la situation, procéda à un grand massacre des brigands capturés, et en un an seulement, il avait ramené partout une paix que rien ne venait menacer.

C'est depuis cette époque qu'est restée, dit-on, l'habitude d'avoir un corps de vigiles, ainsi que leur mode d'action. Octave, admiré pour ce redressement de situation si rapide et inattendu, permettait aux magistrats annuels d'exercer une grande partie du gouvernement conformément aux usages ancestraux, faisait brûler tous les documents constituant des traces de la sédition.

Il disait qu'il rendrait au peuple l'intégralité de sa constitution, lorsque Marc Antoine serait revenu de chez les Parthes.

Car il était persuadé que ce dernier voulait, lui aussi, démissionner de la magistrature[5] qu'ils exerçaient, maintenant que c'en était fini des guerres civiles.

Sur ce, au milieu des acclamations, on l'élut tribun de la plèbe à vie, sans doute pour le pousser, en lui donnant une magistrature perpétuelle, à quitter la précédente. Il accepta cette charge aussi et envoya de sa propre autorité un message à Marc Antoine concernant leur magistrature. Ce dernier donnait également des instructions à Bibulus, qui partait pour une entrevue avec Octave, et lui-même envoyait pareillement ses chefs militaires dans ses provinces, tout en songeant à participer à l'expédition contre les Illyriens.

Appien, *Guerres civiles*, 5, 132, 547-549.

Mais Sextus Pompée courait toujours.

Pendant ce temps, alors que Marc Antoine était revenu sain et sauf en pays ami, avait appris ce que faisait Sextus et promis de lui accorder l'impunité et sa bienveillance s'il déposait les armes, il lui répondit par lettre qu'il se laisserait convaincre mais n'en fit rien. [...]

5. Le triumvirat.

Titius et Furnius le poursuivirent et l'arrêtèrent en Phrygie ; ils le cernèrent et le capturèrent vivant. Quand Marc Antoine l'apprit, sous l'effet de la colère, il donna aussitôt des instructions pour le tuer, mais, peu après, il se ravisa et leur en donna d'autres pour lui laisser la vie sauve. [Mais les soldats se trompèrent sur l'ordre dans lequel les instructions avaient été envoyées.] C'est ainsi que Sextus mourut sous le consulat de Lucius Cornificius et d'un certain Sextus Pompeius.

Dion Cassius, *Histoire romaine*, 49, 18, 1, 6.

Il peut enfin accueillir en souverain Marc Antoine.

À cette occasion, Octave organisa des jeux dans le Cirque et fit dresser devant les Rostres un char en l'honneur de Marc Antoine et des statues dans le temple de la Concorde ; il lui accorda d'avoir en ce lieu la possibilité de tenir banquet avec son épouse et ses enfants comme cela lui avait naguère aussi été voté. Car il feignait d'être encore son ami, semblait ainsi le consoler de ses malheurs causés par les Parthes et apaisait sa jalousie concernant sa propre victoire et les décrets votés en l'honneur de celle-ci.

Dion Cassius, *Histoire romaine*, 49, 18, 6, 7.

LA TRAGÉDIE D'ALEXANDRIE

32 - 30

Jules César et Cléopâtre ont-ils vraiment eu un fils ? Les Romains appelaient cet enfant Césarion. Cicéron comme beaucoup d'autres, s'est interrogé au sujet de ce « fameux César ».

Aux ides de mai 44, trois mois après l'assassinat du dictateur, Cicéron écrit à son ami et confident Pomponius Atticus : « La fuite de la reine ne me cause aucune peine ».

« Je déteste la reine [...] La superbe de la reine en personne lorsqu'elle résidait dans ses "jardins" de la Rive droite, je ne peux l'évoquer sans une vive douleur[1]. »

Cléopâtre quittait Rome. C'était à l'issue d'un long séjour, qu'elle y avait fait à l'invitation de César. Le dictateur l'avait installée dans une luxueuse villa, assez loin des désordres de la Ville...

César et sa vie d'une sensualité débordante... Suétone, d'ailleurs, ne peut s'empêcher de citer le bon (?) mot de Curion, le père, « qui l'appelait dans l'un de ses discours, le mari de toutes les femmes et la femme de tous les maris[2]. »

Sa plus grande passion fut pour Cléopâtre : non seulement il lui donna maintes fois des festins qui se prolongeaient jusqu'au jour, mais l'emmenant avec lui sur un navire pourvu de cabines, il aurait traversé toute l'Égypte et atteint l'Éthiopie, si son armée n'avait pas refusé de le suivre. Enfin, l'ayant fait venir à Rome, il ne la renvoya que comblée d'honneurs et de récompenses magnifiques et lui permit de donner son nom au fils qui lui était né.

---

1. Cicéron, *Lettres à Atticus*, 15, 20, 14, 8 et 15, 15.
2. Suétone, *César*, 52, 6.

Quelques écrivains grecs ont prétendu que ce fils ressemblait aussi à César par son physique et par sa démarche. Marc Antoine affirma au Sénat qu'il avait même été reconnu par lui et que C. Matius, C. Oppius et les autres amis de César le savaient bien.

Suétone, *César*, 52, 2, 6.

Mais la question de Cicéron demeure sans réponse. Et ce « petit César », Césarion comme on l'a surnommé, se trouve bien innocemment mêlé au dernier acte de la tragédie du pouvoir qui se joue à Alexandrie, entre Marc Antoine, Cléopâtre et Octave.

Après la victoire de Nauloque, Octave est rentré à Rome. Soulagement de la population. Honneurs. Fin prévisible du triumvirat depuis la mise à l'écart de Lépide.

Marc Antoine, de son côté, est reparti faire la guerre aux Parthes. Guerre interminable et meurtrière sur les frontières orientales de l'Empire. Des milliers de légionnaires tués au combat ou victimes des conditions éprouvantes de cette campagne. Un accord politique et une traîtrise pour annexer l'Arménie dont il fit enchaîner le souverain. L'occasion d'apparaître en vainqueur… Un triomphe, en trompe-l'œil. Non pas à Rome, mais auprès de Cléopâtre.

Il offrit un festin aux Alexandrins et fit asseoir auprès de lui Cléopâtre et ses enfants. Dans son discours au peuple, il ordonna que celle-ci fût appelée Reine des rois et Ptolémée, qu'on appelait Césarion, Roi des rois. Il procéda à une nouvelle distribution et leur accorda aussi l'Égypte et Chypre.

Il disait en effet que Cléopâtre était réellement l'épouse et Césarion le fils du premier César, et il feignait d'agir ainsi par égard pour lui afin d'en profiter pour reprocher à Octave d'être le fils de César par adoption et non par le sang. Aux enfants qu'il avait eus de Cléopâtre, il promit de donner à Ptolémée la Syrie et toutes les régions en deçà de l'Euphrate jusqu'à l'Hellespont, à Cléopâtre[3] la Libye Cyrénaïque, et à leur frère Alexandre l'Arménie et les autres régions au delà de l'Euphrate jusqu'à l'Inde. Il leur offrait ces pays comme s'ils étaient déjà en sa possession.

Il ne se contenta pas de dire cela à Alexandrie, mais il écrivit à Rome afin de le faire ratifier par le peuple. Cependant aucune de ses lettres ne fut lue en public car Domitius et Sosius, qui étaient déjà à ce moment-là consuls et lui étaient tout dévoués, ne voulurent pas révéler leur contenu publiquement malgré l'insistance d'Octave. Ils eurent gain de cause sur ce point : Octave obtint à son tour qu'on ne divulguerait rien de ce qui avait été écrit à propos de l'Arménie. Il avait en effet pitié de son prince avec lequel il avait négocié en secret contre Antoine et il était jaloux du triomphe de ce dernier. Antoine, tout en agissant ainsi, osa cependant écrire au Sénat qu'il voulait renoncer à sa charge et remettre toutes les affaires de l'État à lui [le Sénat] et au peuple. Son intention était naturellement de n'en rien faire mais il voulait que, grâce aux espérances suscitées, soit ils forcent Octave, puisqu'il était sur place, à déposer le premier ses armes, soit ils éprouvent du ressentiment à son égard s'il refusait de le faire.

Dion Cassius, *Histoire romaine*, 49, 41.

L'épouse légitime s'en mêle.

À Rome, Octavie voulait s'embarquer pour rejoindre Antoine. Octave le lui permit, comme le disent la plupart des historiens, moins pour faire plaisir à sa sœur que dans l'espoir que les outrages et le dédain auxquels elle allait s'exposer seraient pour lui un beau motif de guerre.

Parvenue à Athènes, elle reçut une lettre d'Antoine, qui l'engageait à y rester et annonçait son expédition en

---

3. Cléopâtre Séléné, fille de Cléopâtre et de Marc Antoine.

Haute Asie. Bien qu'affligée et devinant que c'était là un prétexte, elle écrivit néanmoins pour lui demander où elle devait envoyer ce qu'elle lui apportait : elle apportait en effet beaucoup de vêtements pour les soldats, beaucoup de bêtes de somme, d'argent et de présents pour ses officiers et ses amis ; elle amenait en outre deux mille soldats d'élite, équipés pour servir de cohortes prétoriennes et armés de pied en cap d'armes splendides.

Plutarque, *Antoine*, 53, 1-3.

Octave, voyant l'outrage que semblait avoir subi Octavie, lui donna l'ordre, quand elle fut revenue d'Athènes, d'habiter une maison à elle. Mais elle déclara qu'elle n'abandonnerait pas la maison de son mari, et elle dit à son frère lui-même que, s'il n'avait pas d'autres motifs pour faire la guerre à Antoine, elle le conjurait de ne pas tenir compte de ses affaires à elle, car il serait même honteux d'entendre dire que les deux plus grands chefs plongeaient les Romains dans la guerre civile, l'un pour l'amour d'une femme et l'autre par jalousie.

Sa conduite fut encore plus ferme que ses paroles : elle continua d'habiter la maison de son mari, comme s'il était là, et elle éleva avec soin et magnificence non seulement ses propres enfants, mais encore ceux de Fulvia, et lorsqu'Antoine envoyait certains de ses amis briguer des charges ou suivre des affaires, elle les recevait et les aidait à obtenir d'Octave ce qu'ils souhaitaient. En agissant ainsi, elle causait sans le vouloir du tort à Antoine, que ses injustices envers une telle femme faisaient détester.

Plutarque, *Antoine*, 54, 1-5.

De manœuvres en manœuvres, de non-dits en duplicités, Octave
pourtant parvient lentement à ses fins. Une nouvelle guerre civile
semble inévitable.

Antoine reprochait à Octave d'avoir mis un terme à la
charge de Lépide et de s'être approprié son territoire et ses
forces, ainsi que celles de Sextus Pompée, qui leur revenaient
en commun : il en réclamait donc la moitié et la moitié aussi
des soldats qu'ils avaient enrôlés en Italie, région qu'il leur
appartenait d'administrer ensemble. Octave de son côté
reprochait à Antoine d'occuper, entre autres pays, l'Égypte,
sans l'avoir obtenue par tirage au sort, d'avoir fait tuer
Sextus Pompée – alors que lui, Octave, prétendait l'avoir
volontairement épargné. Il lui reprochait encore d'avoir
trompé, arrêté et fait emprisonner le roi d'Arménie et d'avoir
ainsi fortement terni la réputation du peuple romain. Octave
réclamait également la moitié du butin. Il faisait surtout
grief à Antoine de Cléopâtre, des enfants de celle-ci qu'il
avait reconnus, des territoires dont il leur avait fait présent
et, particulièrement, du fait qu'il appelait Césarion de ce
nom et l'introduisait ainsi dans la famille de César.

Dion Cassius, Histoire romaine, 50, 1, 3-5.

Puis, Marc Antoine répudie Octavie.

Marc Antoine envoya à Rome des gens chargés de chasser
Octavie de sa maison. On dit qu'en en sortant elle emmena
avec elle tous les enfants d'Antoine, à l'exception de l'aîné des
fils de Fulvia (celui-ci était auprès de son père). Elle pleurait
et se désolait à la pensée de paraître avoir été, elle aussi, une
des causes de la guerre. Les Romains éprouvaient moins de
pitié pour elle que pour Antoine, surtout ceux qui, ayant
vu Cléopâtre, se rendaient compte qu'elle ne l'emportait
sur Octavie ni en beauté ni en jeunesse.

Octave, apprenant la promptitude et l'importance des
préparatifs d'Antoine, fut vivement ému et craignit d'être

contraint de faire la guerre cet été-là[4], alors qu'il lui manquait
beaucoup de choses et que le peuple était mécontent des
impôts à payer. Les uns étaient forcés de donner le quart de
leurs revenus, et les descendants d'affranchis, le huitième
de leurs biens ; aussi tout le monde criait-il contre lui, et
des troubles s'élevaient dans toute l'Italie. C'est pourquoi
l'on regarde comme l'une des plus graves fautes d'Antoine
d'avoir différé la guerre, car il laissa ainsi à Octave le temps
de se préparer et il favorisa la fin des troubles : car, si la
perception des impôts exaspérait le peuple, il redevenait
calme aussitôt qu'ils étaient perçus et acquittés.

Plutarque, *Antoine*, 57, 4-5 – 58, 1-3.

C'est alors que se produit un événement décisif.

Titius et Plancus, deux consulaires amis d'Antoine,
que Cléopâtre avait outragés (ils s'étaient le plus vivement
opposés à ce qu'elle partît avec l'armée) s'enfuirent auprès
d'Octave, et lui dénoncèrent le testament d'Antoine, dont
ils connaissaient le texte.

Ce testament était déposé chez les Vestales. Octave le leur
demanda : elles refusèrent de le donner et lui firent dire de
venir le prendre lui-même, s'il voulait. Il y alla, l'emporta
et commença par en parcourir lui-même, à part soi, les
dispositions, en marquant certains endroits qui pouvaient
donner lieu à des accusations. Puis, ayant réuni le Sénat,
il le lut, au grand scandale de la plupart des sénateurs car
il leur parut étrange et odieux de demander compte à un
homme vivant de clauses qui, dans son intention, ne devaient
prendre effet qu'après sa mort.

Octave insista surtout sur les dispositions relatives à la
sépulture d'Antoine, qui ordonnait que, même s'il mourait

---

4. En 32.

à Rome, son corps, après avoir été porté en cortège à travers le Forum, fût envoyé à Alexandrie auprès de Cléopâtre.

Plutarque, *Antoine*, 58, 4-8.

Pour faire bonne mesure, Octave fait ajouter quelques détails susceptibles de jeter de l'huile sur le feu de la discorde.

Calvisius, ami d'Octave, ajouta encore contre Antoine d'autres griefs relatifs à Cléopâtre : il lui reprochait d'avoir fait don à la reine de la bibliothèque de Pergame, qui contenait à peu près deux cent mille volumes, de s'être levé dans un banquet, sous les yeux de nombreux convives, en heurtant les pieds de Cléopâtre, ce qui était entre eux un signal convenu. [...]

Il lui reprocha encore d'avoir souvent, alors qu'il rendait la justice, assis sur son tribunal, à des tétrarques et à des rois, reçu d'elle et lu des messages d'amour sur des tablettes d'onyx ou de cristal. Enfin, disait-il, alors que Furnius, un grand personnage et le plus éloquent des Romains, plaidait devant lui, Antoine, comme Cléopâtre venait à passer en litière sur la place publique, dès qu'il la vit, bondit de son siège et, abandonnant l'audience, alla lui faire cortège, accroché à sa litière.

Mais Calvisius paraissait avoir porté mensongèrement la plupart de ces accusations.

Plutarque, *Antoine*, 58, 9-11 – 59, 1.

Octave déclare la guerre.

Lorsque les préparatifs d'Octave furent suffisants, il fit, par un vote, décréter la guerre contre Cléopâtre et dépouiller Antoine d'un pouvoir qu'il avait abdiqué au profit d'une femme.

Il déclara en outre qu'Antoine, ensorcelé par des philtres, n'était même plus maître de lui, et que ceux qui faisaient

la guerre aux Romains étaient l'eunuque Mardion, Pothin,
Iras, la coiffeuse de Cléopâtre, et Charmion, car c'étaient eux
qui dirigeaient les affaires les plus importantes du royaume.

Plutarque, *Antoine*, 60, 1.

Au moment où l'on s'apprêtait à combattre, Antoine
n'avait pas moins de cinq cents vaisseaux de guerre, dont
plusieurs à huit et dix rangs de rames, superbement décorés
comme pour une fête. Son armée se montait à cent mille
fantassins et douze mille cavaliers. Il avait sous ses ordres
des rois alliés.

Octave, lui, avait deux cent cinquante vaisseaux de
combat, quatre-vingt mille hommes d'infanterie et à peu
près autant de cavaliers que les ennemis. [...]

Antoine était de fait tellement inféodé à Cléopâtre qu'en
dépit de sa grande supériorité sur terre, il voulut, à cause
d'elle, que la victoire appartint à la flotte, et cela bien qu'il
voyait ses triérarques manquer d'équipages. Il avait fait
enlever en Grèce des voyageurs, des âniers, des moissonneurs,
des éphèbes, sans pouvoir, même ainsi, remplir ses vaisseaux,
dont la plupart manquaient de personnel et avaient grand-
peine à naviguer.

Les navires d'Octave n'avaient point cette hauteur et
cette masse faites pour l'ostentation, mais ils étaient agiles,
rapides et à effectifs pleins : il les tenait réunis à Tarente
et à Brindes.

Il envoya faire dire à Antoine de ne pas perdre son temps,
mais de venir avec ses forces, promettant de fournir lui-
même à sa flotte des rades et des ports où elle mouillerait
sans encombre, et de se retirer de la côte avec son armée de
terre à une étape de cheval jusqu'à ce qu'il eût débarqué en
sûreté et établi son camp. Antoine répondit à cette bravade
par une autre : il le provoqua à un combat singulier, quoiqu'il
fût le plus âgé. S'il reculait devant cette rencontre, il lui
demandait de venir près de Pharsale pour y livrer avec leurs

armées une bataille décisive, comme l'avaient fait jadis César et Pompée[5]. [...]

Au point du jour la flotte ennemie se mit en mouvement. Antoine, craignant qu'elle ne prit ses vaisseaux dépourvus de combattants, fit armer les rameurs et les disposa sur les ponts, uniquement pour impressionner, puis il fit sortir et dresser les rangées de rames de chaque côté des navires, qu'il tint ainsi à l'entrée du port d'Actium, la proue tournée vers l'ennemi, comme s'ils étaient équipés et prêts au combat. Octave, trompé par ce stratagème, se retira.

Antoine sembla aussi faire preuve d'adresse en entourant de retranchements la source utilisée par les ennemis, qui en furent coupés. Or, on ne trouvait dans les environs qu'une eau rare et mauvaise. D'autre part, il se comporta généreusement à l'égard de Domitius, contre l'avis de Cléopâtre. Domitius, ayant déjà la fièvre, monta dans une petite embarcation et passa à Octave. Antoine, en dépit de sa contrariété, lui renvoya pourtant tous ses bagages, ainsi que ses amis et ses serviteurs ; et Domitius mourut aussitôt après sa défection, comme si c'était du fait que son infidélité et sa trahison étaient découvertes. Parmi les rois aussi, certains changèrent de camp et rejoignirent Octave : ce fut le cas d'Amyntas et de Dejotarus.

Antoine, voyant sa flotte échouer en tout et arriver en retard partout où l'on avait besoin d'elle, fut forcé de songer de nouveau à son armée de terre. Canidius lui-même, qui la commandait, changeant d'avis devant le danger, conseilla de renvoyer Cléopâtre et de se retirer en Thrace ou en Macédoine pour livrer sur terre la bataille décisive, car Dicomès, roi des Gètes, promettait à Antoine de l'appuyer avec une armée considérable.

Plutarque, *Antoine*, 61 – 63, 7.

---

5. 9 août 48.

Surviennent alors désertions et défections dans le camp de Marc Antoine. Et ceux qui restaient à ses côtés lui recommandaient de livrer bataille sur terre.

Il n'y a pas de honte, disait Canidius, à céder la mer à Octave, exercé à ce genre de combat par la guerre de Sicile. Mais il serait étrange qu'Antoine, très expérimenté dans les batailles terrestres, n'utilisât pas la force et l'entraînement de tant de fantassins, en dispersant et gaspillant ses troupes sur des vaisseaux. Cependant, ce fut l'avis de Cléopâtre qui l'emporta : le conflit serait tranché sur mer ; déjà elle pensait à fuir et prenait ses dispositions personnelles pour se placer non pas là où elle pourrait aider à la victoire, mais là d'où elle se retirerait le plus aisément, si tout se gâtait.

Plutarque, *Antoine*, 63, 7-8

Antoine échappe à un kidnapping...

Il y avait une longue chaussée qui menait du camp d'Antoine à la rade où mouillaient ses vaisseaux, et par laquelle il avait l'habitude de passer sans nullement se méfier. Un serviteur vint dire à Octave qu'on pouvait enlever Antoine quand il descendait à la mer par cette chaussée, et Octave plaça des hommes en embuscade. Ils furent si près de le prendre qu'ils saisirent son compagnon qui marchait devant lui, mais ils s'étaient dressés trop tôt, et Antoine réussit, non sans peine, à leur échapper en courant.

Plutarque, *Antoine*, 63, 9-10.

... et décide d'engager le combat sur mer.

Quand il fut décidé que l'on combattrait sur mer, Antoine fit brûler les vaisseaux égyptiens, à l'exception de soixante, et il garnit ses navires les meilleurs et les plus grands, depuis ceux de trois rangs de rames jusqu'à ceux de dix, en y faisant monter vingt mille fantassins et deux mille archers. On rapporte qu'alors un officier d'infanterie qui avait pris part à de très nombreux combats sous les ordres d'Antoine et qui avait le corps couvert de cicatrices, le voyant passer, se mit à se lamenter et dit :

– Général, pourquoi méprises-tu ces blessures et cette épée, et mets-tu tes espoirs dans de mauvais bois ? Laisse les Égyptiens et les Phéniciens combattre sur mer, et à nous, donne-nous la terre, sur laquelle nous sommes accoutumés à tenir ferme et à mourir ou à vaincre les ennemis.

Antoine ne répondit rien ; il se contenta de lui faire un signe de la main et de la tête, comme pour l'encourager, et il passa. Il n'avait pas lui-même bon espoir, puisque, ses pilotes voulant abandonner les voiles, il les força à les prendre et à les emporter en disant qu'aucun ennemi ne devait échapper à leur poursuite.

Au commencement du combat et de la mêlée, les vaisseaux ne s'entrechoquèrent ni ne se brisèrent : ceux d'Antoine, à cause de leur poids, n'avaient point cet élan qui surtout rend efficaces les coups d'éperon. Quant à ceux d'Octave, non seulement ils se gardaient de donner de la proue contre des armatures de bronze solides et résistantes, mais ils n'osaient même pas attaquer de flanc, parce que leurs éperons se brisaient facilement partout où ils heurtaient des bâtiments construits avec de grosses poutres carrées, que des tenons de fer ajustaient ensemble.

Plutarque, *Antoine*, 64 – 66, 1-2.

*La bataille d'Actium deviendra l'une des pages les plus surprenantes de l'*Énéide. *Par un raccourci littéraire spectaculaire, Virgile fait figurer sur le bouclier d'Énée une représentation visuelle de l'affrontement qui verra la victoire d'Octave, fils de Jules César, lui même descendant d'Énée, fils de Vénus... L'*Énéide, *poème inachevé de Virgile ou la gloire du second des Césars trouve plus que son compte...*

À l'aube d'une bataille fondatrice, Énée avait trouvé près de lui le bouclier que Vénus, pour protéger son fils, avait fait graver pendant la nuit par le dieu Vulcain. Et parmi les sujets représentés,

se déployait largement l'image d'or d'une mer agitée, mais des vagues blanches écumaient sur les flots bleus. Formant un cercle, une ronde de clairs dauphins d'argent balayaient de leur queue l'étendue des flots et fendaient la houle. Au milieu, on pouvait voir des flottes aux éperons de bronze, la guerre d'Actium, les préparatifs martiaux mettre en effervescence tout le cap Leucate et les flots resplendir de l'éclat de l'or.

D'un côté, c'était Octave menant au combat les Italiens, avec les Pères et le peuple, avec nos Pénates et les Grands Dieux ; il est debout en haut de la poupe, deux flammes jaillissent de son front de chance et l'astre paternel apparaît sur sa tête.

De l'autre côté, Agrippa, la tête haute, conduisait l'armée avec l'appui des vents et des dieux ; son front étincelant porte les éperons de navire de sa couronne navale, superbe insigne guerrier.

En face, avec son opulence barbare et ses armes bigarrées, Antoine, victorieux du côté des peuples de l'Aurore et des rives de la Mer Érythrée, charrie avec soi l'Égypte, les forces de l'Orient, Bactres du bout du monde. Ô honte ! une épouse égyptienne le suit. Et tous de foncer simultanément, et l'étendue des flots de se recouvrir d'écume refoulée par le retour des rames et par les éperons à trois pointes.

Ils gagnent la haute mer. On croirait voir nager sur les eaux les Cyclades déracinées ou des montagnes se heurter à des montagnes, tant ils attaquent en masse les poupes munies de tours !

On lance de toutes parts de l'étoupe enflammée, on projette du fer qui vole. Les plaines de Neptune commencent à être rouges de sang.

Dans la mêlée, au son du sistre national, la reine appelle. Elle ne voit pas encore, derrière son dos, deux serpents. Des dieux monstrueux en qui se mêlent les espèces, tels que l'aboyeur Anubis, ont pris les armes contre Neptune, contre Vénus, contre Minerve. En pleine mêlée, Mars, ciselé dans du fer, se déchaîne, comme font, du haut du ciel, les sinistres Furies ; la Discorde s'avance, heureuse de sa robe déchirée, et Bellone la suit avec son fouet sanglant.

Alors, à ce spectacle, Apollon d'Actium tendait d'en haut son arc, ce qui les terrifiait tous, Égyptiens, Indiens, toute l'Arabie, tous les Sabéens, qui prenaient la fuite. On pouvait voir la reine, à son tour, mettre à la voile avec du vent à souhait et lâcher au plus vite les cordages. Le Maître du feu l'avait montrée, pâle de sa mort future, emportée par les ondes et par le vent d'Ouest au travers des restes du carnage ; face à elle, affligé, apparaissait le Nil au corps massif qui ouvrait le pan de sa robe et appelait les vaincus dans son giron d'azur, dans les refuges de ses courants. [...]

Voilà ce qu'Énée peut admirer sur le bouclier de Vulcain, don de sa mère. Sans connaître les faits, il en aime l'image et charge sur son épaule la gloire et les destins de ses petits-neveux.

Virgile, *Énéide*, 8, 671-731.

Ici, le poète doit rendre à Plutarque le soin d'achever le récit de la bataille. L'Histoire confirme la fuite de Cléopâtre.

Le combat était encore indécis et douteux lorsqu'on vit tout à coup les soixante vaisseaux de Cléopâtre déployer leurs voiles pour se retirer et fuir en passant à travers les combattants, car ils avaient été rangés derrière les grands navires et en s'échappant au milieu d'eux ils causèrent du désordre. Les ennemis, étonnés, les regardaient et les voyaient, poussés par le vent, cingler vers le Péloponnèse. À ce moment, Antoine montra clairement qu'il n'avait pour se conduire ni la pensée d'un chef, ni celle d'un homme, ni même, pour tout dire, propre pensée : comme quelqu'un a dit en plaisantant que l'âme d'un amoureux vit dans le corps d'une autre personne, il fut entraîné par cette femme comme s'il ne faisait qu'un avec elle et était obligé d'accompagner tous ses mouvements ; il n'eut pas plus tôt vu partir son navire qu'oubliant tout, trahissant et abandonnant ceux qui combattaient et mouraient pour lui, il monta sur une quinquérème, sans autres compagnons qu'Alexas le Syrien et Scellius, et suivit cette femme qui déjà avait commencé sa perte et qui allait l'achever.

Cléopâtre, l'ayant reconnu, fit élever un signal sur son vaisseau. Antoine s'en approcha, puis y monta, et, sans la voir ni être vu d'elle, il alla s'asseoir seul à la proue, en silence et tenant sa tête entre ses mains. À ce moment, on aperçut des embarcations légères de la flotte d'Octave qui s'étaient lancées à sa poursuite. Antoine ordonna de tourner contre elles la proue du vaisseau et les refoula ; seul le Laconien Euryclès s'acharna obstinément, brandissant une javeline du haut du pont pour la lancer contre lui. Antoine, debout sur la proue, demanda :

– Qui est celui qui poursuit Antoine ?

Et l'autre répondit :

– C'est moi, Euryclès, fils de Lacharès, qui profite de la Fortune d'Octave pour venger la mort de mon père.

Ce Lacharès, accusé de piraterie, avait été décapité par ordre d'Antoine. Cependant Euryclès ne put se jeter sur le navire d'Antoine, mais, frappant de l'éperon de bronze l'autre vaisseau amiral (il y en avait deux), il le fit tournoyer et tomber sur le flanc ; il le prit, ainsi qu'un autre navire où se trouvait une splendide vaisselle de table.

Quand Euryclès se fut éloigné, Antoine retomba dans la même attitude en gardant le silence. Trois jours durant, il resta ainsi seul sur la proue, soit par colère, soit qu'il eût honte de voir Cléopâtre. On arriva enfin au Ténare ;

là, les femmes de l'entourage de la reine les firent d'abord s'entretenir l'un l'autre, puis leur persuadèrent de dîner et de dormir ensemble.

À Actium, la flotte d'Antoine résista longtemps à Octave, mais, très gravement endommagée par les hautes vagues qui se dressaient sur les proues, elle renonça à combattre, à grand-peine, à la dixième heure. Il n'y eut pas plus de cinq mille morts, mais trois cents vaisseaux furent pris, selon ce qu'a écrit Octave lui-même. Peu de gens s'étaient aperçus de la fuite d'Antoine, et ceux qui l'apprirent refusèrent d'abord de croire qu'il fût parti en abandonnant dix-neuf légions et douze mille cavaliers qui n'avaient pas subi de défaite, comme s'il n'avait pas connu à maintes reprises les vicissitudes de la Fortune, ni acquis l'expérience de ses changements dans mille batailles et tant de guerres. Les soldats le regrettaient et s'attendaient à le voir bientôt reparaître quelque part. Ils montrèrent une telle fidélité et un tel courage que, même lorsqu'ils furent certains de sa fuite, ils tinrent bon pendant sept jours, en méprisant tout ce qu'Octave leur envoyait dire. À la fin, leur général Canidius s'étant enfui de nuit et ayant abandonné le camp, ces troupes dépourvues de tout et trahies par leurs chefs passèrent au parti du vainqueur.

Plutarque, *Antoine*, 66, 5-8 – 67 et 68, 1-5.

Antoine, abattu, se retire seul.

Ayant touché terre en Afrique, Antoine fit partir Cléopâtre vers l'Égypte. Lui-même jouit alors d'une profonde solitude, errant à l'aventure avec deux amis, un Grec, le rhéteur Aristocratès, et un Romain, Lucilius. [...]

Antoine, quittant la ville et cessant toute relation avec ses amis, fit établir une jetée sur la mer près de Pharos et construire là pour lui-même une demeure maritime, où il vécut, fuyant la société des hommes.

Plutarque, *Antoine*, 69, 1 et 6.

Mais il retourne plus tard au palais de Cléopâtre.

Marc Antoine fut reçu à nouveau par Cléopâtre dans son palais, il replongea la ville dans les festins, les beuveries et les prodigalités. Il inscrivit sur la liste des éphèbes le fils de Cléopâtre et de César, et fit prendre la toge virile, sans bordure de pourpre, à Antyllus, le fils qu'il avait eu de Fulvia.

						Plutarque, *Antoine*, 71, 3.

Cléopâtre, pour sa part, se comporte comme si elle anticipait une issue tragique.

Cependant Cléopâtre rassemblait toute sorte de poisons mortels et, pour savoir lequel était le moins douloureux, elle les faisait prendre à des prisonniers condamnés à mort. Quand elle se fut aperçue que ceux dont l'effet est prompt causent une mort non moins douloureuse que rapide, et que les poisons plus doux n'agissent que lentement, elle essaya le venin des serpents ; elle en fit appliquer, sous ses yeux, de différentes espèces à divers individus, et elle renouvelait chaque jour ces expériences. Elle ne trouva guère que la morsure de l'aspic, entre toutes, pour amener sans convulsion ni gémissement à une sorte de sommeil et d'engourdissement, accompagné d'une sueur légère au visage et d'un affaiblissement des sensations.

						Plutarque, *Antoine*, 71, 6-8.

Le couple tente de renouer le contact avec le vainqueur...

Cléopâtre et Antoine envoyèrent aussi en même temps des ambassadeurs à Octave en Asie : elle, pour lui demander d'assurer à ses enfants le royaume d'Égypte ; lui, pour le prier, s'il ne voulait pas le laisser en Égypte, de lui permettre de vivre à Athènes en simple particulier.

Octave ne supporta pas qu'on lui parlât en faveur d'Antoine, et il répondit à Cléopâtre qu'elle serait traitée de façon équitable si elle faisait périr Antoine ou le chassait.

Plutarque, *Antoine*, 72, 1 et 73, 1.

... qui s'approche.

Elle-même avait fait construire près du temple d'Isis des caveaux et des tombeaux d'une beauté et d'une hauteur extraordinaires ; elle y fit porter ce qu'il y avait de plus précieux dans les trésors royaux : or, argent, émeraudes, perles, ébène, ivoire, cinnamome, puis une grande quantité de torches et d'étoupe ; aussi Octave, craignant pour ces richesses, à la pensée que Cléopâtre, dans un accès de désespoir, pourrait détruire et réduire en cendres ses trésors, lui envoyait continuellement des promesses de clémence, tout en marchant contre la ville avec son armée.

Plutarque, *Antoine*, 74, 2-3.

Pour Marc Antoine, c'est l'heure des derniers combats.

Comme il s'était établi près de l'hippodrome, Antoine fit une sortie, combattit brillamment, mit en déroute les cavaliers d'Octave et les poursuivit jusqu'à leur camp.

Fier de sa victoire, il rentra au palais, embrassa Cléopâtre tout armé et lui présenta celui de ses soldats qui s'était battu avec le plus d'ardeur. Pour prix de sa valeur, la reine fit don d'une cuirasse et d'un casque d'or à cet homme, qui les prit et déserta pendant la nuit pour passer à Octave.

Antoine envoya de nouveau provoquer Octave à un combat singulier. Octave répondit qu'Antoine disposait de nombreux chemins pour aller à la mort. Antoine réfléchit alors qu'il n'était pas pour lui de mort préférable à celle que l'on trouve en combattant, et il résolut d'attaquer à la fois par terre et par mer. [...]

Au point du jour, Antoine établit lui-même son infanterie sur les collines situées en avant de la ville, et il se mit à contempler ses vaisseaux qui avaient pris la mer et se portaient contre ceux des ennemis ; il restait tranquille en attendant de voir ce que les siens allaient faire. Or, quand ils se furent approchés, ils saluèrent de leurs rames ceux d'Octave, et, ceux-ci leur ayant rendu leur salut, ils passèrent de leur côté, et les deux flottes réunies en une seule voguèrent ensemble, les proues tournées vers la ville. Aussitôt après avoir constaté cette désertion, Antoine fut abandonné par ses cavaliers, qui changèrent de camp, puis son infanterie fut défaite.

Il rentra alors dans la ville en criant que Cléopâtre l'avait trahi et livré à ceux qu'il ne combattait qu'à cause d'elle. Quant à elle, redoutant sa colère et son désespoir, elle se réfugia dans son mausolée et fit baisser les herses fortement assujetties par des serrures et des verrous, puis elle envoya dire à Antoine qu'elle était morte. Il le crut, et il dit, se parlant à lui-même :

— Pourquoi tardes-tu encore, Antoine ? La Fortune t'a enlevé ton seul et dernier motif de tenir à la vie.

Puis il entra dans sa chambre, ouvrit et défit sa cuirasse :

— Ô Cléopâtre, s'écria-t-il, ce qui m'afflige, ce n'est pas d'être privé de toi, car je vais te rejoindre à l'instant, c'est qu'un général tel que moi se soit révélé inférieur en courage à une femme.

Il avait un serviteur fidèle, nommé Éros, qu'il avait depuis longtemps invité à le tuer quand il le lui demanderait. Il le somma de tenir sa promesse. Éros tira son épée et la leva comme pour frapper Antoine, mais, celui-ci ayant tourné la tête, il se tua lui-même. Le voyant tombé à ses pieds, Antoine dit :

— C'est bien, Éros ; tu m'apprends à faire ce que tu n'as pu faire toi-même.

Plutarque, *Antoine*, 74, 4-6 – 75, 1 et 76, 1-9.

Et c'est la fin tragique des deux amants.

Il se frappa alors au ventre et se laissa choir sur son lit.
Mais le coup ne causa pas immédiatement la mort : le sang
s'arrêta de couler dès qu'Antoine fut étendu : il revint à lui
et supplia ceux qui étaient là de l'égorger. Ils s'enfuirent
de la chambre, où il cria et se débattit jusqu'à l'arrivée de
Diomède, secrétaire de Cléopâtre, qu'elle avait chargé de
le porter auprès d'elle dans le mausolée.

Ayant donc appris qu'elle vivait, Antoine pressa vivement
ses serviteurs de le prendre dans leurs bras, et ils le portèrent
à l'entrée du monument. Cléopâtre n'ouvrit pas la porte, mais
elle parut à une fenêtre, d'où elle fit descendre des cordes et
des chaînes auxquelles on attacha Antoine, puis, aidée de
deux femmes, les seules qu'elle eût admises avec elle dans
le mausolée, elle le tira à elle. Il n'y eut jamais de spectacle
plus pitoyable, au dire de ceux qui en furent témoins.

Antoine, couvert de sang et agonisant, tendait les bras
vers elle, tandis qu'elle le hissait, suspendu en l'air. Ce
n'était pas pour des femmes une tâche facile, et Cléopâtre,
le visage tendu par l'effort, agrippant la corde à deux mains,
avait grand-peine à le tirer vers le haut, tandis que ceux qui
étaient en bas l'encourageaient et partageaient son angoisse.

Quand elle l'eut ainsi recueilli, elle le coucha, déchira
ses propres vêtements pour l'en couvrir et, se frappant la
poitrine et la meurtrissant de ses mains, elle essuya le sang
avec son visage, en l'appelant son maître, son époux, son
imperator, et elle oubliait presque ses maux à elle dans sa
pitié pour ceux d'Antoine.

Celui-ci arrêta ses lamentations et demanda du vin à boire,
soit qu'il eût soif, soit qu'il espérât être ainsi délivré plus
promptement de la vie. Après avoir bu, il lui conseilla de
pourvoir à son salut, si elle pouvait le faire sans déshonneur,
et de se fier à Proculeius plutôt qu'à aucun autre des amis
d'Octave ; il l'exhorta à ne pas le plaindre de ce dernier

changement de Fortune, mais à l'estimer heureux pour les
biens dont il avait joui, ayant été le plus illustre et le plus
puissant des hommes, et maintenant n'éprouvant pas de
honte à être vaincu, lui Romain, par un Romain.

Plutarque, *Antoine*, 76, 9 – 77.

À la nouvelle de la mort d'Antoine[6], Octave se retira au
fond de sa tente et pleura sur celui qui avait été son parent[7],
son collègue et son associé dans tant de combats et d'affaires.
Puis il prit les lettres d'Antoine, et, ayant appelé ses amis,
leur en donna lecture pour leur montrer avec quelle hauteur
et quelle grossièreté Antoine avait toujours répondu aux
propositions raisonnables et justes qu'il lui adressait par écrit.

Plutarque, *Antoine*, 78, 2.

*Octave avait vaincu Marc Antoine. Il ne lui restait plus
désormais qu'à ramener Cléopâtre à Rome, chargée de chaînes.*

Ensuite Octave envoya Proculeius en lui ordonnant
avant tout de prendre, s'il le pouvait, Cléopâtre vivante,
car il craignait pour ses trésors, et il pensait que sa présence
contribuerait grandement à l'éclat de son triomphe.
Cependant, elle refusa de se rendre à Proculeius. Pour lui
parler, il s'approcha du mausolée mais resta dehors, à la porte
qui était de plain-pied avec le sol et se trouvait solidement
fermée tout en laissant un passage à la voix. Pendant cet
entretien, elle demanda la royauté pour ses enfants, et
Proculeius l'exhorta à avoir confiance et à s'en rapporter en
tout à Octave. […]

Quant au corps d'Antoine, bien qu'il fût réclamé
par plusieurs rois et généraux qui voulaient lui faire des

6. À 53 ans.
7. Son beau-frère, puisqu'Octavie, sœur d'Octave, avait épousé
Antoine.

funérailles, Octave ne l'enleva pas à Cléopâtre ; elle l'ensevelit de ses propres mains avec une magnificence royale, et elle put disposer à cette fin de tout ce qu'elle voulut. [...]

Mais Octave, soupçonnant l'intention de Cléopâtre, lui adressa des menaces et lui inspira des craintes pour ses enfants. Alors elle se rendit, comme minée par un travail de sape, et elle abandonna son corps à ceux qui voulaient prendre soin d'elle et la nourrir.

Octave laissa passer quelques jours, et vint ensuite lui-même pour s'entretenir avec elle et la consoler. Il la trouva misérablement couchée sur un grabat. À son entrée, elle bondit, vêtue d'une simple tunique, et se jeta à ses pieds, la tête et le visage affreusement flétris, la voix tremblante et les yeux battus. On voyait sur sa poitrine les marques des nombreux coups qu'elle s'était donnés. En un mot, son corps paraissait en aussi mauvais état que son âme.

Cependant le charme fameux dont elle était douée et l'orgueil que lui inspirait sa beauté n'étaient pas entièrement éteints, et, même dans l'abattement où elle se trouvait, ils jaillissaient encore de l'intérieur et apparaissaient dans les mouvements de son visage.

Octave l'ayant invitée à s'étendre à nouveau et s'étant assis près d'elle, elle entreprit de se justifier, en rejetant tout ce qu'elle avait fait sur la fatalité et sur la crainte qu'elle avait d'Antoine. Mais, comme Octave contestait et réfutait chacun de ses arguments, elle changea vite d'attitude et eut recours à la pitié et à la prière, comme si elle était une femme très attachée à la vie. Finalement, elle lui remit un inventaire de l'ensemble de ses richesses. Comme l'un de ses intendants lui reprochait de cacher et de détourner certains objets, elle se dressa soudain, le saisit aux cheveux et lui porta plusieurs coups au visage.

Octave se mettant à sourire chercha à la calmer.

— N'est-il pas horrible, dit-elle, alors que tu as daigné venir chez moi et me parler dans la triste situation où je me trouve, que mes esclaves m'accusent d'avoir mis de côté quelques bijoux de femme, non pas certes pour m'en parer, malheureuse que je suis, mais pour faire quelques légers présents à Octavie et à ta Livie, afin de te trouver, grâce à elles, clément et plus doux à mon égard ?

Ces paroles réjouirent Octave, qui crut qu'elle tenait tout à fait à la vie. Aussi lui dit-il qu'il lui abandonnait ces bijoux et que, pour le reste, elle serait traitée par lui de façon brillante et supérieure à tout espoir. Puis il se retira, persuadé qu'il l'avait trompée, alors qu'il s'était bien plutôt laissé tromper par elle.

Il y avait parmi les amis d'Octave un jeune homme illustre, Cornelius Dolabella qui n'était pas sans sympathie pour Cléopâtre. À ce moment, pour lui rendre service et à sa demande, il la fit avertir en secret qu'Octave, allant se retirer lui-même par terre en traversant la Syrie, avait décidé de la faire partir pour Rome trois jours après avec ses enfants. Ainsi prévenue, elle demanda d'abord à Octave la permission d'offrir des libations à Antoine. Il la lui accorda.

Plutarque, *Antoine*, 78, 4-6 et 82, 2, 5 – 84, 1-3.

La suite confirme, s'il en est besoin, que Cléopâtre ne sera pas la dupe d'Octave.

Alors elle se fit porter au tombeau et, se prosternant auprès du tertre funéraire avec ses suivantes ordinaires :

– Cher Antoine, dit-elle, quand je t'ai naguère enseveli, mes mains étaient encore libres, et maintenant que je verse ces libations, je suis captive et gardée à vue pour m'empêcher de maltraiter ce corps esclave par des coups, en me lamentant, et pour me réserver en vue du triomphe qui sera célébré sur toi. N'attends plus de moi d'autres honneurs et d'autres libations : ce sont les dernières que t'offre Cléopâtre, que l'on veut emmener.

Vivants, rien ne nous a séparés l'un de l'autre, mais nous risquons en mourant d'échanger nos pays l'un pour l'autre : toi, Romain, enterré ici, et moi, malheureuse, en Italie, une tombe étant la seule part de ton pays que j'aurai reçue.

Mais si les dieux de là-bas ont quelque force et quelque puissance (ceux d'ici nous ayant trahis), n'abandonne pas ta femme vivante, ne souffre pas qu'on triomphe de toi en ma personne ; cache-moi ici avec toi dans le même tombeau, car, parmi les maux sans nombre qui m'accablent, aucun n'a été aussi grand ni aussi affreux que ce peu de temps que j'ai vécu sans toi.

Après s'être ainsi lamentée, elle couronna de fleurs et embrassa la tombe, puis elle se fit préparer un bain. Une fois baignée, elle se mit à table et prit un repas somptueux.

Un homme arriva alors de la campagne, portant un panier. Comme les gardes lui demandaient ce qu'il contenait, il l'ouvrit, écarta les feuilles et leur montra qu'il était plein de figues. Les gardes admirant la beauté et la grosseur des fruits, l'homme sourit et les invita à en prendre.

Ainsi mis en confiance, ils le laissèrent entrer avec ce qu'il portait. Après son déjeuner, Cléopâtre prit une tablette qu'elle avait écrite et cachetée, et l'envoya à Octave, puis, ayant fait sortir tout le monde, à l'exception de ses deux femmes dont j'ai parlé, elle ferma la porte.

Quand Octave eut décacheté la tablette et lu les prières et les supplications par lesquelles elle lui demandait de l'ensevelir avec Antoine, il comprit aussitôt ce qu'elle avait fait. Il songea d'abord à aller lui-même à son secours, puis il envoya en toute hâte des gens pour voir ce qui s'était passé.

Le drame avait été rapide : venus en courant, ils surprirent les gardes qui ne s'étaient aperçus de rien, et, ouvrant la porte, ils trouvèrent Cléopâtre morte, couchée sur un lit d'or et vêtue de ses habits royaux[8]. L'une de ses suivantes, appelée Iras, expirait à ses pieds ; l'autre, Charmion, déjà chancelante et appesantie, arrangeait le diadème autour de la tête de la reine. Un des hommes lui dit avec colère :

— Voilà qui est beau, Charmion.

— Très beau, fit-elle, et digne de la descendante de tant de rois.

Elle n'en dit pas davantage et tomba sur place, près du lit.

Plutarque, *Antoine*, 84, 3-7 – 85.

Octave fit mettre à mort Antyllus, l'aîné des fils d'Antoine et de Fulvie, Antyllus à qui Antoine avait fait prendre la toge virile à son retour d'Actium.

Il fut livré par son précepteur Théodore et mis à mort ; les soldats lui ayant coupé la tête, le précepteur déroba une pierre d'une très grande valeur qu'Antyllus portait au cou, et la cousit dans sa ceinture. Il nia le vol, mais, ayant été pris sur le fait, il fut mis en croix.

Plutarque, *Antoine*, 81, 1-2.

Restaient six enfants, dont Cléopâtre Séléné, fille d'Antoine et de Cléopâtre, qui furent tous élevés à Rome, par Octavie.

Il y avait enfin Césarion, le « petit César » *qui intriguait tant Cicéron… Le fils de* « cette reine odieuse, arrogante… »

Césarion, que l'on disait fils du premier César, avait été envoyé par sa mère en Inde à travers l'Éthiopie, avec de grandes richesses. Mais un autre précepteur, nommé Rhodon, qui ne valait pas mieux que Théodore, le persuada de revenir à Alexandrie, en lui disant que César[9] l'appelait

8. Morte à trente-neuf ans d'une piqûre d'aspic ou d'empoisonnement ? Voir Plutarque, *Antoine*, 86, 1-6 et 8. « Elle avait régné vingt-deux ans dont plus de quatorze en compagnie d'Antoine. »

9. Octave.

à régner. Comme Octave délibérait à son sujet, on prétend qu'Aréios[10] lui dit :

– Il n'est pas bon qu'il y ait plusieurs Césars.

Octave fit donc tuer Césarion plus tard, après la mort de Cléopâtre.

Plutarque, *Antoine*, 81 – 82, 1.

10 Philosophe stoïcien d'Alexandrie. Il adressa une consolation à Livie lorsque mourut son fils Drusus.

OCTAVE EN PRIVÉ

Octave a vingt-neuf ans au lendemain des événements d'Alexandrie, mais sous sa cuirasse, l'homme le plus puissant du monde romain reste un inconnu. Nous l'avons à peine « vu ». Nous l'avons imaginé bien sûr. Son ambition, la réalisation de son grand dessein, quel qu'en soit le prix, son opiniâtreté nous sont désormais familiers. Mais à quoi ressemble-t-il ?

Octave était d'une rare beauté qui garda son charme tout le long de sa vie. Cependant, il négligeait toute coquetterie et s'attachait si peu à soigner sa chevelure qu'il occupait en toute hâte plusieurs coiffeurs à la fois. Quant à sa barbe, il la faisait tantôt tondre, tantôt raser et jusque pendant ce temps, il lisait ou même écrivait.

Son visage respirait tant de calme et de sérénité, soit dans la conversation, soit lorsqu'il se taisait, qu'un personnage considérable des Gaules, qui s'était fait admettre auprès de lui quand il traversait les Alpes, sous prétexte de l'entretenir, mais avec l'intention de le précipiter dans un abîme, fut incapable d'agir et tout apaisé, comme il l'avoua devant ses compatriotes.

Ses yeux étaient vifs et brillants. Il voulait même faire croire qu'il y avait dans son regard comme une autorité divine et, quand il le fixait sur quelqu'un, il aimait à lui voir baisser la tête, comme ébloui par le soleil.

Suétone, *Auguste*, 79, 1-3.

Dans son Histoire naturelle[1]*, Pline l'Ancien nous dit aussi qu'Octave* « avait les yeux glauques comme les chevaux, et le blanc en était plus grand que chez les autres hommes. »
Il portait des souliers dont il faisait rehausser les talons.

Sa taille était petite – cependant, Julius Marathus, son affranchi et son archiviste, rapporte qu'elle atteignait cinq pieds neuf pouces[2] –, mais cela ne se voyait point tant son corps était bien proportionné, et l'on ne pouvait s'en apercevoir qu'en le comparant à une personne plus grande, debout près de lui.

Suétone, *Auguste*, 79, 5.

Voilà pour les faits…
Mais le reste, peut-être, nous est conté avec plus de retenue.
Tacite le suggère en ouvrant ses Annales.

Les prospérités et les revers de l'ancienne république romaine ont été relatés par d'illustres écrivains, et l'époque d'Auguste n'a pas manqué de beaux talents pour la raconter jusqu'au jour où la croissance de l'adulation les en détourna.

Tacite, *Annales*, 1, 1.

Tacite insiste sur la prudence avec laquelle on doit accueillir les témoignages et les récits de cette époque.

Les huit cent vingt années de l'époque antérieure, depuis la fondation de Rome, ont été relatées par de nombreux auteurs qui le firent, aussi longtemps qu'ils racontaient l'histoire du peuple romain, avec autant d'éloquence que d'indépendance, mais quand on eut livré la bataille d'Actium et qu'il fallut, dans l'intérêt de la paix, concentrer tout le pouvoir sur un seul homme, ces grands génies du passé

---

1. Pline l'Ancien, *Histoire naturelle*, 11, 54, 2.
2. Environ 1,70 m.

disparurent. En même temps la vérité subit de multiples atteintes : d'abord, par l'ignorance des affaires publiques où l'on n'avait pas de part, puis, par l'esprit d'adulation ou, à l'inverse, par la haine contre les puissants. Ainsi, ni les uns ni les autres ne se souciaient de la postérité, qu'ils fussent hostiles ou serviles. Mais un historien qui fait sa cour a vite fait de provoquer l'aversion, tandis que le dénigrement et l'envie trouvent des oreilles complaisantes : c'est qu'à l'adulation s'attache un honteux grief de servitude, à la malignité un faux air d'indépendance.

Tacite, *Histoires*, 1, 1, 1.

S'agissant de la personnalité d'Octave, et des épisodes sulfureux qui nous parviennent, colportés par ceux qui furent ses ennemis, il faudra donc faire la part de la calomnie et de l'insulte. Mais comment passer sous silence ce que Suétone, le biographe, rapporte sans ambages ?

Octave passa pour s'être déshonoré, durant sa prime jeunesse, par divers opprobres. Sextus Pompée l'accusa d'être un efféminé. Marc Antoine, d'avoir acheté, par d'infâmes complaisances, l'adoption de son oncle[3]. De même, Lucius Antoine, le frère de Marc, prétendit qu'il avait encore, en Espagne, prostitué à Aulus Hirtius, moyennant 300 000 sesterces, sa vertu déflorée par César, et qu'il avait l'habitude de se brûler les poils des jambes avec une coquille de noix enflammée pour les faire repousser moins durs.

Suétone, *Auguste*, 68, 1.

Beaucoup plus tard, et peu avant la bataille d'Actium, Plutarque rapporte que l'on s'était gaussé un soir à la table de Cléopâtre, où le vin était un peu aigre, d'un certain jeune homme, « Sarmentus, qui, à Rome, buvait du Falerne. Ce Sarmentus

3. Voir Cicéron, *Philippiques*, 3, 6.

était un mignon d'Octave, un de ces garçons que les Romains appellent "délices"[4]. »

On parla beaucoup aussi d'un dîner secret donné par Auguste et que tout le monde appelait le festin des « douze dieux ». Les convives y parurent en effet travestis en dieux ou en déesses, et Auguste lui-même, déguisé en Apollon, à ce que leur reprochent non seulement les lettres de Marc Antoine, qui énumère tous leurs noms avec une cruelle ironie, mais encore ces vers anonymes et bien connus :

> Dès que cette table sacrilège eut embauché le maître du chœur[5],
> et que Mallia vit six dieux et six déesses,
> Quand César, dans son impiété, osa parodier Phébus,
> quand il régala ses convives des nouveaux adultères des dieux,
> Alors, toutes les divinités s'éloignèrent de ce monde,
> Jupiter lui-même s'enfuit loin de son trône doré.

Ce qui accrut le scandale de ce dîner, c'est que Rome souffrait alors cruellement de la disette et de la famine. Aussi, le lendemain, entendit-on crier « que les dieux avaient mangé tout le blé et que César était vraiment Apollon Bourreau », vocable sous lequel on honorait ce dieu dans un quartier de la ville.

Suétone, *Auguste*, 70, 1-2.

Parmi ces accusations, c'est l'imputation infâmante de sodomie qu'il réfuta les plus facilement par la correction de ses mœurs, soit à cette époque, soit plus tard.

Suétone, *Auguste*, 71, 1.

---

4. Plutarque, *Antoine*, 59, 8.
5. Auguste lui-même, jouant le rôle de Phébus. Au vers suivant, Mallia ne semble pas être le nom d'une femme, mais celui de la maison où le banquet eut lieu.

Cela ne l'empêcha pas de côtoyer les femmes.

Il avait eu comme fiancée, durant son adolescence la fille de P. Servilius Isauricus. Mais, lors de la réconciliation qui suivit son premier désaccord avec Marc Antoine, comme leurs deux armées insistaient pour qu'ils s'unissent également par un lien de parenté quelconque, il épousa Claudia, la belle-fille de Marc Antoine, fille de Fulvie et de P. Clodius, bien qu'elle fût à peine nubile. Puis, s'étant brouillé avec sa belle-mère Fulvie, il la renvoya encore vierge.

Plus tard, il prit pour femme Scribonia, veuve de deux consulaires et qui même avait eu des enfants de l'un d'eux. Cette fois encore, il divorça, « écœuré », comme il l'écrit lui-même, par le dérèglement de sa conduite.

Suétone, *Auguste*, 62, 1-3.

[En 39], les actes accomplis par les triumvirs depuis qu'ils étaient arrivés au pouvoir furent ratifiés par le Sénat et ils instituèrent des impôts supplémentaires parce que les dépenses étaient devenues bien supérieures à ce qui avait été établi au temps du premier César. Car, alors qu'ils engageaient des sommes énormes pour leur propre compte et surtout pour les soldats, ils éprouvaient de la honte à être les seuls à dépenser en violation de ce qui avait été fixé. C'est alors qu'Octave se rasa alors la barbe pour la première fois, il organisa une grande fête et offrit des réjouissances à tout le monde aux frais de l'État. Par la suite, il se rasa le menton comme les autres. Car il commençait à être amoureux de Livie.

Dion Cassius, *Histoire romaine*, 48, 34, 1-3.

Livie était la fille de Livius Drusus qui avait été sur la liste des proscrits et s'était tué après la défaite de Macédoine, et l'épouse de Tiberius Néron[6] qu'elle avait accompagné dans sa fuite [...], et elle était enceinte de lui de six mois. Comme, assurément, Octave ne savait que faire, il s'informa auprès des pontifes pour savoir s'il était permis de l'épouser alors qu'elle attendait un enfant.

Ceux-ci répondirent que, si la conception était douteuse, il fallait différer le mariage, mais que, celle-ci reconnue, rien n'empêchait désormais qu'il ait lieu. Ils avaient peut-être réellement trouvé cela dans les ordonnances ancestrales, mais ils l'auraient dit de toute façon, même s'ils ne l'avaient pas trouvé.

Son mari lui-même la donna en mariage comme un père. Et voici à peu près ce qui arriva lors du banquet : un des jeunes esclaves babillards, comme les femmes en entretiennent souvent, nus pour se divertir, voyant d'un côté Livie étendue en compagnie d'Octave et ailleurs Tiberius Néron en compagnie d'un autre convive, s'approcha d'elle et lui dit en lui montrant Tiberius Néron :

– Que fais-tu là, Maîtresse ? Ton mari est couché là-bas.

Ceci étant, Livie, mariée dès lors à Octave, mit au monde Claudius Drusus Néron. Octave à la fois reconnut l'enfant en le prenant dans ses bras et l'envoya à son père.

Il écrivit dans ses mémoires cela même : « Octave rendit à son père, Drusus Néron, l'enfant de Livie, sa propre épouse. »

Tiberius Néron, en mourant peu après, laissa Octave en personne tuteur de cet enfant et de Tibère.

Le peuple donc, entre autres bruits qu'il répandait à ce sujet, disait qu'aux gens heureux les enfants naissent en trois mois, et l'expression finit par devenir un proverbe.

Dion Cassius, *Histoire romaine*, 48, 44.

6. Tiberius Claudius Néron (vers 85-33), général et homme politique romain. Ancien officier de Jules César pendant la guerre en Égypte, il soutint les assassins de César puis pris le parti de Marc Antoine. Réfugié à Naples, puis en Sicile auprès de Sextus Pompée, en Achaïe enfin, il rentre à Rome à la suite des accords de Misène, en 38. L'année suivante, il est contraint d'abandonner son épouse à Octave.

Marc Antoine, le premier, reprochait à Octave ses abus. Comme chez Tiberius Néron où il avait été invité à dîner.

Marc Antoine lui a reproché d'avoir, sous les yeux du mari, fait sortir de table pour la conduire dans sa chambre la femme d'un consulaire qu'il ramena ensuite à sa place avec les oreilles rouges et la chevelure en désordre.

[Il lui reprocha aussi] d'avoir renvoyé Scribonia, parce qu'elle avait déploré avec trop de franchise qu'un homme sans mœurs eût un pouvoir excessif. Et encore, de s'être procuré des femmes par l'intermédiaire de ses amis, qui faisaient dévêtir, pour les examiner, des mères de famille et des jeunes filles adultes, soi-disant mises en vente par le marchand d'esclaves Toranius. Il écrivit même à Octave, avec sa familiarité ancienne, quand ils n'étaient pas encore entièrement brouillés ni en guerre :

« Pourquoi avez-vous changé à mon égard ? Est-ce parce que je pénètre une reine ? C'est ma femme. Est-ce d'aujourd'hui ou d'il y a neuf ans ? Et vous, pénétrez-vous seulement Drusilla ? Portez-vous bien, si au moment où vous lirez cette lettre, vous n'avez pas pénétré Tertulla, ou Terentilla[7], ou Rufilla, ou Salvia Titisenia, ou toutes les autres. Qu'importe en quel endroit et avec qui vous faites l'amour ! »

Suétone, *Auguste*, 69, 2-3.

Octave n'eut qu'un enfant.

Scribonia lui avait donné une fille, Julie, mais il n'eut pas d'enfant de Livie, quoiqu'il le désirât très vivement : Livie eut une grossesse, mais l'enfant naquit avant terme. Néanmoins, Livie donna à Octave jusqu'au bout une tendresse et une estime sans égales.

Suétone, *Auguste*, 63.

7. Terentia était l'épouse de Mécène, et la maîtresse d'Octave.

À quelqu'un qui lui demandait comment et par quelles actions elle avait gagné une telle influence sur Octave, elle répondit que c'est en étant elle-même très raisonnable, en agissant volontiers selon ses volontés, en ne s'occupant absolument pas de ses affaires, et en ne cherchant ni à savoir ni à entendre ce qui avait trait à ses plaisirs amoureux.

Dion Cassius, *Histoire romaine*, 58, 2, 5.

Quant à ses adultères, ses amis eux-mêmes ne les nient pas, mais ils les excusent en disant qu'il les commit à coup sûr non point par libertinage, mais par politique, pour découvrir plus facilement les desseins de ses adversaires, en questionnant leurs femmes.

Suétone, *Auguste*, 69, 1.

Il vivait modestement.

Il vivait sur le Palatin dans la maison modeste d'Hortensius[8] qui ne se distinguait ni par son ampleur ni par son luxe, car les colonnes de ses portiques, d'ailleurs peu développés, étaient en pierre du mont Albain, et dans les appartements ne se voyait ni marbre ni précieuse mosaïque. Pendant plus de quarante ans, il coucha dans la même chambre, hiver comme été, quoiqu'il constatât qu'en hiver le climat de Rome était contraire à sa santé et bien qu'il y passât régulièrement cette saison.

Pour le cas où il voulait travailler dans la solitude ou sans être dérangé, il possédait à l'étage supérieur un cabinet spécial, qu'il appelait son « Syracuse» et son atelier. C'est là qu'il se retirait, ou encore dans la maison de banlieue d'un de ses affranchis. Quand il était malade, il couchait dans la maison de Mécène. Ses lieux de villégiature favoris furent la côte et les îles de la Campanie, ou les villes voisines de Rome,

8. Quintus Hortensius Hortalus, orateur, ami de Cicéron.

Lanuvium, Préneste, Tibur[9], localité où très souvent même il rendit la justice sous les portiques du temple d'Hercule. Il détestait les maisons de campagne immenses et luxueuses. Et même, sa petite-fille Julie s'en étant fait construire de splendides, il ordonna de les raser au niveau du sol. Quant aux siennes, bien qu'elles fussent modestes, il les embellissait en les ornant moins de statues et de tableaux que de colonnades et de bosquets, ainsi que de curiosités antiques et rares, comme ces restes énormes de bêtes monstrueuses découverts à Capri[10] et que l'on appelle les os des géants et les armes des héros.

Suétone, *Auguste*, 72, 2-6.

Livie avait dédié un sanctuaire magnifique en témoignage de la concorde qui régnait entre elle et son cher époux. À cet endroit, auparavant, était édifiée une vaste demeure.

À elle seule, cette demeure correspondait à l'étendue d'une ville et occupait une superficie supérieure à celle qu'occupent beaucoup de cités à l'intérieur de leurs murs. Elle fut nivelée au sol, non pas que son propriétaire fut accusé d'aspirer à la royauté, mais parce que ce luxe paraissait un précédent dangereux. Octave prit sur lui de faire démolir un si vaste ensemble et de renoncer à un si fastueux héritage : c'est ainsi que s'exerce la censure, ainsi que se donne l'exemple, quand l'auteur de prescriptions à l'usage d'autrui les applique à soi-même.

Ovide, *Fastes*, 6, 640-649.

Il éloignait de lui tout ce qui pouvait paraître ostentatoire.

Son matériel domestique et son mobilier étaient des plus simples. [...] Des lits et des tables dont la plupart

9. Lanuvio, Palestrina et Tivoli.
10. Île de la baie de Naples qu'Auguste a achetée aux Napolitains.

conviendraient à peine à un simple particulier. Il ne coucha même, dit-on, que sur un lit bas et sans riches couvertures.

Il ne portait guère d'autre costume qu'un vêtement d'intérieur confectionné par sa sœur, sa femme, sa fille et ses petites-filles. Ses toges n'étaient ni serrées, ni lâches. Sa bande de pourpre, ni large, ni étroite, ses chaussures, un peu hautes pour le faire paraître un peu plus grand. Il tint toujours prêts dans sa chambre un costume de ville et des souliers pour les cas imprévus.

Il donnait constamment des repas, mais toujours dans les règles, et non sans tenir grand compte des rangs et des personnes. Valerius Messala rapporte qu'il ne reçut jamais à sa table aucun affranchi, sauf Menas, et encore seulement après l'avoir assimilé aux citoyens de naissance libre parce qu'il lui avait livré la flotte de Sextus Pompée.

Il écrit lui-même qu'un jour, il invita un affranchi, dont il se trouvait l'hôte à la campagne et qui avait jadis appartenu à sa garde.

Parfois, il arrivait en retard ou partait avant la fin du repas, car les convives commençaient à dîner sans attendre qu'il fût là, et restaient après son départ.

Il faisait servir trois plats, ou six au maximum, dans les plus grandes occasions, mais s'il modérait la dépense, il déployait toute son amabilité. En effet, quand les convives se taisaient ou causaient à voix basse, il provoquait une conversation générale, et faisait venir au cours du repas des artistes, ou même de vulgaires pantomimes du cirque, et plus fréquemment des bouffons.

Suétone, *Auguste*, 73-74.

En fait de nourriture, car je ne veux pas négliger même ces détails, il était fort sobre et de goûts presque vulgaires. Ce qu'il préférait, c'était le pain de ménage, les petits poissons, le fromage de vache pressé à la main, et les figues fraîches, de cette espèce qui donne deux fois l'an. Il mangeait même avant le dîner, à toute heure et en tout lieu, suivant les exigences de son estomac. Il dit lui-même dans une de ses lettres : « En voiture, nous avons goûté avec du pain et des dattes ».

Dans une autre : « Pendant que ma litière me ramenait de la galerie chez moi, j'ai mangé une once de pain et quelques grains d'un raisin dur ».

Ailleurs encore : « Mon cher Tibère, même un Juif, le jour du sabbat, n'observe pas aussi rigoureusement le jeûne[11] que je l'ai fait aujourd'hui, car c'est seulement au bain, passé la première heure de la nuit, que j'ai mangé deux bouchées avant que l'on se mit à me frictionner. » Cet appétit capricieux l'obligeait parfois à dîner tout seul, soit avant, soit après un banquet, alors qu'il ne prenait rien au cours du repas.

Il était également très sobre de vin, par nature. Il ne buvait d'ordinaire pas plus de trois fois par repas lorsqu'il campait devant Modène, à ce que rapporte Cornelius Nepos[12]. Plus tard, dans ses plus grands excès, il ne dépassa pas douze cyathes[13], ou, s'il venait à les dépasser, il vomissait. Il préféra entre tous les vins de Rhétie[14] et ne but pas en général au cours de la journée. Pour se désaltérer, il prenait un morceau de pain trempé d'eau fraîche, une tranche de concombre, un pied de petite laitue ou bien un fruit très juteux, récemment cueilli ou conservé.

11. C'est par ignorance des mœurs juives qu'Octave s'exprime ainsi, car les Juifs n'avaient pas l'habitude de jeûner le jour du sabbat.
12. Écrivain et chroniqueur, ami de Cicéron.
13. Les esclaves avaient l'emploi de mêler le vin et l'eau et de verser ce mélange aux convives. Ils avaient un petit gobelet, nommé *cyathus*, qui leur servait de mesure et qui contenait la douzième partie d'un *sextarius* (un litre).
14. Possession romaine dans les Alpes qui correspond au sud de la Bavière et du Tyrol tels que nous les connaissons aujourd'hui.

Après les repas de midi, sans quitter ses vêtements ou ses chaussures ni se couvrir les pieds, il faisait une courte sieste, en tenant sa main sur ses yeux.

Suétone, *Auguste*, 76-78,1.

C'est une sorte de règle qui semble présider à l'organisation des journées d'Octave. Et il en va de même, si l'on peut dire, pour ses nuits. On sent un souci de rigueur pour prendre en compte ce que l'on pourrait appeler le caractère très aléatoire de son sommeil.

Au sortir du dîner, il se retirait dans une petite litière destinée à ses veilles. Il y demeurait tard dans la nuit, jusqu'à ce que le reste de sa besogne quotidienne fut achevé ou près de l'être. Ensuite, il passait dans son lit et dormait sept heures au maximum. Mais ce n'était pas d'un seul trait, car dans ce laps de temps, il se réveillait trois ou quatre fois.

Une fois réveillé, s'il ne pouvait, comme il arrive, retrouver le sommeil, il faisait appel, afin de se rendormir, soit à des lecteurs, soit à des diseurs de contes, et souvent, prolongeait son somme jusqu'à l'aurore. Jamais il ne veilla dans l'obscurité sans avoir quelqu'un auprès de lui.

Il lui était pénible de se lever matin. Aussi, quand il lui aurait fallu se lever de trop bonne heure pour un devoir de politesse ou pour un sacrifice, afin d'éviter cet inconvénient, il allait se coucher à proximité, chez quelqu'un de sa maison, dans une chambre haute. Souvent, malgré cela, il avait encore besoin de sommeil et dormait profondément tandis qu'on le transportait à travers la ville et quand un retard quelconque arrêtait sa litière.

Suétone, *Auguste*, 78.

Il faut peut-être se remémorer les exaspérations de Marc Antoine face aux absences d'Octave à certains moments cruciaux. Le besoin d'aller le tirer du sommeil à l'heure où il fallait donner le signal de l'attaque avant la bataille de Nauloque, face à Sextus Pompée…

*Octave, bientôt maître absolu de l'empire romain, restera affublé,
tout au long de son existence, d'une image incompatible avec ce
qu'il incarne. Non pas, loin de là, une image de faiblesse, mais
une image de fragilité.*

En hiver, il portait, sous une toge épaisse, quatre tuniques,
une chemise, un plastron de laine et des bandes autour des
cuisses et des jambes. En été, il couchait dans sa chambre,
les portes ouvertes, et souvent sous le péristyle[15], à côté d'un
jet d'eau, ou même en se faisant éventer par un esclave. Le
soleil l'éprouvait même en hiver et, fût-ce dans son intérieur,
il ne se promenait en plein air que coiffé d'un pétase[16]. Il
voyageait en litière, presque toujours la nuit, et lentement,
par petites étapes, mettant deux jours pour aller à Préneste
ou à Tibur. Quand il pouvait faire un trajet par mer, il
préférait ce mode de transport.

C'est à force de soins qu'il soutenait une santé aussi
faible, et surtout en prenant peu de bains. Il se faisait
souvent frictionner le corps ou transpirait à côté du feu,
puis il se douchait avec de l'eau tiède ou légèrement
échauffée en plein soleil. Mais toutes les fois que son
état nerveux lui imposait les bains de mer ou les eaux
thermales d'Albula[17], il se contentait de s'asseoir sur un
tabouret de bois, auquel il donnait lui-même le nom
espagnol de « dureta », et de plonger alternativement
dans l'eau ses mains et ses pieds.

Suétone, *Auguste*, 82.

15. Cour ou jardin entouré de colonnes formant un portique, sous
lequel s'ouvraient les appartements de la maison romaine.
16. Chapeau à larges bords.
17. Sources d'eau sulfureuse, voisines du Tibre. Aujourd'hui Bagni.

172   *La véritable histoire d'Auguste*

Son corps était couvert de taches, de signes naturels, parsemés sur sa poitrine et sur son ventre, qui reproduisaient par leur disposition et par leur nombre la figure de l'Ourse.

Suétone, *Auguste*, 80, 1.

Voilà bien la marque de la superstition, caractéristique de la société romaine. Octave y était sensible, lui aussi, et au plus haut point. La foudre tombe-t-elle près de sa maison ? Il y édifie un temple. Il cherchera toujours à se protéger des éclairs, pour lesquels « il éprouve une terreur un peu maladive[18] ».

Pour s'en préserver, il emportait toujours dans ses déplacements la peau d'un veau marin[19], et, à la moindre menace d'orage, il se réfugiait dans un abri voûté, parce qu'il avait été autrefois bouleversé par le passage d'un éclair durant une marche de nuit.

Suétone, *Auguste*, 90, 1.

Il était vraiment superstitieux.

Si le matin, il se chaussait de travers, mettant au pied droit son soulier gauche, il voyait là un signe funeste. Quand il partait pour un long voyage, sur terre ou sur mer, si par hasard il tombait de la rosée, c'était pour lui un signe favorable présageant un heureux retour [...]. Il avait également la superstition de certaines dates : il n'entreprenait pas d'affaire sérieuse le jour des nones[20]. Il voulait seulement, comme il l'écrivit à Tibère, éviter ainsi le mauvais présage des mots[21].

Suétone, *Auguste*, 92.

---

18. Suétone, *Auguste*, 90, 1.
19. « Veau marin », *phoca* en latin, est le nom donné au phoque.
20. Le 5ᵉ ou le 7ᵉ jour du mois.
21. Le mot *nonis* peut se décomposer en *non is*, (« tu ne vas pas, tu ne pars pas »), ce qui semblait à Octave un avertissement.

L'AVÈNEMENT D'AUGUSTE

Revenons à l'Histoire, et écoutons Tacite.

La ville de Rome fut d'abord soumise à des rois. La liberté et le consulat furent établis par L. Brutus. On recourait pour un temps à la dictature. L'autorité décemvirale ne dépassa pas deux années et le pouvoir consulaire des tribuns militaires ne resta pas toujours en vigueur. Ni la domination de Cinna ni celle de Sylla ne furent durables. De même, la puissance de Pompée et de Crassus passa bientôt à César, les armes de Lépide et d'Antoine à Auguste, qui recueillit le monde, fatigué des guerres civiles, sous son pouvoir suprême, en prenant le nom de Prince [...]

Lorsque la mort de Brutus et de Cassius eut désarmé la République, quand Pompée eut subi un désastre aux abords de la Sicile et que la déchéance de Lépide et la disparition de Marc Antoine n'eurent laissé au parti julien[1] lui-même d'autre chef qu'Octave, celui-ci abandonna le titre de triumvir, se présenta comme consul en déclarant qu'il lui suffirait, pour protéger la plèbe, de la puissance tribunitienne. Après avoir séduit le soldat par des largesses, le peuple par la distribution de vivres, tout le monde par la douceur de la paix, il s'élève progressivement et tire à lui les attributions du Sénat, des magistrats, des lois, sans que personne ne s'y oppose, car les plus acharnés avaient péri dans les batailles ou par la proscription et les nobles qui subsistaient recevaient, en fonction de leur empressement à la servitude, richesses et

---

1. Celui des partisans de Jules César.

dignités et, fortifiés par le changement de régime, préféraient la sécurité du présent à l'incertitude du passé.

Tacite, *Annales*, 1, 1 et 2, 1.

Octave songea par deux fois à rétablir la République : d'abord, aussitôt après avoir écrasé Marc Antoine, en se rappelant que ce dernier lui avait bien souvent objecté qu'il était le seul obstacle à son rétablissement. Puis, de nouveau, dans le découragement où le jeta une longue maladie. Cette fois, il fit même venir chez lui les magistrats et les sénateurs, auxquels il remit une statistique de l'Empire[2].

Mais, réfléchissant que le retour à la vie privée ne serait pas sans danger pour lui, et que d'autre part, il était imprudent de remettre l'État entre les mains de plusieurs, il conserva le pouvoir sans qu'on puisse dire lequel fut le meilleur, du résultat ou de l'intention.

Suétone, *Auguste*, 28, 1-2.

Sa résolution étant prise, il lui fallait prendre tout le pouvoir sans paraître, un seul instant, vouloir l'accaparer. Ce jour de 27, il se rend au Sénat. C'est un homme fort, déterminé, arrogant aussi, qui affiche sa puissance, revêtu pour la septième fois de l'autorité consulaire, et qui, incroyablement, apparaît soudain comme l'incarnation de l'humilité.

Il prend la parole devant les sénateurs, après avoir sondé l'état d'esprit de ceux d'entre eux qui lui étaient les plus favorables.

— Mon projet, Pères Conscrits, paraîtra, je le sais, incroyable à quelques-uns d'entre vous. Ce qu'aucun de vous qui m'écoutez ne voudrait faire lui-même, il refuse

2. « Mentionnant combien il y avait de soldats sous les drapeaux, sur l'ensemble du territoire, combien il y avait d'argent dans le trésor, dans les caisses impériales et ce qui restait des revenus publics. » Suétone, *Auguste*, 101, 6.

de le croire de la bouche d'un autre, d'autant plus que tout homme, par une jalousie naturelle envers tout ce qui est au-dessus de lui, est plus porté à se méfier d'un langage qui dépasse ses limites. […]

Il est en mon pouvoir de régner sur vous à perpétuité, vous le voyez vous-mêmes : le parti opposé à moi a été, tout entier, ou réprimé par les supplices, ou ramené à la raison par ma clémence. Celui qui m'était favorable s'est, en retour de mes bienfaits, enchaîné à ma personne et fortifié par la part qu'il prend aux affaires. En sorte que nul ne désire une révolution, et que, s'il survenait quelque événement de ce genre, il ne serait que plus facile pour moi d'y résister. Mes troupes sont remplies d'ardeur, de dévouement et de force. J'ai de l'argent, des alliés, et, ce qui est le plus important, vos dispositions et celles du peuple à mon égard sont telles que c'est votre ferme volonté de m'avoir à votre tête.

Dion Cassius, *Histoire romaine*, 53, 3, 1 – 4, 3.

L'entrée en matière témoigne d'une belle assurance. L'idée même du règne répugne tant aux Romains qu'il faut ne pas manquer d'audace pour la manier ainsi. Mais le plus audacieux reste à venir.

— Cependant je ne serai pas plus longtemps votre chef, et personne ne me dira que, dans tout ce que j'ai fait précédemment, j'ai agi en vue du pouvoir absolu : je dépose tout pouvoir, je vous remets tout sans réserve, les lois, les provinces, non pas seulement celles que vous m'avez confiées, mais aussi celles que je vous ai conquises depuis, afin que vous appreniez, par mes actes mêmes, que, dans le principe, je n'ai désiré aucune puissance, mais que mon intention véritable n'a été que de venger mon père misérablement égorgé et d'arracher la ville à de grandes et continuelles calamités.

Plût aux dieux que je n'eusse pas eu cette tâche à entreprendre. Plût aux dieux que Rome n'eût pas eu un pareil service à réclamer de moi, que nous eussions toujours, comme autrefois nos pères, nous les hommes de ce siècle, vécu dès le principe au sein de la paix et de la concorde.

Mais puisqu'une destinée, comme il est vraisemblable, vous a réduits à avoir besoin de moi, quoique bien jeune alors encore, et à me mettre à l'épreuve, tant que les affaires ont réclamé mon assistance, j'ai tout fait avec un zèle au-dessus de mon âge, j'ai tout accompli avec un bonheur au-dessus de ce que mes forces comportaient.

Rien ne m'a détourné de vous prêter mon assistance dans vos dangers, ni fatigues, ni crainte, ni menaces d'ennemis, ni prières d'amis, ni multitude de séditieux, ni délire d'adversaires. Je me suis livré à vous sans réserve, en vue de tous les hasards, j'ai exécuté et subi ce que vous savez.

De cela je n'ai, moi, retiré aucun profit, excepté la délivrance de la Patrie. Vous, vous avez acquis la sûreté et le repos. Puisque donc la fortune favorable vous a rendu par moi une paix sans danger, une concorde à l'abri des séditions, reprenez, et la liberté, et le gouvernement républicain. Recevez aussi les armes et les peuples soumis, et gouvernez-vous selon vos anciens usages.

Que de tels sentiments ne vous surprennent point, lorsque vous pouvez voir ma clémence, ma douceur, mon amour du repos dans toutes les autres circonstances, lorsque vous pouvez, en outre, considérer que je n'ai jamais accepté aucun honneur exagéré ni plus élevé que le commun des citoyens, bien que maintes fois maints décrets de votre part m'en aient décernés.

Ne m'accusez pas non plus de folie parce que, lorsqu'il est en mon pouvoir de vous commander et d'être à la tête d'une si grande portion de l'univers, je ne le veux pas.

Pour moi, si l'on examine la justice, j'estime qu'il est très juste que vous administriez vous-mêmes vos affaires. Si l'on examine l'intérêt, je regarde comme l'intérêt le plus grand, pour moi, de ne pas avoir d'embarras et de n'être en butte ni à l'envie ni aux complots, et pour vous, de jouir en liberté d'un gouvernement sage et de votre choix. Si l'on examine la gloire, motif qui souvent décide bien des gens à entreprendre des guerres et à s'exposer aux périls, comment n'acquerrai-je pas une illustre renommée en renonçant à un si grand Empire ? Comment n'acquerrai-je pas une grande gloire pour avoir, descendant d'un poste si élevé, consenti à être simple particulier ?

Ainsi donc, si quelqu'un de vous ne croit pas qu'un autre puisse en réalité penser et dire véritablement de telles choses, qu'il ait, du moins, confiance en moi. En effet, quels que soient la grandeur et le nombre des bienfaits que je pourrais citer de moi et de mon père envers vous, bienfaits pour lesquels nous méritons, par-dessus tous les autres, votre amour et vos honneurs, je n'en citerai pas de plus grand, je ne me vanterai d'aucun autre que de celui-ci : il n'a pas voulu, lorsque vous le lui offriez, accepter le pouvoir monarchique, et moi, qui le possède, je le dépose.

Dion Cassius, Histoire romaine, 53, 5-6.

Il semble vraiment vouloir renoncer à toute responsabilité pour vivre dans le repos.

– Où trouver, en effet, pour ne point parler de nouveau de mon père qui est mort, un homme plus magnanime que moi ou plus favorisé des dieux ?

Que moi qui, par Jupiter et Hercule ! ayant des soldats si nombreux et si pleins de valeur, des citoyens, des alliés dont je suis aimé, maître, à peu d'exceptions près, de toute la mer située dans l'intérieur des colonnes d'Hercule[3], possédant sur tous les continents des villes et des provinces, n'ayant plus ni guerre au dehors ni sédition au dedans, lorsque tous vous jouissez de la paix et de la concorde, lorsque vous êtes

---

3. C'est-à-dire toute la mer Méditerranée jusqu'au rocher de Gibraltar.

pleins de force, et, ce qui est le plus important, lorsque vous
m'obéissez volontairement, me décide librement et de mon
plein gré à quitter une telle puissance, à renoncer à un si
grand patrimoine ? [...]

Je suis accablé de fatigues et de peines. Ni mon esprit ni
mon corps n'y peuvent résister davantage. De plus, je prévois
l'envie et la haine, naturelles chez certaines gens, même à
l'égard des hommes les plus vertueux, et les complots qui
en sont la suite. C'est pour ce motif que je préfère la sûreté
d'une condition privée entourée de gloire aux dangers d'un
pouvoir monarchique. Les affaires communes, réglées en
commun et par plusieurs à la fois, et ne dépendant pas de
la volonté d'un seul, seront beaucoup mieux administrées.

C'est pour cela que je vous prie, que je vous conjure tous
d'approuver et d'accueillir favorablement cette résolution,
en considération de tout ce que j'ai fait pour vous, et dans
la guerre et dans mon administration politique, et, en
témoignage de votre entière reconnaissance, de me permettre
de vivre désormais au sein du repos. Vous pourrez voir aussi
que, si je sais commander, je sais aussi obéir, et que tout
ce que j'ai imposé aux autres, je puis souffrir qu'il me soit
imposé à moi-même. J'ai le ferme espoir de vivre en sûreté
et de n'avoir à redouter de personne aucune offense, ni en
paroles, ni en actions, tant, d'après la conscience de mes
actes, je m'assure en votre bienveillance pour moi.

Mais, dussé-je éprouver l'un de ces accidents qui arrivent
à bien des gens, il est impossible, en effet, principalement
quand on a été mêlé à tant de guerres, étrangères et civiles,
et qu'on s'est trouvé à la tête d'affaires si graves, de plaire à
tous, je suis tout disposé à préférer mourir simple particulier,
avant le terme fixé par le destin, plutôt que de devenir
immortel en exerçant le pouvoir monarchique.

Il serait d'ailleurs glorieux encore pour moi, qui n'ai mis
personne à mort pour maintenir mon autorité, de succomber
pour n'avoir pas exercé le pouvoir monarchique, et celui

qui aurait osé me tuer serait, de toute façon, puni et par la divinité et par vous. C'est ce qui est arrivé pour mon père : car il a été proclamé égal aux dieux, et il a obtenu des honneurs éternels, tandis que ses meurtriers ont, misérables, misérablement péri.

Nous ne saurions devenir immortels. Cependant une belle vie, une belle mort, nous acquièrent en quelque sorte ce privilège. C'est pour ce motif que, déjà en possession de l'un et espérant posséder l'autre, je vous remets les armes, les provinces, les revenus et les lois, me contentant de vous dire quelques paroles seulement, de peur que, par crainte de la grandeur et aussi de la difficulté des affaires, vous ne vous découragiez, ou bien que, par dédain, vous ne les négligiez comme pouvant être facilement administrées.

Dion Cassius, Histoire romaine, 53, 8-9.

Après avoir ainsi savamment manié le ton de l'humilité, Octave s'adresse au Sénat d'une façon toute paternelle, et ne se prive pas de donner à l'assemblée les conseils que seule l'expérience permet de prodiguer. Leçon de sagesse non dépourvue d'autorité. C'est dire le rapport de force entre un consul de trente-cinq ans et une classe politique vieillie, épuisée par les conflits.

– Je n'hésiterai pas néanmoins à vous suggérer sommairement, sur chacun des points principaux, les mesures qu'il faut adopter. Quelles sont donc ces mesures ?

D'abord, maintenez fortement les lois établies et n'en changez aucune ; car persister dans la même voie, lors même qu'elle serait moins bonne, est plus avantageux que d'innover sans cesse, même avec une apparence d'amélioration.

Ensuite, toutes leurs prescriptions et toutes leurs défenses, observez-les, non pas seulement dans vos paroles, mais aussi dans vos actions, non pas seulement en public, mais aussi en particulier, si vous ne voulez pas être punis, mais récompensés.

Confiez le gouvernement des provinces, tant celles qui sont pacifiées que celles où règne encore la guerre, aux hommes les plus vertueux et les plus capables, sans porter envie à aucun d'eux, mais en rivalisant de zèle, non pour faire prévaloir celui-ci sur celui-là, mais pour procurer à l'État le salut et la prospérité.

Récompensez les citoyens qui se conduisent ainsi, punissez ceux qui se conduisent autrement. Faites que vos intérêts privés soient les intérêts communs de l'État, abstenez-vous des biens publics comme de biens étrangers.

Conservez soigneusement votre fortune et ne désirez pas celle qui ne vous appartient point ; n'outragez et ne pillez ni les peuples alliés ni les peuples soumis, n'attaquez pas les ennemis et ne les redoutez pas.

Ayez toujours les armes en main, mais non pour vous en servir les uns contre les autres, ni contre ceux qui sont en paix. Entretenez suffisamment les soldats, pour que le besoin ne leur fasse pas convoiter rien de ce qui est à autrui ; mais, en même temps, contenez-les et disciplinez-les de façon que leur licence ne cause aucun mal.

Mais à quoi bon m'étendre en longs discours pour vous exposer tout ce qu'il convient de faire, quand vous pouvez comprendre aisément, d'après ces paroles, le reste des mesures que vous devez adopter ?

Encore un mot, et je finis : si vous gouvernez de la sorte, vous serez heureux et vous me comblerez de joie, moi qui, vous ayant trouvés en proie à des séditions funestes, vous ai amenés à l'état actuel. Mais, si vous êtes incapables d'exécuter rien de tout cela, vous me ferez repentir et vous précipiterez de nouveau l'État dans des guerres nombreuses et dans de grands périls.

Dion Cassius, *Histoire romaine*, 53, 10.

Il faut évidemment imaginer le trouble dans lequel le discours d'Octave plongea les sénateurs. Leurs sentiments étaient plutôt partagés.

Pour garder tous les pouvoirs, il fallait, de façon spectaculaire, annoncer qu'on ne voulait plus les assumer. Cela ressemble à un coup de dés, un des jeux préférés d'Octave. Mais un coup de dés bien politique. Et l'on sait qu'à ce jeu-là, Octave, le manipulateur, est déjà un maître.

Un petit nombre d'entre eux, en effet, connaissait ses intentions et lui prêtait son concours. Parmi les autres, certains suspectaient ses paroles, d'autres y ajoutaient foi, et, d'une part comme de l'autre, ils admiraient également, ceux-ci son artifice, ceux-là sa résolution. Ceux-ci s'affligeaient de son hésitation, ceux-là de son repentir.

Quelques-uns, en effet, commençaient à haïr le gouvernement populaire comme un gouvernement fertile en séditions. Ils approuvaient le changement de la Constitution. Ils aimaient Octave, et, malgré la diversité de leurs sentiments, ils avaient des pensées semblables. Car, tout en croyant à la vérité de ses paroles, ils ne pouvaient être contents, les uns à cause de leurs craintes, les autres à cause de leurs espérances ; ils n'osaient pas non plus, en témoignant leur incrédulité, le blâmer ou l'accuser, ceux-ci parce qu'ils avaient peur, ceux-là parce qu'ils n'en avaient pas le dessein.

Aussi tous, nécessité ou feinte, le crurent. Ceux-ci n'osaient pas, ceux-là ne voulaient pas le louer. Plusieurs fois, soit pendant le cours de sa lecture, soit encore après, ils firent entendre leurs cris pour le prier d'accepter un pouvoir monarchique et pour lui suggérer toutes les raisons propres à l'y décider, et ils ne cessèrent que lorsqu'ils l'eurent forcé de prendre l'autorité absolue.

Alors Octave fit aussitôt rendre un décret accordant aux soldats prétoriens une paye double de celle des autres, afin d'avoir une garde véritable.

Telle est la vérité sur le désir qu'il eut de renoncer à la monarchie.

Dion Cassius, *Histoire romaine*, 53, 11.

De fait, le voici empereur. Non seulement, Octave n'était pas décidé à céder le pouvoir mais les mesures qu'il prend immédiatement montrent bien que sa démarche devant le Sénat était mûrement réfléchie.

Ce fut de cette manière qu'il se fit confirmer l'Empire par le Sénat et par le peuple. Voulant néanmoins paraître populaire, il se chargea de la surveillance et de la direction de toutes les affaires publiques, parce qu'elles réclamaient des soins, mais il déclara qu'il ne gouvernerait pas seul toutes les provinces, et que celles dont il aurait le gouvernement, il ne les garderait pas tout le temps. Il remit au Sénat les plus faibles, comme étant pacifiées et exemptes de guerre.

Quant aux plus fortes, il les retint comme présentant des périls et des dangers, soit parce qu'elles étaient voisines des ennemis, soit parce qu'elles étaient capables encore, par elles-mêmes, de causer quelque grande agitation. Si l'on s'en tenait aux apparences, c'était pour que le Sénat pût sans crainte jouir des plus belles, tandis que, lui, il aurait les fatigues et les dangers. Mais en réalité, sous ce prétexte, les provinces les plus faibles seraient sans armes et sans forces, tandis que lui seul aurait des armées à sa disposition et entretiendrait des soldats.

Dion Cassius, *Histoire romaine*, 53, 12, 1-4.

Autre préoccupation, éviter de faire naître l'impression d'un passage à un pouvoir illimité dans le temps.

Octave voulant, même dans ces conditions, écarter aussi loin que possible l'idée de tout projet monarchique, se chargea pour dix ans du gouvernement des provinces qui lui étaient données ; il promit de rétablir l'ordre dans cet espace de temps, et il ajouta que, si elles étaient pacifiées plus tôt, il les rendrait plus tôt. [...]

En fait, Octave, attendu qu'il était maître des finances – en apparence le Trésor public était distinct du sien, mais, en réalité, les dépenses se faisaient à son gré – et qu'il avait l'autorité militaire, devait exercer en tout et toujours un pouvoir souverain : quand les dix ans se furent écoulés, un décret y ajouta cinq autres années, puis encore cinq, ensuite dix, puis encore dix nouvelles, en cinq fois différentes. Ainsi, par cette succession de périodes décennales, il régna toute sa vie.

C'est pour cela que les empereurs qui lui succédèrent, bien que non élus pour un temps déterminé, mais une seule fois pour tout le temps de leur vie, ne laissèrent pas de célébrer chaque fois cette période de dix ans, comme étant une époque de renouvellement de leur autorité.

Dion Cassius, *Histoire romaine*, 53, 13, 1 et 16, 1-3.

Dans un premier temps, après avoir accepté l'empire, Octave sera le Princeps senatus, *le premier des sénateurs.*

Octave, donc, avait auparavant déjà, lors de son discours pour refuser la royauté, reçu de nombreux privilèges : on avait décrété que des lauriers seraient placés devant son habitation souveraine et qu'une couronne de chêne y serait suspendue, comme s'il ne cessait de vaincre les ennemis et de sauver les citoyens.

Or, on donne le nom de palais à la demeure de l'empereur, non qu'il lui ait été jamais attribué par une décision publique, mais parce qu'Octave habitait sur le Palatin, qu'il y avait son *pretorium*[4], et que sa maison emprunta un certain éclat à la

---

4. Initialement, la tente du général dans un campement de l'armée romaine.

montagne entière qui avait autrefois été habitée par Romulus.
C'est aussi pour cela que, lors même que l'empereur loge
autre part, sa résidence n'en prend pas moins le nom de palais.

Après qu'Octave eut mis ses promesses à exécution, le
surnom d'Auguste fut ajouté à son nom par le Sénat et par
le peuple. Comme on avait résolu de lui donner un titre en
quelque sorte particulier, et que les premiers proposaient
et approuvaient une résolution, et les seconds, une autre,
Octave désirait vivement être nommé Romulus ; mais
s'étant aperçu que ce serait se faire soupçonner d'aspirer à
la royauté, il y renonça et fut appelé Auguste, comme étant
plus qu'un homme.

> Dion Cassius, *Histoire romaine*, 53, 16, 4-6.

Ce surnom lui fut donné par le Sénat, sur la motion de
Munatius Plancus[5], car ce terme, dérivé soit d'*auctus*[6], soit
de l'expression *avium gestus*[7] ou *gustus*[8], s'applique également
aux lieux sanctifiés par la religion et dans lesquels on fait
une consécration quelconque, après avoir pris les augures,
comme l'indique le vers d'Ennius : « Après que l'illustre
Rome eut été fondée sous d'augustes augures. »

> Suétone, *Auguste*, 7, 4.

Ce fut ainsi que la puissance du peuple et du Sénat passa
tout entière à Auguste[9], et qu'à partir de cette époque fut
établie une monarchie pure. On peut avec vérité appeler

---

5. Lucius Munatius Plancus (87-15). Ancien officier de Jules César
pendant la guerre des Gaules, puis la guerre civile contre Pompée le
Grand. Il devint ensuite consul et sénateur.

6. « Grandi, augmenté ».

7. « Le geste des oiseaux ».

8. « Le goût des oiseaux ».

9. À partir de janvier 27, Octave est devenu Auguste et c'est
désormais ainsi que ce récit se référera à lui.

cela une monarchie, bien que le pouvoir ait été quelquefois exercé par deux ou par trois chefs à la fois. Les Romains avaient pour ce mot de monarchie une haine telle qu'ils ne donnèrent à leurs empereurs ni le nom de dictateurs, ni celui de rois, ni aucun autre de ce genre. Néanmoins, le gouvernement de l'État étant dans les mains de l'empereur, il est impossible que les Romains ne soient pas soumis à une autorité royale. Les magistratures régulièrement établies d'après les lois subsistent bien encore aujourd'hui quant au nombre, à l'exception de celle de censeur ; ce qui n'empêche pas que tout se règle, tout s'administre, suivant le bon plaisir de celui qui est au pouvoir.

Afin de paraître tenir ce privilège non de leur puissance, mais des lois, ils s'emparèrent, en conservant les mêmes noms (excepté pour la dictature), de toutes les dignités qui, sous la République, avaient, par la volonté de ces deux ordres, une grande autorité. C'est ainsi qu'ils sont consuls plusieurs fois, qu'ils se donnent le nom de proconsuls autant de fois qu'ils sortent du *pomœrium* ; que le titre d'*imperator* appartient non pas seulement à ceux qui ont remporté une victoire, mais aussi à tous les autres, qui le prennent en tout temps, pour signifier leur souveraineté, en place de celui de roi et de celui de dictateur. Sans s'attacher à ces noms, attendu qu'ils ont été bannis, une fois pour toutes, de la Constitution, ils ne s'en assurent pas moins le bénéfice sous celui d'empereurs.

C'est en vertu de ces titres qu'ils ont le droit d'opérer le recrutement de l'armée, de lever des contributions, d'entreprendre la guerre et de conclure la paix, de commander toujours et partout pareillement les soldats étrangers et les légions, de sorte que, dans l'enceinte du *pomœrium*, ils ont le pouvoir de mettre à mort les chevaliers et les sénateurs, et qu'ils ont autorité pour faire ce que faisaient autrefois les consuls et les autres magistrats exerçant l'autorité suprême : censeurs, ils surveillent notre vie et nos mœurs et procèdent au dénombrement des citoyens. Ils inscrivent les uns sur les

rôles de l'ordre équestre et sur ceux de l'ordre sénatorial, et
en effacent les autres suivant qu'ils le jugent bon.

Comme, en outre, ils sont revêtus de tous les sacerdoces,
que ce sont eux qui donnent aux autres la plupart de ces
sacerdoces, que l'un d'eux, lors même que l'État a deux et
jusqu'à trois chefs, est grand pontife, ils sont les maîtres
de toutes choses, profanes et sacrées. La puissance appelée
tribunitienne, puissance que possédaient autrefois, au temps
où ils florissaient, les véritables tribuns, leur confère le droit
de casser les décisions rendues par un magistrat, quand ils
les désapprouvent, celui de ne pas être outragés, et, dans le
cas où ils se croiraient offensés par des actes ou même par
des paroles, celui d'en faire périr, sans jugement, l'auteur
comme un maudit. [...]

Ils sont « affranchis des lois », comme le dit le latin,
c'est-à-dire qu'ils sont libres de toute contrainte légale et
ne sont soumis à aucune des lois écrites. C'est ainsi qu'à
l'aide de ces noms républicains, ils se sont emparés de toute
la puissance dans l'État, de manière à posséder tout ce que
possédaient les rois, moins l'odieux du nom. Car l'appellation
de César et celle d'Auguste ne leur confèrent aucun pouvoir
particulier : elles ne servent qu'à marquer, l'une, la succession
de la race, l'autre, l'éclat de leur dignité. Peut-être le surnom
de Père[10] leur donne-t-il sur nous tous une sorte d'autorité
comme celle qu'avaient autrefois les pères sur leurs enfants.
Toutefois ce n'est nullement dans cette vue qu'il leur a été
attribué. C'est un honneur, une invitation, pour eux, d'aimer
leurs sujets comme leurs enfants. Pour leurs sujets, de les
vénérer comme des pères.

Le gouvernement prit ainsi, à cette époque, une forme
meilleure et plus salutaire ; car il était de toute impossibilité

10. Auguste n'acceptera que beaucoup plus tard le titre de « Père
de la Patrie », le 2 février de l'an 2 après J.-C.

aux Romains de se sauver avec le gouvernement républicain.
[...]

Octave donc, ainsi que je l'ai dit, fut surnommé Auguste,
et, dans la nuit suivante, il eut un présage dont la signification
ne manquait pas d'importance : le Tibre débordé couvrit toute
la partie basse de Rome, au point de la rendre navigable ; les
devins, d'après ce prodige, prédirent qu'Auguste s'élèverait
à une grande puissance et qu'il aurait la ville tout entière
sous sa domination. Quelque exagérées que fussent les
propositions des uns et des autres en son honneur, un certain
Sextus Pacuvius, d'autres disent Apudius, les surpassa tous :
en plein Sénat il se dévoua lui-même à Auguste, à la manière
espagnole, et conseilla aux autres de l'imiter. Auguste l'en
empêchant, il s'élança vers la multitude qui se tenait au
dehors (il était tribun du peuple), et, courant çà et là par les
carrefours et les rues, il la força, elle et le reste des citoyens,
à se dévouer à Auguste : de là, cette coutume, lorsque nous
nous adressons au chef de l'État, de lui dire : « Nous te
sommes dévoués. » Pacuvius fit que tout le monde offrit
un sacrifice à cette occasion ; de plus, un jour, dans une
assemblée du peuple, il déclara qu'il instituerait Auguste
son héritier pour une part égale avec son fils ; ce n'était pas
qu'il eût une grande fortune, mais il voulait y faire ajouter ;
ce qui arriva en effet.

Dion Cassius, *Histoire romaine*, 53, 17-20.

Cependant Auguste, pour appuyer sa domination, éleva
en dignité le fils de sa sœur, Claudius Marcellus, à peine
entré dans l'adolescence, par le pontificat et l'édilité curule,
et M. Agrippa, de naissance obscure, mais habile à la guerre
et compagnon de sa victoire, en lui attribuant deux consulats
successifs, puis en le prenant pour gendre après la mort de
Marcellus. Et il conféra à ses beaux-fils, Tiberius Néron[11]

11. Le futur empereur Tibère.

et Claudius Drusus Néron, le titre d'*imperator* bien que sa maison fut encore florissante.

En effet, les fils d'Agrippa, Caius et Lucius avaient été introduits par ses soins dans la famille des Césars et, avant même d'avoir déposé la toge prétexte de l'enfance, appelés princes de la jeunesse et désignés pour le consulat, honneurs que sous un semblant de refus, il avait vivement désirés pour eux.

Tacite, *Annales*, 1, 3, 1-2.

À Rome, les années allaient s'écouler, sans heurts. On allait moderniser l'empire, assurer ses frontières, embellir Rome. Le règne d'Auguste durerait quarante et un ans. Et Tacite de constater, puis de s'interroger, avec justesse :

Les plus jeunes citoyens étaient nés après la victoire d'Actium et la plupart des vieillards, au milieu des guerres civiles. Combien en restait-il qui eussent vu la République ?

La Révolution était donc accomplie.

Tacite, *Annales*, 1, 3, 7 – 4, 1.

UN PRINCE BIEN ORDINAIRE

Auguste n'a nullement modifié les habitudes d'Octave. Ce dernier, nous a-t-on dit, vivait dans la simplicité. Auguste, semble-t-il, fera de même. Sa maison, le Palatium, on l'a vu, porte les insignes du pouvoir. Mais derrière les murs, le décorum ne change pas.

Même lorsqu'il sort de chez lui. Car l'empereur se déplace, voyage bien sûr.

En règle générale, pour sortir d'une ville ou d'un bourg, ou faire son entrée quelque part, il attendait le soir ou la nuit, afin que personne ne se dérangeât pour le saluer.

Suétone, *Auguste*, 53, 3.

Ne rien faire d'ostentatoire, ne pas paraître tel un monarque…

Considérant le titre de « maître » comme une injure infâmante, il le repoussa toujours avec horreur. Durant des jeux auxquels il assistait, les mots « Ô maître juste et bon ! » ayant été prononcés dans un mime, tous les spectateurs ensemble lui en firent l'application et les approuvèrent avec enthousiasme. Mais lui, non content d'avoir aussitôt, par son geste et par son regard, mis fin à ces adulations indécentes, les blâma encore le lendemain dans un édit tout à fait sévère.

Par la suite, il ne se laissa jamais appeler « maître », fut-ce par ses enfants ou ses petits-enfants, ni sur un ton sérieux, ni pour plaisanter, et leur interdit même entre eux des cajoleries de ce genre.

Suétone, *Auguste*, 53, 1-3.

À Rome, il est d'usage que l'empereur reçoive le matin la salutatio, *la salutation de ses visiteurs, souvent assortie de demandes personnelles. Auguste respectera longtemps cette coutume, jusqu'à ce que l'âge et son état de santé le lui interdisent.*

À ses audiences publiques, il admettait même les plébéiens, accueillant avec tant de bonne grâce les demandes de ses visiteurs qu'il reprocha plaisamment à l'un d'entre eux de lui présenter une pétition avec autant d'embarras « que s'il tendait une pièce de monnaie à un éléphant. »

Les jours où les sénateurs tenaient séance, il ne les salua jamais ailleurs que dans la Curie et même, après les avoir fait asseoir, en désignant chacun par son nom, sans que personne ne le lui rappelât. Et quand il partait, il prenait congé de la même manière, sans les obliger à se lever.

Il entretint des relations avec beaucoup de sénateurs, et ne cessa de se rendre aux solennités célébrées par chacun d'eux qu'aux approches de la vieillesse, et parce qu'un jour, il avait été bousculé dans la foule pour une cérémonie de fiançailles.

Quoique le sénateur Gallus Terrinius ne fût pas de ses intimes, quand il devint subitement aveugle et résolut, pour ce motif, de se laisser mourir de faim, Auguste alla en personne le consoler et lui rendit goût à la vie.

Suétone, *Auguste*, 53, 5-8.

Au Sénat, dont il est le Princeps, *le premier des sénateurs fait preuve d'une grande tolérance.*

Pendant qu'il parlait au Sénat, quelqu'un dit : « Je n'ai pas compris », et un autre : « Je te contredirais si tu m'en laissais le temps. » Comme il lui arrivait, quand les débats dégénéraient en disputes trop violentes de se précipiter avec colère hors de la Curie, certains lui crièrent « qu'il devait être permis à des sénateurs de discuter sur les affaires publiques ».

Lors de l'épuration du Sénat, quand chacun se choisissait un collègue, Antistius Labeo désigna Lépide, autrefois l'ennemi d'Auguste, alors en exil. Et, se voyant demander par l'empereur s'il n'y en avait pas d'autres plus dignes, Antistius Labeo répondit « que chacun avait son avis ». Cependant, aucun ne fut puni de sa franchise ou de son obstination.

Il ne s'effraya pas même des pamphlets dirigés contre lui que l'on répandait dans la Curie, mais il prit grand soin de les réfuter et, sans même en faire rechercher les auteurs, il proposa seulement qu'on l'informât désormais contre les gens qui publieraient sous un nom d'emprunt des libelles ou des poèmes pour diffamer qui que ce fût.

De même, harcelé par les plaisanteries haineuses ou insultantes de certaines gens, il leur riposta dans un édit. Et cependant, il intervint pour que l'on n'arrêtât aucune mesure de répression contre l'insolence des testateurs[12].

Suétone, *Auguste*, 54 – 56, 1.

Au hasard de ses déplacements, dans la rue, il fait preuve d'un réel sens de l'humour.

Après la victoire d'Actium, Auguste rentrait à Rome au sommet de sa gloire. Parmi ceux qui vinrent le féliciter se trouvait un homme tenant un corbeau auquel il avait appris à dire :

– Salut, César, vainqueur, *imperator*.

Plein d'admiration, Auguste fit acheter pour 20 000 sesterces l'oiseau complimenteur. Un camarade du dresseur, qui n'avait rien reçu de cette libéralité, affirma à Auguste que l'autre avait un second corbeau, et il lui demanda de le

---

12. Il n'était pas rare de trouver dans les testaments toutes sortes d'injures à l'adresse des empereurs.

lui faire amener. Sur place, le corbeau débita les mots qu'il lui avait appris :

– Salut, Marc Antoine, vainqueur, *imperator*.

Sans montrer la moindre irritation, Auguste se contenta de lui faire partager avec son camarade la somme reçue en cadeau.

Salué de la même façon par un perroquet, il le fit acheter. Ayant constaté avec étonnement le même phénomène à propos d'une pie, il en ordonna aussi l'achat. Ces précédents incitèrent un pauvre cordonnier à dresser un corbeau à prononcer une semblable formule de salutation. Or, ayant dépensé tout son argent, il avait coutume de s'adresser à l'oiseau qui ne répondait pas, en disant :

– J'ai perdu ma peine et mon argent.

Enfin, le corbeau se mit quand même à prononcer la formule de salutation qu'on lui enseignait. Auguste l'entendit en passant et répliqua :

– J'ai chez moi assez de courtisans pour me saluer ainsi.

Le corbeau trouva assez de ressources dans sa mémoire pour ajouter les propos qu'il entendait habituellement de son maître quand il se lamentait :

– J'ai perdu ma peine et mon argent.

À ces mots, Auguste éclata de rire et fit acheter l'oiseau à un prix supérieur à tout ce qu'il avait déboursé jusqu'alors.

Macrobe, *Saturnales*, 2, 4, 29-30.

Dans l'exercice de ses droits de citoyen, il affectait de se comporter de façon ordinaire.

Chaque fois qu'il assistait aux élections des magistrats, il circulait au milieu des tribus avec ses candidats et sollicitait les voix, selon l'usage établi. Il votait lui-même dans sa tribu, comme un citoyen quelconque.

Suétone, *Auguste*, 56, 2.

Quant il témoignait en justice, il se laissait interroger et contredire avec une patience parfaite. Il fit un Forum trop étroit, parce qu'il ne voulut pas exproprier les possesseurs des maisons voisines.

Jamais il ne recommanda ses fils[13] au peuple sans ajouter : « Si plus tard, ils le méritent. » Voyant qu'à leur entrée, au théâtre, quand ils portaient encore la toge prétexte, tous les spectateurs se levaient, puis les applaudissaient en restant debout, il s'en plaignit très vivement.

Quant à ses amis, il voulut que, malgré leur rang et leur puissance dans l'État, ils fussent comme tout le monde, soumis au droit commun et aux lois criminelles.

Asprenias Nonius avec lequel il était étroitement lié, ayant à se défendre contre une accusation d'empoisonnement intentée par Cassius Severus, il demanda au Sénat « ce qu'il jugeait être son devoir, car il hésitait, craignant qu'on lui reprochât, s'il venait à son aide, d'arracher aux lois un accusé, et s'il s'abstenait, d'abandonner un ami et de le condamner d'avance ». Puis, selon l'avis du Sénat, il vint s'asseoir sur les bancs de la défense, pendant plusieurs heures, sans rien dire et sans même témoigner à sa décharge.

Il assista encore ses clients, par exemple un certain Scutarius, l'un de ses rengagés volontaires, qui était poursuivi pour injures.

Il n'arracha aux tribunaux qu'un seul accusé, et même dans ce cas, sans faire autre chose que de fléchir l'accusateur par ses prières, en présence des juges : ce fut Castricius, qui lui avait dénoncé la conjuration de Muréna[14]. […]

Il est facile de mesurer toute l'affection que lui valurent de pareils mérites. Je laisse de côté les sénatus-consultes, parce qu'ils peuvent paraître commandés soit par la nécessité, soit

13. Ses petits-fils, Caius et Lucius, devenus ses fils par adoption.
14. Lucius Licinus Varro Murena, accusé en 23 d'avoir fomenté un complot contre Auguste pour rétablir la République.

par la déférence. Mais les chevaliers, romains, de leur propre mouvement et d'un commun accord, célébrèrent toujours pendant deux journées l'anniversaire de sa naissance.

Tous les ordres de l'État jetaient chaque année des pièces de monnaie dans le lac de Curtius[15], en conséquence d'un vœu formé pour sa conservation. De même, pour les calendes de janvier, ils apportaient, même en son absence, des étrennes au Capitole.

Suétone, *Auguste*, 56, 3-7 – 57, 1-3.

Ces contributions, en effet, avaient lieu à chaque instant, pour ainsi dire, et à toute occasion. Le premier jour de l'année, même, elles n'étaient plus payées individuellement. Les citoyens venaient apporter à Auguste lui-même des présents, les uns plus grands, les autres plus petits. Mais le prince y répondait par d'autres présents d'égale valeur ou même de valeur plus forte, qu'il fit non seulement aux sénateurs, mais encore à tous les autres citoyens.

J'ai aussi entendu dire que, pour obéir soit à un oracle, soit à un songe, il recevait pendant un jour, tous les ans, d'autre argent qu'il faisait semblant de mendier à ceux qu'il rencontrait.

Dion Cassius, *Histoire romaine*, 54, 35, 2-3.

La tradition, sans doute, joue un rôle important dans cette litanie des gestes simples et généreux de cet empereur proche du peuple.

Avec cet argent, Auguste achetait de magnifiques statues de dieux qu'il consacrait dans les différents quartiers. [...] Pour l'aider à reconstruire sa maison consumée par un incendie, les vétérans, les décuries, les tribus et même des gens de toutes classes à titre individuel, lui apportèrent

15. Gouffre au nord du Forum où M. Curtius s'était précipité pour accomplir un oracle.

volontairement des sommes proportionnées à leurs ressources, mais il se contenta d'effleurer les tas de monnaie sans prendre dans chacun plus d'un denier. Quand il revenait de province, c'était non seulement avec des acclamations de bienvenue qu'on l'escortait, mais encore avec des cantates. On prit même pour règle de surseoir à toute exécution, chaque fois qu'il rentrait à Rome.

Suétone, *Auguste*, 57, 3-5.

Cette image de vénération d'un empereur pétri de simplicité est déclinée à longueur de pages – jusqu'à l'exagération ? – par Suétone. Dans sa propre maison, comment règne-t-il, ce pater familias, *depuis qu'il est devenu Prince ?*

Agrippa et Julie[16] lui donnèrent trois petits-fils : Caius, Lucius et Agrippa, et deux petites-filles Julie et Agrippine. Il maria Julie à L. Paulus, le fils du censeur, Agrippine à Germanicus, le petit-fils de sa sœur. Il adopta Caius et Lucius après les avoir achetés, dans leur maison, avec l'as et la balance, à leur père Agrippa[17], puis tous jeunes encore, il les fit participer à l'administration de l'État. Quand ils furent consuls désignés, il les envoya visiter les provinces et les armées.

Sa fille et ses petites-filles furent élevées avec tant de sévérité qu'il les habitua même au travail de la laine et leur défendit de cacher la moindre de leurs paroles ou de leurs actions, qui toutes devaient pouvoir être relatées dans le journal de la maison. Il leur interdit si rigoureusement tout rapport avec des étrangers qu'il écrivit à L. Vinicius, jeune homme de la plus haute distinction : « Vous avez pris une liberté excessive en venant saluer ma fille à Baïes. »

16. La fille d'Auguste.
17. Comme Caius et Lucius étaient encore, vu leur âge, sous l'autorité de leur père, il fut obligé de recourir à la *mancipatio*, sorte d'achat symbolique, qui avait lieu, avec le consentement du père, dans la maison même de celui-ci.

Quant à ses petits-fils, c'est lui-même, la plupart du temps, qui leur enseigna l'alphabet, la cryptographie ou autres connaissances élémentaires, et il s'appliqua par-dessus tout à leur faire imiter son écriture.

Il ne manqua jamais, quand ils dînaient avec lui, de les faire asseoir au pied de son lit, et, lorsqu'ils l'accompagnaient en voyage, de les faire aller devant lui, en voiture, ou chevaucher à ses côtés.

Suétone, *Auguste*, 64, 1-5.

Pour la partie la plus classique de leur éducation, Auguste fit appel à un maître de renom.

M. Verrius Flaccus, un affranchi, se distingua surtout par sa manière d'enseigner. En effet, pour tenir en éveil l'esprit de ses élèves, il aimait à mettre en compétition ceux qui avaient le même âge, en leur présentant, avec le sujet de leur composition, le prix que remporterait le vainqueur : il s'agissait de quelque livre ancien, joli ou assez rare.

C'est pourquoi Auguste lui aussi le choisit pour être le précepteur de ses petits-enfants et il se transporta au Palatium avec toute son école, sous la condition de ne plus accepter désormais de nouvel élève ; il enseigna dans l'atrium de la maison de Catullus, qui faisait alors partie du Palatium, et reçut 100 000 sesterces par an.

Suétone, *Grammairiens et rhéteurs*, 17, 1-2.

Et il y a enfin cet épisode, brièvement raconté par Plutarque, mais qui nous permet d'imaginer un face à face étonnant : celui de l'empereur Auguste avec le jeune triumvir Octave. Un retour vers l'Histoire, vers Marc Antoine au nom maudit, et vers le temps sanglant des proscriptions.

Auguste étant entré chez un de ses petits-fils, celui-ci, qui avait en main un livre de Cicéron, fut saisi de peur et le cacha sous son vêtement. Mais Auguste avait vu le livre. Il le prit et en lut debout un long passage, puis le rendit au jeune homme en disant :

– C'était un homme éloquent, mon enfant, éloquent et patriote.

Plutarque, *Cicéron*, 49, 5.

On imagine Auguste, sortant de la chambre. Le pas lent, peut-être.

Pense-t-il, ce prince bien ordinaire, au Sénat où siégeait Cicéron, et qu'il est en train de réorganiser ?

C'était toute une foule mêlée et sans prestige. Il comptait plus de mille membres, dont certains tout à fait indignes, que la faveur et la corruption y avaient introduits après le meurtre de Jules César et que le public nommait « sénateurs d'outre-tombe. »

Auguste le ramena au chiffre d'autrefois et lui rendit son ancien éclat, au moyen d'une double sélection, la première opérée par les sénateurs eux-mêmes, chacun d'eux se choisissant un collègue, la seconde, par lui et Agrippa.

On croit que, dans ces circonstances, il avait, pour présider, une cuirasse sous sa toge, un glaive à la ceinture, et, tout autour de sa chaise, dix sénateurs de ses amis, choisis parmi les plus robustes. Cremutius Cordus[18] écrit que, pendant cette période, nul sénateur ne fut même reçu par Auguste sans être seul, et sans avoir été fouillé.

Suétone, *Auguste*, 35, 1-2.

Un souverain peut-il être tout à fait ordinaire ?

18. Aulus Cremutius Cordus, sénateur et écrivain, auteur d'une *Histoire des guerres civiles de Rome*. Accusé du crime de lèse-majesté pour y avoir loué Brutus et Cassius, les chefs de la conspiration contre Jules César, il se donna la mort en 25 ap. J.-C.

TOILETTE ROMAINE

Auguste voulait marquer la ville de son empreinte. Il l'affirma dans un édit.

« Fasse le ciel que l'État se maintienne en pleine prospérité et qu'en retour, je recueille la récompense à laquelle j'aspire, d'être désigné comme le fondateur du régime le plus heureux, et d'emporter en mourant l'espérance que les fondements de l'État demeureront inébranlables, tels que je les aurai jetés. »

Lui même se chargea de réaliser son vœu, en faisant tous ses efforts pour que personne n'ait à se plaindre du régime nouveau.

La beauté de Rome ne répondait pas à la majesté de l'Empire et la ville se trouvait exposée aux inondations et aux incendies : Auguste l'embellit à tel point qu'il put se vanter à bon droit de « la laisser de marbre après l'avoir reçue en briques ». Quant à la sécurité, il la lui garantit même pour l'avenir, autant que la prudence humaine put y pourvoir.

Suétone, *Auguste*, 28, 3-6.

Auguste s'est d'ailleurs préoccupé de parer aux accidents que nous avons évoqués, d'une part en constituant un corps de milice recruté parmi les affranchis pour soutenir la lutte contre les incendies, d'autre part, pour prévenir les effondrements, en réduisant la hauteur des nouvelles constructions par un règlement qui interdit de bâtir sur la voie publique au-dessus de 70 pieds[1]. Ces mesures seraient

---

1. 21 m.

néanmoins insuffisantes sans l'appoint des carrières, des forêts et des facilités de transport.

Tels sont les avantages que la nature a mis à la disposition de Rome. Les Romains, de leur côté, ont apporté les ressources de leur prévoyance. Car, tandis que les Grecs pensent avoir pleinement atteint leur but en fondant des cités, quand ils se sont préoccupés de la beauté du site, de la force du terrain, des ports et des ressources naturelles du pays, les Romains, eux, ont pourvu à tout ce que ceux-ci avaient négligé, à savoir la construction de chaussées, d'aqueducs et d'égouts capables d'évacuer dans le Tibre tous les immondices de la cité. Ils ont construit également les routes qui desservent le pays, pratiquant des tranchées dans les collines et comblant les ravins pour que leurs chariots puissent assurer le transport des cargaisons amenées par eau. Quant à leurs égouts, ils sont parfois si grands qu'ils donneraient passage à des chars de foin. L'eau amenée par les aqueducs, d'autre part, afflue en quantités telles que ce sont de véritables rivières qui se déversent à travers la ville et le long des égouts. Presque chaque maison possède des citernes, des conduites et des fontaines intarissables.

Strabon, *Géographie*, 5, 3, 7-8.

Le premier aqueduc construit à l'initiative d'Agrippa est l'Aqua Julia. Quelques années plus tard, la mise en service de l'Aqua Virgo, permet à Agrippa d'alimenter le Champ de Mars et de créer les thermes qui portent son nom : les Thermes d'Agrippa.

Il fallut percer les collines, et Rome devint une ville suspendue, au-dessous de laquelle on navigua, au cours de l'édilité d'Agrippa [...]. Sept rivières amenées la traversent et leur cours rapide comme celui des torrents les force à entraîner et emporter tout avec elles. De plus, quand l'eau amassée des pluies accélère leur course, elles ébranlent les fonds et les voûtes latérales. Quelquefois, elles reçoivent le

Tibre qui y reflue et, à l'intérieur des conduits, les courants fougueux et opposés des eaux se livrent bataille, et pourtant la construction continue à résister, inébranlablement ferme. Au-dessus, on traîne d'énormes charges sans que cela fasse écrouler les galeries de l'ouvrage. Elles sont frappées par les bâtiments qui s'écroulent d'eux-mêmes ou que les incendies jettent bas. Les tremblements de terre ébranlent le sol, et pourtant, elles demeurent à peu près invincibles de puis les sept cents ans qui nous séparent de Tarquin l'Ancien.

Pline l'Ancien, *Histoire naturelle*, 36, 24, 104-106.

Agrippa ajouta l'Aqua Virgo aux quatre aqueducs déjà en service et les répara. Il fit construire sept cents réservoirs, établir cinq cents fontaines d'eau vive, élever cent trente châteaux d'eau et maints de ces ouvrages furent d'un luxe rare. Sur eux, il fit dresser trois cents statues de bronze, quatre cents colonnes de marbre et tout cela en l'espace d'un an.

En commémoration de son édilité, il ajouta des jeux d'une durée de cinquante-neuf jours et ouvrit cent soixante-dix établissements de bains gratuits dont le nombre à présent à Rome a cru jusqu'à l'infini.

Pline l'Ancien, *Histoire naturelle*, 36, 24, 121-122.

Mais la grande ambition d'Auguste, et finalement sa grande fierté, c'était l'embellissement de la Ville. Arriver à Rome, au temps de son règne, c'était un plaisir visuel, éprouvé ici par le géographe Strabon.

Le Champ de Mars a reçu la plus grande part des [magnifiques monuments édifiés à Rome], ajoutant ainsi à sa beauté naturelle les ornements dus à la sollicitude des donateurs. En effet, si l'on doit admirer que l'étendue de cette plaine permette simultanément et sans gêne ni pour les uns, ni pour les autres, d'une part les courses de chars et toutes les variétés des démonstrations hippiques, d'autre part les exercices à la balle, au cerceau et à la lutte d'une foule considérable, les œuvres d'art qui en ornent tout le pourtour, le sol recouvert toute l'année de gazon vert et, au delà du fleuve, la couronne de collines qui s'avancent jusqu'au bord de l'eau et font l'effet d'un décor de théâtre, tout cela offre un tableau dont l'œil a du mal à se détacher. Près de cette plaine se déploie une autre plaine, bordée de nombreux portiques disposés en cercle et suivie de bois sacrés, de trois théâtres, d'un amphithéâtre et de temples serrés à se toucher, au point que le reste de la ville ne paraît plus jouer, en comparaison, qu'un rôle accessoire. Aussi les Romains ont-ils reconnu à ce lieu plus qu'à tout autre un caractère sacré, et c'est là qu'ils ont voulu dresser les monuments des hommes et des femmes les plus illustres.

Le plus remarquable de tous est celui qu'on appelle le Mausolée, imposant tumulus élevé sur un haut soubassement de marbre blanc au bord du fleuve, recouvert d'arbres toujours verts et surmonté à son sommet d'une statue d'airain d'Auguste.

Sous ce monument sont déposées les urnes cinéraires de l'empereur, de ses proches parents et de ses amis intimes, et derrière s'étend un vaste bois sacré qui offre d'admirables promenades.

Au milieu de la plaine, le bûcher crématoire d'Auguste est enfermé dans un péribole également bâti de marbre blanc. Une balustrade circulaire en fer en fait le tour et l'intérieur est planté de peupliers.

Mais si, là-dessus, l'on passe dans l'ancien Forum, quand on voit le Capitole et les œuvres qui le décorent, quand on voit les édifices du Palatin et de la promenade de Livie, on oublie à cet instant tout ce qu'on avait pu voir hors de la ville.

Telle est Rome.

Strabon, *Géographie*, 5, 3, 8.

*La nouvelle apparence de la Ville ne témoigne pas seulement
du bon goût romain pour la décoration. Certaines réalisations
traduisent aussi un intérêt, une curiosité pour les sciences et le savoir.*

L'obélisque que le divin Auguste fit dresser sur le Grand
cirque fut taillé sur les ordres du roi Psemetnepserphreos,
sous le règne duquel Pythagore séjourna en Égypte. Sans
compter la base tirée du même bloc, il mesure quatre-vingt-
cinq pieds et un empan[2]. Pour celui qui se trouve au Champ
de Mars, il a neuf pieds de moins et avait été commandé par
Sésothès. Tous deux portent des inscriptions qui contiennent
l'explication de la nature selon la philosophie égyptienne.

Le divin Auguste donna à celui qui est au Champ de Mars
la fonction remarquable de marquer les ombres portées par
le soleil et de déterminer ainsi la longueur des jours et des
nuits. Il fit exécuter un dallage proportionnel à la longueur de
l'obélisque de façon que l'ombre, à la sixième heure du solstice
d'hiver égalât la longueur du dallage, ensuite, peu à peu, décrût,
puis augmentât jour après jour en passant par des réglettes de
bronze incrustées, système qui mérite d'être connu et qui est
dû au génie inventif du mathématicien Facundus Novius.

Celui-ci fit encore placer sur la pointe de l'obélisque une
boule dorée pour que l'ombre du sommet se ramassât sur elle-
même, autrement la pointe projetait une ombre démesurée.
Il avait pris, dit-on, pour principe la tête humaine.

Pline l'Ancien, *Histoire naturelle*, 36, 14, 71 – 15, 73.

*La Ville a des allures de musée. On se prend à rêver en écoutant
Pline évoquer les sculpteurs dont l'œuvre est présente à Rome.*

Selon la tradition, Phidias lui-même travailla le marbre,
et il est à Rome, dans les monuments d'Octavie, une statue
de Vénus faite de ses mains et d'une insigne beauté.

Pline l'Ancien, *Histoire naturelle*, 36, 4, 15.

2. Un pied = 30 cm ; un empan = 20 cm, soit ici environ 26 m.

Asinius Pollion, qui était vif et fougueux, voulut donner un lustre particulier à ses monuments. On y trouve les Centaures portant les nymphes, œuvre d'Arcésilaos.

Pline l'Ancien, *Histoire naturelle*, 36, 4, 33.

À l'intérieur du portique d'Octavie, dans le temple de Junon, Timarchidès fit la statue de la déesse elle-même, Dyonisius et Polyclès en firent une autre. Il y a au même endroit une Vénus de Philiscus. Les autres statues sont de Praxitèle.

Pline l'Ancien, *Histoire naturelle*, 36, 4, 34-35.

La considération qu'on lui accorde fait juger du prestige dont a joui l'œuvre de Lysias, que le divin Auguste fit placer et consacra dans un édicule orné de colonnes, à la mémoire de son père Gaius Octavius. Je veux parler du quadrige, du char, de l'Apollon et de la Diane tirés d'un seul bloc.

Pline l'Ancien, *Histoire naturelle*, 36, 4, 36.

Les embellissements, et nombre de ces statues rapportées de Grèce, furent bien accueillis par les Romains. Elles leur sont rapidement devenues familières. En témoigne cette anecdote, au début du règne de Tibère, successeur d'Auguste.

Lysippe était très fécond et, parmi tous les artistes, c'est lui qui a fait le plus grand nombre d'œuvres – entre autres, l'*Homme au strigile*[3], qu'Agrippa dédia devant ses Thermes et qui plaisait tant à l'empereur Tibère. Ne pouvant résister à la tentation, malgré l'empire qu'il avait sur lui-même au début de son règne, il le fit transporter dans sa chambre à coucher après lui avoir substitué une autre statue. Mais

---

3. Racloir en corne ou en métal que les athlètes et les baigneurs utilisaient pour se nettoyer la peau.

le peuple romain en éprouva un tel dépit qu'il réclama à grands cris au théâtre la restitution de l'Apoxyomène, et que l'empereur, malgré sa passion, le fit remettre en place.

Pline l'Ancien, *Histoire naturelle*, 34, 19, 62.

Les Romains avaient fait preuve, en cette occasion, d'un goût artistique très sûr. La réputation de Lysippe n'était d'ailleurs plus à faire.

Lysippe a fait, dit-on, quinze cents œuvres, toutes d'un art si achevé qu'une seule suffirait à rendre célèbre son auteur. Le nombre en fut révélé après sa mort, quand son héritier eut forcé son coffre, car il avait l'habitude de mettre de côté un denier d'or sur le prix de vente de chaque statue.

Pline l'Ancien, *Histoire naturelle*, 34, 17, 37.

Mais la toilette romaine ne se limita pas à l'embellissement de la Ville. Ce toilettage passait aussi par une réorganisation de l'administration, des lois et des services publics. Cette action est significative du personnage d'Auguste, de son désir de veiller à l'ordre public, au retour aux valeurs de la République.

Beaucoup d'abus tout à fait déplorables compromettant l'ordre public et passés en habitude grâce à la licence des guerres civiles avaient subsisté depuis. D'autres même s'étaient introduits pendant la paix. Ainsi, quantité de brigands paraissaient en public avec un poignard à la ceinture, soi-disant pour se défendre. Dans la campagne, on enlevait les voyageurs et on les retenait, sans distinguer entre les hommes libres et les esclaves, dans les ergastules[4] des propriétaires. Il se constituait [...] une foule d'associations ayant en vue toutes sortes de mauvais coups.

---

4. Les ergastules étaient des locaux, généralement souterrains, dans lesquels étaient enfermés les esclaves.

Auguste réprima le brigandage en installant des postes à des endroits bien choisis.

Suétone, *Auguste*, 32, 1-2.

Dion Cassius évoque, par exemple, « ceux qui veillent, la nuit, dans chaque quartier de la ville, portent des sonnettes afin de pouvoir, quand ils le veulent, se transmettre des signaux[5]. »

Auguste divisa l'ensemble de la ville en régions et en quartiers[6]. Il établit que les premières seraient administrées par certains magistrats annuels, désignés par le sort, les seconds par des chefs choisis dans chaque quartier parmi la plèbe du voisinage. Contre les incendies, il créa des gardes de nuit et des veilleurs.

Suétone, *Auguste,* 30, 1-2.

Pour prévenir les inondations, il fit élargir et curer le lit du Tibre, à la longue rempli de décombres et rétréci par l'extension des édifices.

Puis, afin que Rome fut d'un accès plus facile dans toutes les directions, il se chargea lui-même de faire réparer la voie Flaminienne jusqu'à Ariminum[7]. Il répartit les autres entre les généraux honorés d'un triomphe, qui eurent à les faire paver sur l'argent de leur butin.

Il reconstruisit aussi les temples ruinés par le temps ou consumés par le feu, et les enrichit, eux et les autres, de dons princiers : c'est ainsi qu'il fit porter en une seule fois dans le sanctuaire de Jupiter Capitolin 16 000 livres

---

5. Dion Cassius, *Histoire romaine*, 54, 4.

6. 14 régions et 265 quartiers.

7. Ariminum, l'actuelle Rimini, dont le port était construit en marbre, et où l'on édifia un Arc à Auguste pour le remercier d'avoir fait rénover la Via Flaminia.

d'or, avec des pierres précieuses et des perles représentant 50 millions de sesterces.

Suétone, *Auguste,* 30, 2-4.

La beauté de la Ville et sa grandeur doivent également, dans l'esprit d'Auguste, être soutenues par l'attitude citoyenne des Romains.

Il remania les lois et refit entièrement certaines d'entre elles, comme la loi somptuaire[8], et celles qui concernaient les adultères, la sodomie, la brigue, le mariage des ordres[9]. Comme il avait amendé cette dernière avec beaucoup plus de sévérité que les autres, les protestations furent si violentes, qu'il fut obligé, pour la faire passer, de supprimer ou d'atténuer une partie des sanctions, d'accorder un délai de trois ans et d'augmenter les récompenses.

Suétone, *Auguste,* 34, 1-2.

La démographie romaine constitue en effet pour lui une véritable préoccupation. Selon Auguste, la puissance des Romains passe par leur nombre : c'est un thème qu'il reprendra, comme ici, jusqu'à la fin de son règne.

Voyant les chevaliers réclamer obstinément [l'abolition des sanctions contre ceux qui ne se mariaient pas et n'avaient pas d'enfants], il se fit amener les enfants de Germanicus[10] et, les présentant, les uns dans ses bras, les autres dans ceux de leur père, il leur fit comprendre du geste et du regard qu'ils ne devaient pas craindre d'imiter l'exemple de ce jeune homme.

Suétone, *Auguste,* 34, 2-3.

8. La loi somptuaire visait à limiter l'étalage de la richesse et les dépenses ostentatoires.

9. À Rome, une loi imposait le devoir de mariage aux hommes âgés de 25 à 60 ans et aux femmes âgées de 20 à 50 ans.

10. Germanicus eut d'Agrippine neuf enfants, dont six lui survécurent.

Il assembla séparément, dans le Forum, d'un côté ceux d'entre eux qui n'étaient pas mariés, de l'autre ceux qui l'étaient et qui avaient des enfants : voyant alors que le nombre des derniers était bien inférieur à celui des premiers, il en fut affligé, et leur parla en ces termes :

— Votre nombre si petit, quand on songe à la majesté de cette ville, si inférieur par rapport à ceux qui ne veulent s'acquitter d'aucun de leurs devoirs, m'est une raison de vous louer davantage et de vous témoigner une profonde reconnaissance pour avoir obéi à mes prescriptions, et peuplé la patrie de citoyens. Une telle conduite assurera aux Romains une longue suite de descendants : peu nombreux, à l'origine, nous avons fini, pour avoir cultivé le mariage et procréé des enfants, par surpasser tous les peuples non seulement en courage, mais encore en population.

Après avoir, à la suite de ce discours, immédiatement soit distribué, soit promis des récompenses, il se dirigea vers le second groupe :

— J'éprouve un embarras étrange vis-à-vis de vous, que je ne sais de quel nom appeler. Hommes ? Vous ne faites aucune œuvre d'hommes. Citoyens ? Autant qu'il est en vous, vous laissez périr la cité. Romains ? Vous vous efforcez d'en abolir le nom.

Mais, qui que vous soyez, quel que soit le nom dont il vous plaise d'être appelés, je n'en éprouve pas moins un sentiment extraordinaire. Malgré tout ce que je fais sans cesse pour augmenter la population, malgré la punition que je suis sur le point de vous infliger, je vois avec peine que vous êtes beaucoup [...].

Quel moyen de propagation resterait-il à l'humanité, si les autres faisaient comme vous ? Vous qui, les premiers, avez donné cet exemple, on aurait raison de vous accuser de la catastrophe qui l'aurait détruite. [...]

Vous êtes meurtriers, en n'engendrant pas les enfants qui devaient naître de vous.

Vous êtes impurs, en éteignant le nom et les honneurs de vos ancêtres.

Vous êtes impies, en faisant disparaître votre race jadis créée par les dieux, en anéantissant la nature humaine, la plus belle des offrandes qui leur soit consacrée, en détruisant par là leurs sacrifices et leurs temples.

Vous ne renversez pas moins la Constitution et l'État, en n'obéissant pas aux lois.

Vous trahissez la Patrie elle-même, en la frappant de stérilité et d'impuissance, ou, plutôt, vous la ruinez de fond en comble, en la privant de citoyens pour l'habiter un jour. C'est dans le nombre des citoyens que consiste une ville, pas dans celui des maisons, des portiques ou des places désertes.

Songez-vous à la juste indignation que ressentirait Romulus, notre fondateur, s'il considérait les générations de son temps et leur naissance avec les vôtres.

Dion Cassius, Histoire romaine, 56, 2-5.

Comme il jugeait important de conserver à la race romaine sa pureté, et de ne pas la laisser corrompre par le moindre mélange de sang étranger ou servile, il fut très avare du droit de cité romaine et restreignit le nombre des affranchissements. Tibère lui demandant le droit de cité pour un Grec de ses clients, il lui écrivit : « Je ne le lui donnerai que si vous me démontrez à quel point sont légitimes les motifs de votre demande ».

Et comme Livie sollicitait la même faveur pour un Gaulois tributaire, il la refusa, mais lui offrit de l'exempter du tribut, en déclarant « qu'il lui serait moins pénible de créer un préjudice au Trésor impérial que de profaner la dignité de citoyen romain ».

En ce qui concerne les esclaves, non content d'avoir multiplié les obstacles pour les tenir à l'écart de la liberté simple, et bien plus encore de la liberté complète, en déterminant avec minutie le nombre, la situation et les différentes catégories de ceux qui pouvaient être affranchis, il ajouta que jamais aucun genre de liberté ne pourrait conférer la qualité de citoyen à un esclave qui aurait été enchaîné ou mis à la torture. […]

Il s'efforça même de faire reprendre la tenue et le costume d'autrefois, et, voyant un jour dans l'assemblée du peuple une foule de gens vêtus de sombre, il s'écria tout indigné :

– Voici les Romains, maîtres de l'univers, le peuple vêtu de la toge[11] !

Il chargea les édiles de ne laisser désormais les gens stationner sur le Forum ou dans ses alentours qu'après avoir quitté le manteau couvrant leur toge[12].

Suétone, *Auguste*, 40, 5-8.

Il réforma aussi le fonctionnement de la justice en nommant des magistrats plus jeunes et en laissant les tribunaux siéger plus longtemps.

Il rendit la justice avec assiduité, et en siégeant parfois jusqu'à la nuit. Quand il se sentait trop faible, il faisait placer sa litière devant le tribunal ou même, jugeait de son lit, dans sa maison. Il s'en acquitta non seulement avec une conscience scrupuleuse, mais avec une extrême indulgence.

Ainsi, jugeant un homme convaincu de parricide et désirant lui épargner d'être cousu dans un sac, supplice réservé à ceux qui avouent ce crime, il l'interrogea, dit-on, en ces termes :

– Assurément, vous n'avez pas tué votre père ?

Suétone, *Auguste*, 33, 1-2.

11. Virgile, *Énéide*, 1, 282.
12. La *lacerna* était un vêtement grossier que les Romains portaient par-dessus leur toge.

La réorganisation de l'armée et l'entretien des légions étaient indispensables. Auguste, comme d'autres, avait fait l'expérience des mouvements revendicatifs de soldats frustrés par leur sort après de nombreuses années de service.

Pour toutes les troupes de l'Empire, il fixa de manière précise la durée du service, et l'importance des primes, en déterminant, selon les grades, le temps à passer sous les drapeaux et les avantages liés à leur libération, de façon que les soldats, après leur congé, ne puissent pas être entraînés, en raison de leur âge ou de leur dénuement, à faire une révolution.

Afin de pouvoir trouver, en tout temps et sans difficulté, l'argent nécessaire pour entretenir et récompenser les troupes, il créa une caisse militaire alimentée par de nouveaux impôts.

Suétone, *Auguste*, 49, 3.

Et pour être toujours informé de ce qui se passait dans les provinces, il mit en place ce qui ressemble fort à une « poste impériale ».

Il fit placer de distance en distance sur les routes stratégiques, d'abord des jeunes gens à de faibles intervalles, puis des voitures. Le second procédé lui parut plus pratique, parce que, le même porteur de dépêches faisant tout le trajet, on pouvait en outre l'interroger, en cas de besoin. [...]

Pour cacheter les brevets, les pièces officielles et ses lettres, il employa d'abord l'image d'un sphinx, ensuite une effigie d'Alexandre le Grand, enfin son propre portrait gravé par Dioscuride, qui resta le sceau des empereurs suivants. Sur toutes ses lettres, il ajoutait aussi l'indication de l'heure, non seulement du jour mais de la nuit à laquelle il les faisait partir.

Suétone, *Auguste*, 49, 5 – 50.

LE TEMPS DES POÈTES

Le temps est venu de réunir l'histoire et la légende. Longtemps, la grandeur d'Auguste apparaît dans l'aveuglante blancheur des marbres du Forum et du Champ de Mars. Plus longtemps encore, survit le mythe d'une dynastie fondée par les dieux, par Vénus, sous les auspices de Jupiter.

L'empereur a voulu que ce mythe prenne la forme d'un poème. C'est Virgile qui conte l'épopée d'Énée et de ses compagnons, et la naissance de Rome.

Je chante la guerre et celui qui, exilé prédestiné – tout a commencé par lui –, vint des parages de Troie, en Italie, à Lavinium, sur le rivage. Lui qui, sur terre et sur mer, fut longtemps le jouet des puissances célestes, en proie au courroux opiniâtre de la redoutable Junon. Lui qui eut tant à souffrir de la guerre, pour fonder à ce prix une ville et installer ses Pénates[1] dans le Latium. D'où la nation latine, Albe et ses Anciens, et les murailles de la noble Rome.

Muse, dis-m'en les raisons : quelque divinité offensée ? Quelque grief de la reine des dieux, qui aura amené un homme d'une piété insigne à parcourir un pareil cycle de malheurs, à affronter autant d'épreuves ? De pareilles rancunes en des âmes célestes ?

Virgile, Énéide, 1, 1-11.

Vénus, mère d'Énée, intercède en faveur de son fils auprès du roi de tous les Dieux. Et Jupiter, pour apaiser son inquiétude,

---

1. Divinités gardiennes du foyer.

lui révèle comment les Troyens aborderont en Italie pour donner
naissance à Rome.

– Épargne tes craintes, Cythérée[2] ; les destinées des
tiens te demeurent, immuablement ; tu verras la ville
et les murailles promises de Lavinium, tu élèveras le
magnanime Énée jusqu'aux astres du ciel. Aucune considération ne m'a fait changer. Ton fils, sache-le – je vais le
dire tout au long, puisque ce souci te tourmente, je vais
atteindre et dérouler plus avant les secrets du destin –,
ton fils soutiendra en Italie une grande guerre, brisera
des peuples combatifs et leur donnera des mœurs et des
murailles, jusqu'à ce qu'un troisième été l'ait vu régner
sur le Latium et que trois hivers aient passé sur la soumission des Rutules. Alors l'enfant Ascagne[3], à qui est
attaché à présent le nom d'Iule – il était Ilus tant que
fut debout le royaume troyen –, remplira de son règne,
au fil des mois, trente longues révolutions du ciel ; il
déplacera sa royauté de son siège de Lavinium[4] et il
fortifiera puissamment Albe la Longue[5].

Maintenant, c'est là que, pendant trois fois cent années
entières, il y aura des rois de la race d'Hector ; jusqu'au jour
où une vestale de race royale, grosse des œuvres de Mars, Ilia,
donnera le jour à des jumeaux. Alors Romulus, joyeux de
porter une fauve dépouille de louve nourricière, prendra en

2. Cythérée, nom donné à Vénus par Homère dans l'*Iliade*.
Vénus (Aphrodite) naquit des amours d'Ouranos avec la mer près
de l'île de Cythère. Elle y fut transportée dans une conque marine.

3. Ascagne, fils d'Énée et de Créuse, a quitté Troie avec son père
et avec son aïeul, Anchise. Anchise qui ne verra pas la fin du voyage,
mais qu'Énée retrouvera lors de la Descente aux Enfers.

4. Lavinium, aujourd'hui Pratica di Mare, à une trentaine de
km de Rome.

5. Albe-la-Longue, dont il ne subsiste rien, se serait élevée
dans la zone où se trouve aujourd'hui Castel Gandolfo, à environ 20
km de Rome.

charge la nation, fondera les murailles de Mars et nommera de son nom les Romains. À cette nation je ne mets de bornes ni dans l'espace ni dans le temps : je leur ai donné un empire sans fin. Mieux encore, la pugnace Junon qui maintenant fatigue de ses craintes mer, terre et ciel prendra un meilleur parti et choiera comme moi les Romains, maîtres de tout, nation porte-toge. [...]

Naîtra un homme de belle origine, un Troyen, César, qui ne mettra que l'Océan pour limite à l'empire et que le Ciel à sa renommée ; son nom de Jules lui viendra du grand Iule. C'est lui qu'un beau jour toi-même, rassérénée, accueilleras dans le ciel, chargé des dépouilles de l'Orient, et lui aussi sera invoqué dans les vœux. Alors les âpres générations cesseront de se battre et s'adouciront ; la Bonne Foi et Vesta toutes chenues, Rémus avec son frère Quirinus feront la loi. D'étroites jointures de fer barreront les portes exécrables du temple de la guerre.

Virgile, Énéide, 1, 256-274.

Properce a eu vent du poème en train de naître.

À Virgile de pouvoir dire les rivages d'Actium protégés par Phébus et les vaillants navires de César, lui qui maintenant réveille les armes du Troyen Énée et les murs qu'il fonda aux rivages de Lavinium. Cédez le pas, écrivains romains, cédez le pas, Grecs ! Il naît je ne sais quoi de plus grand que l'*Iliade*.

Properce, Élégies, 2, 34, 61-66.

L'Iliade, magnifique référence ! Virgile va donc nous conduire, tout au long de son poème, du passé de l'histoire à un futur qui installe dans le présent, dans le cortège des dieux, l'image d'Auguste, vainqueur, puis pacificateur. Le présent a rejoint l'épopée.

Énée descend aux Enfers. Au bord du fleuve Léthé, Anchise,
son père, emporté par la mort avant la fin du voyage lui annonce
l'avènement des Césars.

– Oui, depuis longtemps je veux te parler d'elles, te les
mettre sous les yeux, te dénombrer cette lignée des miens,
pour que, comme moi, tu te réjouisses encore plus d'avoir
fini par trouver l'Italie. [...]

Tourne maintenant tes yeux par ici, regarde cette nation,
ce sont tes Romains. Voici César et toute la postérité d'Iule
qui doivent monter sous l'immense voûte du ciel. Et celui-ci,
c'est celui que tu t'entends si souvent promettre, César
Auguste, rejeton du divin César, qui ramènera l'âge d'or dans
le Latium, en ces guérets où régna autrefois Saturne, et qui
étendra l'empire au delà des Indiens et des Garamantes : sous
d'autres constellations, hors de la route annuelle du soleil
s'étendent des terres où Atlas porte-ciel fait tourner sur son
épaule la voûte à laquelle sont suspendues les étoiles ardentes.

Dans l'attente de son apparition, les royaumes caspiens
et les rivages de la Méotide tremblent déjà aux réponses
des oracles divins, et la septuple embouchure du Nil se
trouble et a peur.

Virgile, *Énéide*, 6, 716-718 et 788-800.

Virgile n'achèvera jamais son poème. Il voulait qu'il soit brûlé
après sa mort. Auguste s'y opposa et imposa la publication d'une
œuvre qui servait sa gloire.

Virgile, issu d'un cénacle prestigieux. Il y avait rejoint Horace,
qui saluait en lui « la moitié de son âme », ainsi que Properce, et
Varus. Le cercle des poètes apparus par la grâce de Mécène.

Pendant qu'Octave mettait fin aux guerres d'Actium
et d'Alexandrie, un jeune homme dont les dons physiques
étaient supérieurs aux capacités intellectuelles, M. Lépide,
fils de ce Lépide qui avait été triumvir, avait formé le projet
d'assassiner Octave dès son retour à Rome.

La charge de l'ordre public dans Rome était alors confiée à C. Mécène[6], un chevalier, né d'une illustre famille. Quand les circonstances exigeaient sa vigilance, il savait se priver de sommeil, veillant à tout et prêt à agir. Mais, sitôt qu'il pouvait relâcher quelque peu ses activités, il se laissait aller à une oisiveté et à une molle indolence qui dépassaient presque celles d'une femme. Il était non moins cher à Octave qu'Agrippa, mais il en reçut moins d'honneur – car il vécut presque satisfait de l'angusticlave[7]. Il aurait pu viser plus haut, mais il n'eut pas d'aussi grandes ambitions.

Tout en simulant la plus totale tranquillité, il épia les menées de ce jeune homme irréfléchi et, avec une étonnante rapidité, sans apporter de trouble à rien, ni à personne, il mit la main sur Lépide, éteignit une nouvelle et épouvantable guerre civile qui allait se rallumer ; Lépide paya le juste châtiment de ses mauvais desseins.

Velleius Paterculus, *Histoire romaine*, 2, 88.

Mécène, homme de pouvoir. Agrippa est le rempart militaire d'Auguste, Mécène est son exécutant politique fidèle, et inspiré.

Mais il prend aussi des initiatives. La mobilisation de ces poètes talentueux va porter très loin l'image d'Octave, puis celle d'Auguste. Mécène est salué en ces termes par Horace dans sa première ode :

Mécène, issu d'aïeux royaux, ô toi mon appui, toi, ma douce gloire, il y a des hommes dont c'est le plaisir d'avoir à la course des chars amassé la poussière olympique et, la borne évitée par leurs roues brûlantes, la palme illustre les élève jusqu'aux maîtres de la terre, jusqu'aux dieux.

Tel s'applaudit, si la cohue des Quirites inconstants, à l'envi, lui fait gravir le triple échelon des honneurs. Tel

6. Caius Cilnius Mæcenas (vers 69-8).
7. Étroite bande pourpre honorifique ornant les tuniques des membres de l'ordre équestre, par opposition au laticlave, large bande réservée aux membres de l'ordre sénatorial.

autre, s'il enferme dans ses propres greniers tout le grain balayé sur les aires libyques. [...]

En voici un qui ne dédaigne pas les coupes d'un vieux massique et, volontiers, prélève une part sur le total du jour, étendant ses membres tantôt sous l'arbousier vert, tantôt près de la source harmonieuse d'une eau sainte.

Beaucoup mettent leur plaisir au camp, aux accents mêlés du clairon et de la tempête, et aux combats, maudits des mères.

Il s'attarde sous le ciel froid, le chasseur, oubliant sa toute jeune femme, si un cerf s'est montré à ses chiens, guides fidèles, ou si un sanglier marse a rompu ses filets bien tressés.

Moi, le lierre, parure des doctes fronts, me mêle aux dieux du ciel. Moi, le frais bocage, les chœurs légers des Nymphes unis à ceux des Satyres me séparent du peuple, si Euterpe ne fait pas taire ses flûtes, si Polymnie ne refuse point d'accorder le luth lesbien. Mais, si tu me donnes une place parmi les lyriques inspirés, j'irai, au haut des airs, toucher les astres de ma tête.

Horace, *Odes* 1, 1, 1-10 et 19-46.

Horace – qui place son art avant toute chose – et Virgile ont en commun d'avoir été ruinés par la confiscation de leurs biens pendant la proscription. Horace avait même combattu à Philippes dans l'armée de Brutus.

Mécène favorise pourtant la naissance d'une relation très personnelle entre Auguste et les poètes.

Auguste offrit à Horace d'être son secrétaire, comme il l'écrivit à Mécène :

« Autrefois je suffisais à ma correspondance avec mes amis ; maintenant je suis accablé d'affaires et infirme. Je désire vous enlever notre Horace : il quittera donc cette table de parasite pour notre palais, et il nous aidera à écrire nos lettres. »

Le refus d'Horace n'irrita pas Auguste, ne refroidit même pas son amitié. On a encore de lui des lettres dont je citerai quelques passages, pour prouver ce que j'avance : « Usez des droits que vous avez sur moi, comme si vous étiez devenu mon commensal. Et vous le seriez, je le voulais, si votre santé eût permis qu'il en fût ainsi. »

Il lui dit ailleurs : « Notre cher Septimius pourra vous dire, comme bien d'autres, quel souvenir je conserve de vous, car l'occasion s'est offerte de m'exprimer devant lui sur votre compte. Si vous avez fièrement dédaigné mon amitié, ce n'est pas une raison pour que, de mon côté, je fasse avec vous le superbe. »

Auguste, entre autres plaisanteries, l'appelait souvent « la plus chaste des queues » ou son « joli petit homme » et ses libéralités l'enrichirent. [...]

Après la lecture de ses *Épîtres*, il se plaignit en ces termes de n'y être pas même nommé : « Sachez que je suis fâché contre vous de ce que, dans la plupart des écrits de ce genre, ce n'est pas à moi que vous vous adressez de préférence. Avez-vous peur de vous faire tort auprès de la postérité, en laissant paraître que vous êtes mon ami ? »

Il en obtint alors l'épître qui commence ainsi :

Ô vous dont les exploits protègent l'Italie,
Vous de qui les vertus l'ont ornée et polie,
Vous qui, la réformant, l'éclairant par vos lois,
Du fardeau de l'État portez seul tout le poids ;
Octave, ne craignez pas qu'une indiscrète muse,
Aux dépens des Romains, de vos moments abuse...

Suétone, *Vie du poète Horace*.

Une ode, encore, à celui qui a réduit l'Égypte au rang de province romaine...

Maintenant il faut boire. Maintenant il faut, d'un pied libéré, frapper la terre. Maintenant, pour un banquet digne des Saliens[8], il était temps, camarades, de disposer les coussins des dieux.

Avant ce jour, il était sacrilège de tirer le Cécube[9] du cellier des aïeux, dans le temps qu'une reine préparait la ruine insensée du Capitole et les funérailles de l'empire, avec son troupeau malsain d'hommes infâmes et souillés, livrée sans fin à tous les espoirs et ivre des douceurs de la Fortune. Mais, pour rabattre sa folie, un seul de ses vaisseaux, à peine, s'échappa des flammes, et, pour réduire à des terreurs vraies son esprit qui transportait le vin maréotique[10], Octave, tandis qu'elle volait loin de l'Italie, fit force de rames pour fondre sur elle, comme fond l'épervier sur les timides colombes ou, sur le lièvre, le chasseur agile dans les plaines de la neigeuse Hémonie[11], et il voulait livrer aux chaînes le monstre élu du Destin. Mais elle, cherchant à mourir plus noblement, n'eut pas devant le glaive une frayeur de femme et ne gagna point, sur sa flotte rapide, l'abri d'une contrée cachée.

Elle osa regarder d'un visage serein son palais déchu, et sans crainte, manier les serpents irrités pour en boire, de tout son corps, le noir venin, plus intrépide par la volonté de mourir : oui, elle refusait aux cruelles liburnes[12], femme au cœur haut, l'honneur de la conduire détrônée à l'orgueilleux triomphe.

Horace, *Odes*, 1, 37.

8. Prêtres du culte au dieu Mars.

9. Vin alors très renommé cultivé aux confins du Latium et de la Campanie.

10. Vin blanc produit sur les rives du lac Maréotis en Égypte.

11. Nom poétique de la Thessalie.

12. Le terme *liburna* désigne un navire léger et rapide, comme ceux des Liburniens, pirates dont certains avaient participé à la bataille d'Actium dans la flotte d'Octave.

La gloire d'Auguste est bien servie. Avec Mécène, Horace et Virgile, et un autre poète que l'on connaît mal dans ce registre : Ovide.

Mais pourquoi Orion et les autres astres se hâtent-ils de quitter le ciel, et pourquoi la nuit abrège-t-elle sa route ? Pourquoi, après le passage de Lucifer, le jour brillant élève-t-il plus rapidement que de coutume son flambeau au-dessus de la mer limpide ? Me trompé-je ou perçois-je le son des armes ? Je ne me trompe pas, c'était le son des armes. Mars arrive et son arrivée a donné le signal de la guerre. Le Vengeur descend lui-même du ciel pour assister à sa célébration et contempler son temple dans le forum d'Auguste. Impressionnant est le dieu, de même que le monument : ce n'est pas une autre demeure que devait avoir dans la Ville de son fils. [...]

Il contemple le temple qui porte au fronton le nom d'Auguste et, à la lecture du nom de César, le monument lui paraît encore plus imposant. Octave en avait fait le vœu dans sa jeunesse, quand il prit les armes par piété filiale. C'est par une telle action que le prince devait commencer sa carrière. D'un côté, il y avait les soldats de la juste cause, de l'autre, les conjurés tendant les mains, et il proféra ces paroles :

– S'il est vrai que mon père, César, prêtre de Vesta, est la raison de mon entreprise guerrière et que je me prépare à venger ces deux divinités, sois-moi propice, Mars et rassasie ce fer d'un sang criminel ; puisses-tu favoriser la meilleure cause. Tu obtiendras un temple et, si je suis vainqueur, tu seras appelé Vengeur.

Il avait fait ce vœu et revint heureux d'avoir exterminé l'ennemi.

Ovide, *Fastes*, 5, 545-578.

L'image d'Auguste répandue par les poètes est flatteuse. L'empereur sait le rôle joué par Mécène dans l'orchestration de ces célébrations poétiques. Mais le personnage de Mécène l'amuse aussi. Et comme en témoigne Macrobe, Auguste peut aussi avoir la plume légère.

Sachant que son ami Mécène avait un style relâché, plein de douceur et d'indolence, Auguste prenait assez souvent le même ton dans les lettres qu'il lui écrivait et, contrairement à l'application à châtier son style qu'il observait ailleurs dans l'écriture, dans une lettre familière à Mécène, il répandit, à la fin, une profusion de plaisanteries : « Adieu, mon ébène de Médullie, mon ivoire d'Étrurie, mon laser d'Arretium, mon diamant de l'Adriatique, ma perle du Tibre, émeraude des Cilnii, jaspe des Iguviens, béryl de Porsenna, escarboucle de l'Italie, bref, matelas des courtisanes. »

Macrobe, *Saturnales*, 2, 4, 12.

Sénèque ne voit pas seulement en la personne de Mécène, le créateur du grand cénacle poétique des débuts de l'Empire. Il sait reconnaître l'importance du personnage, mais en prenant quelque distance.

On connaît trop, pour qu'il soit besoin à cette heure de la raconter, la façon de vivre de Mécène, son allure à la promenade, ses raffinements, son désir de se faire voir, sa répugnance à tenir cachés ses vices. Eh bien ! son langage n'accuse-t-il pas autant de relâchement que sa tunique sans ceinture ? Ses expressions n'ont-elles pas le même voyant que sa tenue, sa suite, sa maison, sa femme ?

C'était un homme d'un beau génie s'il lui eût donné plus saine direction, s'il n'avait fui le risque d'être entendu, [de voir] étalé, même en écrivant, son laisser-aller total. Aussi, vois son style – celui d'un homme ivre ! – embrouillé, divagant, plein de licence.

Quoi de plus pitoyable que « cette rivière dont la berge est coiffée de forêts » ! Vois comme « ils labourent de leurs barques son lit et, retournant son onde, font s'y réfléchir les jardins. » Mais que penser du galant « qui se crispe le visage de clins d'yeux à sa maîtresse, la pigeonne de baisers et commence avec des soupirs, tels les rois de la forêt qui, le col harassé, exercent leur frénésie » ! « L'irrémédiable faction est à l'affût des mets et de la bouteille, hante nos demeures et passe sa mort à espérer. » Un Génie, témoin falot de sa propre fête. Un cierge montrant la corde. Ce gâteau de sel craquetant. Un foyer qu'enrobent la mère ou la femme.

En lisant de pareilles choses, ne songeras-tu pas aussitôt : voilà celui qui toujours s'avançait dans Rome en tuniques dénouées – oui, même alors qu'il suppléait Auguste absent, il donnait, ainsi débraillé, le mot d'ordre. Voilà celui qui, au tribunal, aux Rostres, en toute réunion officielle, ne paraissait que la tête enveloppée d'un manteau d'où ressortait une paire d'oreilles, tels exactement qu'on voit, dans le mime, les esclaves fugitifs du richard.

Voilà celui qui, au moment où grondaient le plus les guerres civiles, quand Rome anxieuse était sous les armes, se faisait escorter officiellement de deux eunuques, malgré tout plus hommes que lui. Voilà celui qui, n'ayant jamais eu qu'une femme, l'a épousée un nombre infini de fois ?[13]

Sénèque, *Lettres à Lucilius*, 114, 4-6.

Est-ce le règne de la licence ?

La littérature romaine s'est installée dans la paix ramenée par Octave. Auguste a quarante-quatre ans. Le commensal du « Festin des douze dieux » n'apparaît pas encore comme le défenseur d'une stricte morale. La carrière littéraire d'Ovide débute avec Les Amours, *d'un érotisme assumé et d'une liberté de ton qui annonce celle de* L'Art *d'aimer. Il s'amuse ici d'une situation on ne peut plus classique : le mari, la femme et l'amant, autour de la même*

---

13 Allusion à son mariage avec Terentia, marqué par les disputes et de multiples raccommodements, Terentia qui par ailleurs était la maîtresse d'Auguste.

table, lors d'un banquet. Et la bonne société romaine de s'interroger
sur l'identité des personnages.

Ton mari doit assister au même repas que nous : Je prie les dieux que ce repas soit le dernier pour ton mari. Ainsi, ma bien-aimée, je devrai me borner à la regarder, comme un convive quelconque. Le plaisir de te toucher sera réservé à un autre ! Voluptueusement couchée au-dessous de lui, tu auras ta tête sur sa poitrine. C'est lui qui passera la main autour de ton cou quand il le voudra.

Ovide, Les Amours, 1, 4, 1-6.

Arrive avant ton mari : ce qu'on pourra faire si tu arrives avant, je ne vois pas. Mais arrive tout de même avant. Lorsqu'il aura pris place sur le lit du festin, toi-même iras, l'air modeste, t'allonger à son côté. Que discrètement ton pied touche le mien ! Regarde-moi, regarde le mouvement de ma tête et le langage de ma physionomie. Épie mes signes furtifs et réponds-y. Des mots seront exprimés par mes sourcils sans que je parle. Des mots que tu liras seront tracés par mes doigts, des mots écrits sur la table avec le vin.

Lorsque tu penseras à l'ardeur de nos amours, touche de ton doigt délicat tes joues rougissantes. Si, en toi-même tu as à te plaindre de moi, qu'au bas de ton oreille s'arrête gracieusement ta main. Quand mes gestes ou mes paroles te feront plaisir, lumière de ma vie, roule ta bague longtemps autour de tes doigts. Touche la table de tes doigts comme les suppliants l'autel, lorsque tu souhaiteras à ton mari tous les maux qu'il mérite.

La boisson qu'il t'aura préparée, crois-moi, dis-lui de la boire lui-même. Puis, tout bas, demande à l'esclave ce que tu désires. La coupe que tu lui auras rendue, je la prendrai tout de suite, et je boirai où tu auras bu. Si d'aventure ton mari t'offre un mets où il a déjà mordu, repousse ce qu'a déjà touché sa lèvre.

Ne souffre pas qu'il passe autour de ton cou son bras indigne de toi et ne pose pas ta tête délicate sur sa rude poitrine. Ne laisse pas ses doigts caresser ta gorge et tes jolis seins. Garde-toi surtout de lui donner un seul baiser. Si tu lui en donnes, ouvertement, je me déclare ton amant. Je dirai : « Ces baisers sont à moi », et je les revendiquerai.

Ces caresses du moins je les verrai, mais celles que cache si bien la couverture, voilà celles dont le mystère causera mes craintes. N'enlace donc pas ta cuisse à la sienne, ne rapproche pas ta jambe, ne touche pas de ton pied délicat son pied grossier ! Hélas ! je crains cent choses de ce genre, parce que, cent fois, ma passion se les est permises. Ma propre expérience cause aujourd'hui la crainte qui me torture. Souvent, ma maîtresse et moi, pour ne pas différer la volupté, nous avons sous la couverture qui nous cachait, mené jusqu'au bout le doux travail. Cela, tu ne le feras pas. Mais, pour que je ne te soupçonne pas de le faire, tiens ton buste en dehors de cette couverture complice.

Qu'à ta demande ton mari boive sans cesse – mais aux prières n'ajoute pas les baisers –, et, tant qu'il boira, verse furtivement, si tu peux, du vin pur dans sa coupe. Quand il sera bien enseveli dans le sommeil et l'ivresse, les circonstances et le lieu nous inspireront.

Lorsque tu te lèveras pour retourner chez toi et que nous nous lèverons tous, souviens-toi, je t'en prie, de te mettre au milieu du groupe. Dans cette foule tu me trouveras, ou bien je te trouverai. Alors, touche de moi tout ce que tu pourras.

Hélas ! mes avis ne doivent servir que pour quelques heures. Je suis séparé de ma maîtresse. La nuit me l'enlève. La nuit, son mari va la tenir enfermée, et moi, triste et tout en larmes, je ne pourrai que la suivre tant que je pourrai, jusqu'au seuil de sa porte cruelle. Bientôt, il prendra des baisers, bientôt il prendra plus que des baisers. Ce que tu m'accordes furtivement, tu seras contrainte de le lui accorder parce que c'est son droit. Mais accorde-le-lui de mauvais gré (cela dépend de toi) et donne-toi l'air d'être contrainte. Que tes caresses soient muettes et que Vénus lui soit contraire. Si mes vœux sont entendus, je souhaite même qu'il n'éprouve aucune jouissance, ou, du moins, que toi tu n'y participes pas. Au reste, quelle que soit l'issue de cette nuit, demain proteste énergiquement qu'il n'a rien eu de toi.

Ovide, *Les Amours*, 1, 4, 11-71.

Rome se délecte des Amours *d'Ovide. Vingt ans plus tard, Rome, tolérante, se délectera, de la lecture de* L'Art d'aimer. *Deux ans après, voici les* Remèdes à l'Amour.

Venez à mes leçons, jeunes gens trompés, qui, dans votre amour, n'avez trouvé que déceptions. Celui qui vous a appris à aimer vous apprendra à vous guérir. La même main vous apportera la blessure et le remède. La terre produit à la fois des herbes salutaires et des herbes nuisibles, et souvent l'ortie est tout près de la rose. La blessure qu'elle avait faite au fils d'Hercule, son ennemi, la lance en bois du Pélion la cicatrisera.

Mais tout ce que je dis aux hommes s'applique également à vous, jeunes filles, croyez-le bien. Je donne des armes aux camps opposés. Et si telle ne vous convient pas, l'exemple peut néanmoins vous être un précieux enseignement.

Le but utile que je me propose est d'éteindre une flamme cruelle et d'affranchir les cœurs d'un honteux esclavage. [...]

Mourante, Didon n'aurait pas vu, du haut de la citadelle, les nefs dardaniennes livrant leurs voiles au vent. Le ressentiment n'aurait pas armé contre le fruit de ses entrailles une mère qui se vengea d'un mari en faisant couler leur commun sang. [...]

Confie-moi Pasiphaé, elle cessera bien vite d'aimer un taureau. Confie-moi Phèdre, elle verra s'enfuir son coupable amour. Rends-nous Pâris ! Hélène restera à Ménélas et Pergame vaincue ne tombera pas sous la main des Danaens. [...]

En me prenant pour guide, mortels, réprimez de funestes soucis, et que, guidée par moi, votre barque vogue tout droit avec ses passagers. Ovide devait être votre lecture, lorsque vous avez appris à aimer. C'est encore Ovide qui, maintenant, devra être votre lecture. Pour tous je revendique la liberté et veux délivrer les cœurs courbés sous leur esclavage. Que chacun aide à son affranchissement.

Ovide, *Les remèdes à l'amour*, 41-74.

Ovide regrette-t-il ses précédents ouvrages ? Il ne le dira jamais. Mais le couperet tombe.

On a beaucoup écrit, pourtant on sait peu de choses sur les raisons de l'exil auquel Auguste contraignit brusquement Ovide en 8 après J.-C. Le voici, au terme d'un effrayant voyage, sur les bords de la mer Noire, chez les Gètes.

Des peaux et des braies cousues les protègent des froids dangereux, et de tout leur corps seul le visage est visible. Souvent, quand ils les secouent, la glace pendue à leurs cheveux tinte et leur barbe brille, blanche du gel qui la recouvre. Le vin se tient seul, gardant la forme des jarres. Et pour boire, on ne puise pas le vin, mais on en donne des morceaux.

Que dire des ruisseaux pris et enchaînés par le froid, et des eaux qu'on casse pour les arracher au lac ? [...]

La contrée la plus proche de la constellation de l'Ourse de l'Érymanthe me retient, terre brûlée par le gel qui contracte. Au-dessus sont le Bosphore, le Tanaïs, et les marais de Scythie et quelques noms de lieux à peine connus. Il n'y a rien au-delà qu'un froid inhabitable. Hélas ! combien est proche de moi l'extrémité du monde !

Ovide, *Tristes*, 3, 10, 19-26 et 4b, 1-7.

*Dans ce dernier séjour inhospitalier du Pont-Euxin, Ovide
écrit* Pontiques *et* Tristes. *Dans le second livre de ce recueil,
quelques pistes pour tenter de comprendre les raisons de cet exil
ordonné par Auguste.*

Qu'ai-je à faire avec vous, livres, mon malheureux souci,
moi qui fus la victime infortunée de mon inspiration.
Pourquoi revenir à ces Muses naguère condamnées, objet
de mon accusation ? Est-ce trop peu d'avoir une fois mérité
le châtiment ? Je le dois à mes chants, si, pour mon malheur,
hommes et femmes ont voulu me connaître. Je le dois à
mes chants si Octave a frappé ma personne et mes mœurs,
à cause de mon Art[14], dont il a déjà ordonné la suppression.
Ôtez-moi cette passion, vous ôterez aussi les crimes de ma
vie. Je reconnais que mes vers m'ont rendu coupable. C'est
le prix recueilli de mes peines et de mes laborieuses veilles.
Ce châtiment est le fruit de mon inspiration.

Ovide, *Tristes*, 2, 1-13.

L'Art d'aimer *serait donc la cause de la sanction. Mais* L'Art
d'aimer *a été publié dix ans plus tôt. Très prudemment, le poète
lève encore un coin du voile.*

Deux fautes m'ont perdu, mes vers et mon erreur. Sur
l'une, je dois me taire : je ne vaux pas la peine de rouvrir tes
blessures, Octave. C'est déjà trop que tu aies souffert une fois.

Ovide, *Tristes*, 2, 207-210.

« *Une erreur*». *Une erreur sur laquelle, jamais, Ovide ne
pourra s'exprimer.*

Pourquoi ai-je vu ? Pourquoi ai-je rendu mes yeux
coupables ? Pourquoi n'ai-je compris ma faute qu'après mon
imprudence ? Ce fut par mégarde qu'Actéon aperçut Diane

14. *L'Art d'Aimer.*

sans vêtements : il n'en fut pas moins la proie de ses propres chiens[15]. C'est qu'à l'égard des dieux, il faut expier même le hasard, et la divinité ne pardonne pas même une offense fortuite.

Ovide, *Tristes*, 2, 104-109.

Qu'a-t-il donc vu ? Faute, il y a eu. Ses yeux seuls sont coupables. Ce fut un hasard... Une offense, sans doute, mais de nouveau, il s'agit d'une « offense involontaire ».

Auguste a exilé Ovide l'année même ou il condamnait sa propre fille, Julie, à la même peine, pour la punir de sa conduite adultère et de ses amours scandaleuses.

Reste la seconde de mes fautes : On m'accuse d'enseigner dans un poème honteux d'impudiques adultères. Il est donc possible de tromper parfois les esprits célestes et beaucoup de faits sont indignes de ton attention. [...]

Tu ne jouis pas du repos que tu procures aux nations et les nombreuses guerres ne te laissent pas de répit. Comment donc m'étonner que, surchargé d'affaires si importantes, tu n'aies jamais parcouru mes badinages ? Si d'aventure, ce que je préférerais, tu avais eu quelques loisirs, tu n'aurais rien trouvé de criminel dans mon Art. Ce n'est pas, il est vrai, je l'avoue, un ouvrage d'une physionomie sévère, et digne d'être lu par un si grand prince. Pourtant il ne renferme rien de contraire aux prescriptions des lois et ne fait pas l'éducation des brus romaines. Afin que tu ne puisses douter du public pour qui j'écris ces livres, voici quatre vers de l'un des trois :

« Loin d'ici, étroites bandelettes[16], insignes de la pudeur et toi, long volant descendant à mi-pied. Nous chanterons

---

15. Diane, fille de Zeus transforma en cerf le chasseur Actéon qui l'avait surprise nue à la sortie de son bain. Actéon fut alors déchiré par ses propres chiens.

16. *L'Art d'aimer*, 1, 31-34. Les « bandelettes », ou *vittae*, étaient deux bandes d'une gaze fine qui couvrait la tête et pendaient par derrière. Cet ornement était interdit aux courtisanes.

seulement ce qui est légitime et les larcins permis, et dans mon poème, il n'y aura rien de criminel. »

Ovide, *Tristes*, 2, 210-214 et 235-250.

Mais la peine est trop lourde, et le poète implore.

La vie me fut accordée et ta colère n'alla pas jusqu'à la mort, ô prince ménager de ta puissance ! En outre, comme si la vie était un trop faible présent, tu n'as pas confisqué mon patrimoine. Tu ne m'as pas fait condamner par un décret du Sénat, un tribunal spécial n'a pas ordonné mon exil : en me fustigeant de termes sévères – ainsi doit agir un prince –, tu vengeas toi-même comme il convient tes offenses. […]

Pitié, je t'en prie, dépose ta foudre, arme cruelle, arme, hélas ! trop connue du malheureux que je suis. Pitié, père de la Patrie, ne vas pas, oubliant ce titre, m'ôter l'espoir de te fléchir un jour. Je n'implore pas mon retour, bien que souvent les dieux puissants aient manifestement accordé plus qu'on ne demandait. Si tu accordes à ma prière un exil plus doux et plus proche, ma peine sera grandement allégée.

Ovide, *Tristes*, 2, 126-135 et 179-186.

LA CLÉMENCE D'AUGUSTE

Comme patron, comme maître, il fut sévère, mais aussi indulgent et plein de clémence. Il honora grandement et traita en familiers beaucoup de ses affranchis [...].

Son esclave Cosmus le critiquant sans ménagement, il se contenta de le mettre aux fers.

Son intendant Diomède, se promenant avec lui, l'avait par frayeur jeté contre un sanglier qui s'élançait brusquement vers eux, mais il aima mieux le traiter de poltron que de criminel, et, quoique le danger eût été grand, il tourna la chose en plaisanterie, parce que Diomède avait agi sans malice.

Au contraire, il fit mourir Polus, l'un de ses plus chers affranchis, convaincu de relations adultères avec des matrones.

Son secrétaire Thallus ayant pour 500 deniers trahi le secret d'une lettre, il lui fit briser les jambes.

Comme le précepteur et les domestiques de son petit-fils Caius avaient profité de la maladie puis de la mort de leur maître pour déployer dans la province [de Syrie] leur orgueil et leur cupidité, il les fit précipiter dans un fleuve, une lourde masse attachée au cou.

Suétone, *Auguste*, 67.

Indulgent ? Sévère ? Juste ? Injuste ? Le poids des siècles fausse évidemment le fléau de la balance.

Nous avons vu Octave exercer son pouvoir avec colère, violence et cruauté. Crever les yeux d'un homme qu'il soupçonnait de vouloir l'agresser sur le Forum. Ordonner la mise à mort de combattants vaincus à Pérouse. Faire assassiner, à Alexandrie, les enfants que Marc Antoine avait eus de Cléopâtre ainsi qu'Antyllus, fils de Fulvie, ou encore faire exécuter Césarion : « Il n'est pas bon qu'il y ait plusieurs Césars »...

Mais il faut à présent écouter Sénèque : « Le Divin Auguste exerça une souveraineté douce, si l'on commence à l'évaluer à partir de son principat[1] », *explique-t-il au jeune Néron. Et il lui parle du pouvoir, et de la colère.*

Châtier l'homme irrité, le heurter de front, c'est l'exciter. Il faut l'aborder d'une manière détournée et séduisante, à moins que tu ne sois un assez grand personnage pour briser la colère, comme le fit le divin Auguste, un jour qu'il soupait chez Védius Pollion[2].

Un de ses esclaves avait cassé une coupe de cristal. Védius le fit saisir pour lui infliger une mort peu banale : il devait être jeté aux énormes murènes qu'il entretenait dans un vivier. Qui ne supposerait qu'il le faisait par sensualité ? C'était de la cruauté. L'esclave s'échappa des mains qui le tenaient et se réfugia aux pieds de l'empereur pour lui demander seulement de subir un autre genre de mort, de ne pas servir de pâture.

---

1. *De la clémence*, 1, 9, 1.
2. Cet affranchi était devenu un des plus riches chevaliers romains. Ami d'Auguste, il lui légua la plus grande partie de sa fortune. Sa cruauté est confirmée par Dion Cassius et par Pline : Védius Pollion « faisait immerger dans des parcs à murènes les esclaves qu'il avait condamnés, non parce que les bêtes terrestres ne pussent suffire à leur punition, mais un autre genre de supplice n'aurait pu lui offrir le spectacle d'un homme déchiré par tout le corps à la fois. On dit que le goût du vinaigre les rend particulièrement furieuses. Leur peau est très mince, au contraire de celle des anguilles qui est assez épaisse. Et, d'après Verrius, on s'en servait pour fouetter les jeunes garçons de naissance libre, ce qui fait, dit-on, qu'on n'a pas contre eux édicté d'amendes. » Pline l'Ancien, *Histoire Naturelle*, 9, 77.

L'empereur fut ému par cette étrange cruauté. Il fit relâcher l'esclave, briser devant lui toutes les coupes de cristal et combler le vivier.

C'est ainsi que l'empereur devait châtier un ami. Il a bien usé de sa puissance.

– Tu ordonnes que des hommes soient traînés hors d'une salle de banquet pour être déchirés par un supplice inouï. Si ta coupe a été brisée, les entrailles d'un homme seront dispersées. As-tu l'outrecuidance de faire conduire quelqu'un à la mort là où est l'empereur ?

Ainsi, que celui qui a assez de puissance pour pouvoir attaquer de haut la colère la maltraite, mais seulement quand elle est telle que je viens de la raconter, farouche, monstrueuse, sanguinaire ; car elle est alors incurable, si elle ne craint plus fort qu'elle.

Sénèque, *De la colère*, 3, 40, 2-5.

Et Sénèque reprend l'épisode de l'esclave de Védius Pollion dans son enseignement sur la clémence.

Exercer avec modération son pouvoir sur les esclaves mérite l'estime.

Et quand il s'agit d'un esclave, il faut avoir à la pensée non tout ce qu'on peut lui faire subir impunément mais ce que permet la loi naturelle du juste et du bien : elle prescrit de ménager même les captifs et les êtres acquis à prix d'argent ; c'est d'autant plus légitime pour les hommes libres par statut, libres de naissance, honorables, de les traiter non comme des objets possédés mais des êtres que tu précèdes dans l'échelle sociale et dont on t'a confié non la mise en servitude mais la protection.

Les esclaves peuvent trouver refuge auprès d'une statue : tout est sans doute permis contre un esclave, mais il est une conduite dont le droit commun aux êtres vivants interdit la possibilité, quand il s'agit d'un être humain.

Qui haïssait davantage Védius Pollion que ses propres esclaves, parce qu'il engraissait ses murènes avec du sang humain et faisait jeter dans son vivier, autrement dit aux serpents, tous ceux qui l'avaient quelque peu offensé ?

Ô homme méritant mille morts, soit qu'il jetât aux murènes destinées à sa consommation des esclaves à dévorer, soit qu'il les nourrit dans le seul objet de les nourrir ainsi.

De la même manière que les maîtres cruels sont montrés du doigt par la cité tout entière et sont objets de haine et de détestation, ainsi, les torts que font subir les rois ont de larges répercussions, leur infamie et la haine qu'ils inspirent se transmettent aux générations. Or, combien il eut mieux valu ne pas naître plutôt que d'être compté parmi ceux qui sont nés pour le malheur public !

Sénèque, *De la clémence*, 1, 18.

Auguste vieillissant acquit la sagesse, las de tant de sang versé par le passé.

Comme à plus de quarante ans il séjournait en Gaule, il lui fut rapporté sur dénonciation que Lucius Cinna, homme d'un esprit borné, machinait un complot contre lui. On lui dit où, quand et comment il voulait l'agresser. L'un des complices faisait ce rapport. Il décida de se venger de lui et fit convoquer le conseil de ses amis.

Il passa une nuit agitée, en pensant qu'un jeune homme de noble naissance, intègre sous tout autre rapport, petit-fils de Cnéius Pompée, devait être condamné. Il n'était plus capable de mettre à mort un seul homme, lui qui, sous la dictée de Marc Antoine, avait consigné l'édit de proscription au cours d'un repas.

En poussant des gémissements, il émettait, de temps à autre, des paroles sans suite et contradictoires :

– Quoi donc ? Moi, je souffrirais que mon assassin se promène sans souci, quand je suis dans le tourment ? Va donc rester impuni un être qui peut prendre la décision non pas de trancher mais d'immoler – car l'agression devait s'effectuer pendant un sacrifice – une tête prise vainement pour cible au cours de tant de guerres civiles, survivante de tant de combats navals, de tant de combats terrestres ; et cela maintenant que la paix est acquise sur terre et sur mer ?

À l'inverse, après un moment de silence, il s'irritait d'une voix bien plus forte contre lui-même que contre Cinna :

– Pourquoi vis-tu, si tant de gens ont avantage à te voir périr ? Quel sera le terme des supplices, celui du sang ? Je ne suis qu'une tête offerte aux jeunes gens de noble naissance, pour qu'ils en fassent leur cible en aiguisant leurs glaives : la vie n'est pas d'un si grand prix, si, pour me soustraire à la mort, on doit sacrifier un si grand nombre de têtes.

Sénèque, *De la clémence*, 1, 9, 2-5.

Livie, son épouse, sut le convaincre d'épargner Cinna.

Son épouse Livie l'interrompit enfin :

– Acceptes-tu, dit-elle, le conseil d'une femme ? Procède comme les médecins : lorsque les remèdes habituels ne sont plus efficaces, ils essaient leurs contraires. Par la sévérité, tu n'as eu jusqu'ici aucun succès : Salvidiénus a été suivi par Lépide, Lépide par Muréna, Muréna par Cépion, Cépion par Égnatius, sans parler des autres : les voir pousser si loin l'audace est une honte. Maintenant essaie de voir comment la clémence te réussira. Pardonne à Lucius Cinna : il a été pris, désormais il ne peut te nuire mais il peut être utile à ta renommée.

Se réjouissant d'avoir trouvé un soutien, il remercia son épouse, donna sur-le-champ contrordre à ses amis qu'il avait convoqués à son conseil, fit venir Cinna seul auprès de lui, renvoya tout le monde de la pièce et, après avoir fait placer une autre chaise pour Cinna, dit :

– Je te demande d'abord de ne pas m'interrompre, de ne pas pousser de cri au milieu de mon discours : un temps de parole te sera accordé avec toute liberté. Moi, Cinna, alors que je t'avais trouvé dans le camp de mes ennemis, plein d'une hostilité non seulement acquise mais native, je t'ai sauvé, je t'ai laissé l'ensemble de ton patrimoine. Aujourd'hui, tu es si prospère et si riche que des vainqueurs portent envie à un vaincu. Tu sollicitais un sacerdoce, je te l'ai donné en écartant plusieurs hommes dont les pères avaient combattu avec moi. Alors que j'avais si bien mérité de toi, tu as pris la décision de me mettre à mort.

Comme à ces mots il s'était écrié qu'une telle folie était loin de lui, Auguste lui dit :

– Tu ne tiens pas parole, Cinna, nous avions convenu que tu n'interromprais pas. Tu t'apprêtes, dis-je, à me mettre à mort.

Il ajouta le lieu, les complices, le jour, le déroulement de l'attentat, celui à qui on avait confié le fer. Et comme il le voyait prostré et silencieux, non plus en vertu du pacte mais sous l'effet d'un sentiment intime, il dit :

– Dans quelle intention fais-tu cela ? Pour être toi-même empereur ? Le peuple romain est, par Hercule, bien mal en point, si tu ne rencontres aucun obstacle sur la route du pouvoir en dehors de moi. Tu n'es pas capable de protéger ta maison : récemment dans un procès civil, l'influence d'un affranchi a eu raison de toi. Mais, bien sûr, rien ne t'est plus facile que de monter un complot contre César. Je cède le pas, si moi seul je suis une entrave à tes espérances. Est-ce que Paulus, Fabius Maximus, les Cossi, les Servilii vont te supporter, ainsi que toute cette armée de nobles, non pas ceux qui affichent de vains noms, mais ceux qui font honneur aux portraits de leurs ancêtres ? [...]

Je te donne une seconde fois la vie, Cinna : auparavant ce fut à l'ennemi, maintenant c'est au comploteur et au parricide. À partir d'aujourd'hui, que commence entre nous une amitié. Entrons en compétition pour voir lequel de nous tiendra mieux parole : moi qui t'ai donné la vie ou toi qui me la dois.

Par la suite, il lui conféra de sa propre initiative le consulat, en se plaignant qu'il n'osât point le solliciter. Il trouva en lui la plus grande affection et la plus grande fidélité, il fut son héritier. Personne ne monta plus de complot contre lui.

Sénèque, De la clémence, 1, 9, 6-12.

Sénèque reprend l'histoire d'Auguste pour former le jeune Néron à la clémence.

Ton trisaïeul a pardonné aux vaincus. S'il n'avait pas pardonné, sur qui aurait-il exercé son pouvoir ? Salluste, les Cocceii, les Dellii, le cercle tout entier de sa première audience, il les a enrôlés dans le camp de ses adversaires. À sa clémence déjà il devait les Domitii, les Massala, les Asinii, les Cicéron, tout ce qui était l'élite dans notre cité.

Lépide lui-même, que de temps il a attendu patiemment qu'il mourût ! Durant de nombreuses années, il a supporté de le voir garder les insignes du premier rang et il n'a point souffert qu'on lui transmît le grand pontificat avant sa mort, car il a préféré qu'on l'appelât un honneur plutôt qu'une dépouille. Cette clémence lui a garanti salut et sécurité, elle lui a assuré crédit et popularité, et pourtant jamais encore le peuple romain n'avait courbé la tête, quand il lui a imposé sa main. Et aujourd'hui elle lui procure une gloire dont les souverains en vie ne connaissent guère la faveur.

Si nous croyons qu'il est un Dieu, ce n'est pas comme pour obéir à un ordre. Nous proclamons qu'Auguste a été un bon souverain, que le nom de Père lui a bien convenu, pour la seule raison qu'il poursuivait sans aucune cruauté les outrages même personnels, d'ordinaire plus amers pour les souverains que les torts subis, qu'il a ri des propos

injurieux lancés contre lui, qu'il paraissait manifestement
subir un châtiment lorsqu'il l'imposait, que tous ceux
qu'il avait condamnés pour adultère avec sa fille, loin de
les mettre à mort, il leur donnait, au départ en exil, des
sauf-conduits pour renforcer leur sécurité. Voilà ce qu'est
pardonner – puisque tu sais qu'il y aura beaucoup de gens
pour s'irriter à ta place et se faire bien voir de toi par le
sang d'autrui –, ce n'est pas seulement accorder le salut,
mais le garantir.

Telle fut la conduite d'Auguste âgé ou quand ses années
inclinaient déjà vers la vieillesse. Dans son jeune âge, il fut
bouillant, brûla de colère, accomplit nombre d'actions vers
lesquelles il n'avait pas plaisir à tourner les yeux.

Nul n'osera comparer la douceur du Divin Auguste à
la tienne, même si pour rivaliser avec tes jeunes années,
il a laissé arriver une vieillesse plus que mûre. Il aura été
modéré et clément, mais ce fut après que la mer d'Actium
eut été souillée du sang romain, après qu'en Sicile eurent
été mises en pièces sa flotte et celle de l'adversaire, après les
hécatombes de Pérouse et les proscriptions.

Pour ma part, je n'appelle pas clémence une cruauté
blasée. La vraie clémence, César[3], est celle que tu mets
en œuvre, qui ne commence pas par le repentir de sévices :
elle ne comporte aucune tache, n'a jamais répandu le
sang des citoyens. Elle est, dans l'exercice d'un très grand
pouvoir, l'équilibre le plus vrai de l'âme et du genre humain
[…] Sans se laisser corrompre par quelque passion ni par
quelque aveuglement de sa nature, ni par les exemples de ses
prédécesseurs, le souverain ne cherche pas à éprouver tout
ce qui lui est permis contre ses concitoyens mais à émousser
le tranchant de son pouvoir.

Tu nous as procuré, César, une cité exempte d'effusions
de sang et, ce dont ta grandeur d'âme s'est fait une gloire,

3. Le jeune Néron auquel s'adresse Sénèque.

tu n'as jamais répandu dans l'univers entier une goutte de sang. C'est d'autant plus grand et admirable que jamais un glaive n'a été confié plus vite à quelqu'un. La clémence confère donc non seulement plus de beauté morale mais plus de sécurité, elle est à la fois l'ornement des empires et leur salut le plus certain.

Pour quelle raison, en effet, les rois ont-ils atteint la vieillesse et transmis leur trône à leurs enfants et petits-enfants, tandis que le pouvoir des tyrans est tenu en exécration et de courte durée ? Quelle est la différence entre un tyran et un roi ? – car l'apparence même de leur position et leur liberté d'action sont les mêmes –, sinon que les tyrans sont féroces pour le plaisir, tandis que les rois ne le sont pas, sauf de manière circonstancielle et par nécessité.

Sénèque, *De la clémence*, 1, 10-11.

Mais il faut revenir sur le thème de la colère et les témoignages rapportés par Sénèque, qui témoignent d'une maîtrise de soi qu'Auguste aurait acquise dans la seconde partie de sa vie.

Bien des actions et des paroles du divin Auguste méritent aussi d'être rapportées et montrent que la colère n'avait pas d'empire sur lui.

L'historien Timagène[4] avait tenu certains propos contre lui, d'autres contre sa femme et toute sa maison, et ses paroles n'avaient pas été perdues. Car les plaisanteries osées se colportent de préférence et passent de bouche en bouche. Souvent, l'empereur l'avertit de modérer sa langue. Comme celui-ci persistait, il le chassa de sa maison.

---

4. Historien d'origine grecque, né à Alexandrie, fait prisonnier par l'armée romaine et vendu comme esclave à Rome. Il réussit à y ouvrir une école de rhétorique, puis à entrer dans le cercle littéraire proche de l'empereur.

Dans la suite, Timagène vieillit sous le toit d'Asinius Pollion[5], et toute la société romaine se l'arracha. Aucune porte ne se ferma devant lui parce que l'empereur lui avait interdit la sienne. Il fit une lecture publique de l'histoire qu'il écrivit après la rupture et mit au feu les livres qui contenaient les actes de César Auguste. Il fut en querelle ouverte avec lui. Personne ne s'en écarta comme s'il eût été frappé de la foudre. Il se trouva quelqu'un pour tendre les bras à qui tombait de si haut.

L'empereur, comme je l'ai dit, ne s'en fâcha point et ne s'émut même pas de ce qu'il avait porté la main sur le panégyrique de ses actions. Jamais il ne se plaignit à l'hôte de son ennemi. Il se contenta de dire à Asinius Pollion qu'il nourrissait un monstre. Puis, comme Pollion cherchait une excuse, il l'arrêta :

– Profites-en, mon cher Pollion, profites-en.

– Si tu l'ordonnes, César, répliqua Pollion, je le chasserai sur-le-champ.

– Crois-tu, répondit-il, que je vais le faire alors que c'est moi qui vous ai réconciliés.

Autrefois, en effet, Pollion avait été brouillé avec Timagène et la seule cause qui le fit cesser d'être fâché fut que l'empereur avait commencé à l'être.

Sénèque, *De la colère*, 3, 23, 4-8.

5. Ami de Jules César, ancien consul, puis animateur de la vie intellectuelle à Rome dès le début de l'empire.

TRISTESSES IMPÉRIALES

19 avant J.-C. – 9 après J.-C.

L'empereur Auguste, que les dieux ont comblé de faveur plus que tout autre, n'a cessé d'implorer le repos et de réclamer d'être libéré du gouvernement. Tous ses entretiens revenaient toujours à ce sujet, l'espoir de la retraite. Dans ses préoccupations, il se berçait de cette consolation, illusoire peut-être, douce pourtant, qu'un jour viendrait où il vivrait pour lui.

Dans une lettre adressée au Sénat, où il promettait que son repos ne serait pas sans dignité et sans rapport avec sa gloire précédente, je trouve la phrase suivante : « Mais il est plus facile de se le promettre que de le réaliser. Pourtant, le désir de ce moment tant souhaité a fait de tels progrès en moi que, puisque la joie de le voir arriver tarde encore, je prends un plaisir anticipé à en prononcer le mot. »

La retraite lui paraissait une si belle chose que, ne pouvant la prendre en pratique, il la prenait en imagination. Lui qui voyait tout dépendre de lui, qui fixait le sort des hommes et des peuples, songeait avec transport au jour où il dépouillerait sa grandeur. Il savait bien par expérience ce que font couler de sueur ces biens qui brillent par toute la terre, ce qu'ils couvrent de tourments cachés.

Forcé de s'armer contre ses concitoyens d'abord, puis contre ses collègues, enfin contre ses proches, il répandit le sang sur terre et sur mer. Après avoir semé la guerre à travers la Macédoine, la Sicile, l'Égypte, la Syrie, l'Asie et sur presque tous les rivages, il tourna ses armes, fatiguées de massacrer des Romains, vers les guerres étrangères.

Tandis qu'il pacifiait les Alpes, qu'il domptait les ennemis au sein de provinces déjà soumises, tandis qu'il portait les frontières au delà du Rhin, de l'Euphrate et du Danube, dans la capitale même, Muréna, Cépion, Lépide, Egnatius, d'autres encore aiguisaient contre lui leur poignard. Il n'avait pas encore évité leurs embûches : sa fille[1] et tant de nobles jeunes gens, comme s'ils étaient enrôlés dans l'armée de l'adultère, épouvantaient sa vieillesse…

Il avait retranché ces ulcères avec ses membres mêmes : d'autres renaissaient par-dessous. Comme en un corps trop sanguin, il se produisait toujours quelque hémorragie. Aussi désirait-il la retraite dont l'espoir et la pensée allégeaient ses peines. Tel était le vœu de celui qui pouvait combler tous les vœux.

Sénèque, *De la brièveté de la vie*, 4, 2-6.

D'abord, Auguste n'apporte aucun crédit à ce qu'on lui rapporte de la conduite de Julie. Mais la rumeur court et la belle société romaine en fait des gorges chaudes. Quelques années plus tard, dans ses Saturnales, *Macrobe en fait son miel.*

Voulez-vous que je vous cite quelques bons mots de Julie, fille d'Auguste ? Mais à condition de ne pas encourir une réputation de bavard, je veux auparavant dire quelques mots du caractère de cette femme, à moins que l'un d'entre vous n'ait un sujet sérieux et édifiant à proposer.

Elle avait trente-huit ans, un âge de la vie qui tend vers la vieillesse, à supposer que son esprit fût demeuré sage, mais elle abusait de l'indulgence de la Fortune, comme de celle de son père, alors que par ailleurs son amour des lettres, sa vaste culture, avantages faciles à obtenir dans une telle maison, en outre sa douceur, sa bienveillance, une très grande bonté naturelle lui attiraient une immense sympathie, ceux

---

1. Julie, née du mariage d'Octave avec Scribonia.

qui connaissaient ses vices s'étonnant de voir coexister des tendances si opposées chez elle.

À plusieurs reprises son père l'avait engagée, en des termes balançant entre l'indulgence et la sévérité, à réduire le luxe de sa toilette et l'importance de sa suite. Mais quand il comparait le nombre de ses petits-enfants et leur reconnaissance frappante avec Agrippa, il rougissait de nourrir des doutes sur la vertu de sa fille.

Ainsi, Auguste se berçait d'illusions à l'idée que sa fille avait un caractère exubérant, donnant l'apparence du libertinage, mais exempt de tout reproche, et il osait la comparer à Claudia[2] qui vécut dans les temps anciens. Aussi, entre amis, dit-il qu'il avait deux enfants gâtés dont la charge lui incombait, l'État et Julie.

Macrobe, *Saturnales*, 2, 5, 1-4.

C'est le temps des premières remarques, le temps des simples réprimandes.

Julie s'était présentée devant son père dans une tenue provocante qui avait choqué ses regards sans qu'il fît la moindre remarque. Le lendemain, elle changea sa façon de s'habiller et, prenant un air grave, elle embrassa son père qui fut comblé. Lui, de son côté, qui la veille avait contenu sa mauvaise humeur, ne put contenir sa joie :

— Combien cette tenue est plus convenable, dit-il, sur la fille d'Auguste !

Et Julie prit sa propre défense par ces mots :

— C'est qu'aujourd'hui, je me suis parée pour les yeux de mon père, hier pour ceux de mon mari.

2. La comparaison concerne vraisemblablement Claudia Quinta, petite fille d'Appius Claudius Caecus, le censeur : suspectée dans sa moralité, elle tira des sables où il était enlisé à l'embouchure du Tibre, le navire ramenant la Mère des dieux, en 204. Voir Tite-Live, *Histoire romaine*, 30, 14, 12 ; Suétone, *Tibère*, 2.

Bien connu est le trait suivant. Lors d'un spectacle de gladiateurs, Livie et Julie avaient attiré sur leurs personnes les regards de la foule, en raison de la différence de leur suite. De fait, alors que Livie était entourée d'hommes graves, autour de Julie était assise une troupe de jeunes gens, assurément amis du plaisir. Son père, dans une lettre, attira son attention sur la différence notable entre les deux premières femmes de l'Empire. Elle lui adressa une réponse pleine de subtilité :

– Eux aussi deviendront vieux en même temps que moi.

Julie avait commencé tôt à avoir des cheveux blancs, qu'elle arrachait habituellement en cachette. L'arrivée inopinée de son père surprit un jour ses coiffeuses. Auguste fit semblant de ne pas avoir aperçu les cheveux blancs sur leurs robes et après avoir parlé de choses et d'autres, il amena la conversation sur l'âge et demanda à sa fille si dans quelques années elle aimerait avoir les cheveux blancs ou être chauve. Comme elle avait répondu :

– Moi, père, j'aime mieux avoir les cheveux blancs.

Il lui reprocha son mensonge en ces termes :

– Pourquoi donc tes femmes te rendent-elles chauve si vite ?

La même Julie, entendant un de ses amis, homme au caractère grave, qui voulait la convaincre qu'elle ferait mieux de se conformer à la simplicité de son père, rétorqua :

– Lui oublie qu'il est César, moi je me souviens que je suis sa fille.

Macrobe, *Saturnales*, 2, 5, 5-8.

Enfin, la rumeur se transforme en commérage obscène.

Comme ceux qui connaissaient sa vie de débauches s'étonnaient de ce qu'elle mettait au monde des enfants ressemblant à Agrippa, elle qui livrait son corps à tant de gens, elle lança :

– C'est que je ne prends un passager que quand le navire est plein.

Macrobe, *Saturnales*, 2, 5, 9.

Julie, oubliant totalement la grandeur de son père et celle de son époux n'omit, en se livrant à la débauche et à la lubricité, aucune des turpitudes qu'une femme peut accomplir ou subir. Elle mesurait la grandeur de sa situation à la licence qu'elle avait de pécher, revendiquant comme licites toutes ses fantaisies.

Velleius Paterculus, *Histoire romaine*, 2, 100, 3.

Auguste ne tenait aucun compte de tout cela. Mais quand il finit, bien que tard, par être instruit des désordres de sa fille Julie qui allait jusqu'à se livrer, la nuit, à des orgies au milieu du Forum, au pied même de la tribune aux harangues, il fut saisi d'une violente colère. Il la soupçonnait auparavant d'une conduite peu réglée, mais sans y croire cependant. Car ceux qui ont l'autorité entre les mains sont informés de tout mieux que de leurs propres affaires. Aucune de leurs actions n'est ignorée de ceux qui les entourent, et ils ne peuvent pénétrer la conduite des autres.

Dion Cassius, *Histoire romaine*, 55, 10, 13.

Le Divin Auguste, quand sa fille eut renchéri par son impudicité sur le sens ignominieux de ce mot, la frappa de relégation et livra les scandales de la maison impériale à la publicité : entrée permise en masse aux amants, vagabondage de bandes avinées, la nuit, à travers la ville. Le Forum lui même et les Rostres, d'où le père avait fait passer la loi sur les adultères, choisis par sa fille pour théâtre de ses débauches. Chaque jour, au Marsyas[3], rassemblement au pas de course,

---

3. Dans la mythologie grecque, Marsyas était un satyre. Il dut s'incliner face à Apollon au cours d'une joute musicale. Le dieu le fit

tandis que, de femme infidèle devenue prostituée, elle affirmait, sous les baisers d'un inconnu, son droit à tout essayer.

Sénèque, _Des bienfaits_, 6, 32, 1.

[Après avoir informé] le Sénat, sans paraître lui-même, par une note que lut un questeur, la honte le retint longtemps à l'écart de toute société et il songea même à la faire périr.

En tout cas, vers la même époque, une de ses complices, l'affranchie Phœbé, ayant mis fin à ses jours en se pendant, il déclara « qu'il aurait préféré être le père de Phœbé. »

Ayant relégué sa fille[4], il lui interdit, avec l'usage du vin, toutes sortes de luxes et lui défendit de recevoir aucun homme, libre ou esclave, sans qu'on eut demandé son avis, en lui faisant connaître l'âge du visiteur, sa taille, son teint, et même les signes particuliers ou les cicatrices qu'il portait sur le corps[5]. [...]

Mais aucune prière ne put le faire consentir à la rappeler auprès de lui et, comme le peuple romain, avec une insistance obstinée, implorait fréquemment sa grâce, il lui souhaita, en pleine assemblée, de telles filles et de telles épouses.

Suétone, _Auguste_, 65, 4-7.

Une autre fois, alors que le peuple le suppliait, Auguste répondit que le feu se mêlerait à l'eau avant qu'il se décidât à la rappeler. Le peuple alors jeta quantité de feux dans le Tibre, sans obtenir rien pour le moment par cet artifice ; mais, par la suite[6], il fit tellement violence à l'empereur, que Julie fut, du moins, transférée de son île sur le continent.

Dion Cassius, _Histoire romaine_, 55, 13.

attacher à un arbre et il fut écorché vif. Une statue représentant le supplice de Marsyas se trouve au Musée du Louvre, à Paris.

4. Il l'exile sur l'île de Pandateria.

5. Par crainte que sa fille entretînt des relations avec ses ennemis d'autrefois et conspirât contre lui.

6. Cinq ans après le début de sa relégation.

Il semble en tout cas qu'Auguste ait à cette époque profondément éprouvé la solitude du pouvoir.

Ces crimes qui exigeaient le silence du prince autant que ses sanctions – car il est de certaines hontes qui rejaillissent jusqu'à celui qui les châtie –, trop peu maître de son courroux, il les avait rendus publics.

Puis, comme au bout de quelques jours, la colère avait fait place à la honte, il gémissait de n'avoir pas su taire et refouler en lui ce qu'il avait ignoré jusqu'au moment où parler entraînait le déshonneur.

Alors souvent, il s'écria :

– De ces malheurs aucun ne me serait arrivé si Agrippa et Mécène avaient vécu !

Tant un homme qui a des milliers et des milliers de sujets a de mal à en remplacer deux ! On vit des massacres de légions suivis immédiatement de levées, une flotte brisée et, en moins de quelques jours, une flotte neuve sur l'eau, une fureur incendiaire s'exercer sur les édifices publics et d'autres édifices sortir des cendres, plus beaux que les précédents. Mais toute sa vie, la place d'Agrippa et de Mécène demeura vide.

Qu'en faut-il penser ? Qu'il ne trouva pas les pareils pour les appeler auprès de lui ou que ce fut sa faute, en ce qu'il aima mieux gémir que s'enquérir ?

Nous n'avons pas sujet de croire qu'Agrippa et Mécène eussent coutume de lui dire la vérité. S'ils avaient vécu, ils auraient été parmi ceux qui la cachent. C'est une habitude des souverains de faire affront à ce qui est en louant ce qui n'est plus et de prêter le mérite de la franchise à ceux dont ils n'ont plus à craindre le franc-parler.

Sénèque, *Des bienfaits*, 32, 2-4.

Auguste survécut à la plupart de ses amis. En 12, en effet, il avait perdu Agrippa, rencontré au temps de son séjour à Apollonie,

où Jules César l'avait envoyé étudier. Compagnon de son retour à
Rome après les Ides de Mars, artisan de ses grands succès militaires,
toujours présent, sur tous les fronts.

Agrippa était en Pannonie[7], où la guerre menaçait, avec
une autorité supérieure à celle de tout général commandant
en n'importe quel lieu hors de l'Italie. L'expédition, malgré
l'approche de l'hiver […], n'en fut pas moins accomplie.
Mais les Pannoniens, frappés de terreur à son approche,
ayant renoncé à la révolte, il revint sur ses pas.

Arrivé en Campanie, il tomba malade. À cette nouvelle,
Auguste […] partit aussitôt, et, ne l'ayant plus trouvé en vie
à son arrivée, il rapporta son corps à Rome et l'exposa dans
le Forum […]. Auguste fit à Agrippa des funérailles de la
manière dont il fut lui-même, plus tard, porté au bûcher.
Il lui donna la sépulture dans son propre monument […].

Telle fut donc la fin d'Agrippa, l'homme, sans contre-
dit, le plus recommandable de son siècle, et qui n'usa
de l'amitié d'Auguste que pour rendre, et au prince lui-
même et à l'État, les plus grands services. En effet, autant
il l'emportait sur les autres, autant il aimait à s'effacer
devant Auguste : en même temps qu'il faisait concourir
toute sa prudence, tout son esprit aux intérêts du prince,
il consacrait à la bienfaisance tout le crédit, toute la puissance dont il jouissait auprès de lui. Ce fut là surtout ce
qui fit qu'il ne fut jamais importun à Auguste, ni odieux
à ses concitoyens : s'il contribua à l'affermissement de la
monarchie dans la main d'Auguste, en véritable partisan
d'un gouvernement absolu, il s'attacha le peuple par
ses bienfaits, en homme qui a les sentiments les plus
populaires. […]

La mort d'Agrippa ne fut pas seulement un malheur
privé pour sa maison, elle fut aussi un malheur public

---

7. La Pannonie couvre à peu près le territoire actuel de la Hongrie.

atteignant tous les Romains, à tel point que les présages qui leur annonçaient d'ordinaire les grandes calamités se montrèrent alors réunis. Des hiboux vinrent en grand nombre dans la ville, la foudre frappa, sur le mont Albain, la maison dans laquelle descendent les consuls pendant le temps des sacrifices. Un de ces astres qu'on nomme comètes, après être, pendant plusieurs jours, apparu dans les airs au-dessus de Rome elle-même, se dissipa en flambeaux. Plusieurs édifices de la ville furent la proie des flammes, ainsi que la cabane de Romulus, où des corbeaux avaient jeté des chairs en feu ravies sur un autel.

Dion Cassius, *Histoire romaine*, 54, 28-29.

Quatre ans plus tard, Mécène disparut. Longue amitié, confiance durable. Mécène était plus qu'un ministre.

La mort de Mécène vint l'affliger profondément. La plus grande preuve du mérite de Mécène, c'est qu'il fut le familier d'Auguste, bien que s'opposant à ses passions, et sut plaire à tous : puissant auprès du prince au point d'avoir donné à plusieurs des honneurs et des charges, il ne se montra point orgueilleux et resta toute sa vie dans l'ordre équestre. Ces qualités le firent vivement regretter d'Auguste. D'ailleurs il l'avait, bien qu'irrité de ses relations avec sa femme, institué son héritier, avec faculté, sauf quelques réserves peu nombreuses, d'en disposer à son gré en faveur de quelqu'un de ses amis. Tel était Mécène, et telle fut sa conduite avec Auguste.

Dion Cassius, *Histoire romaine*, 55, 7.

Enfin, en 9 après J.-C., Teutoburg. Terrible défaite de Varus, un proche d'Auguste, contre les tribus de Germanie. Suétone la range parmi les défaites « ignominieuses » des armées romaines sous l'Empire. « Cette défaite, écrit-il, faillit nous être fatale, car trois légions y furent massacrées avec leur général, ses lieutenants, et toutes les troupes auxiliaires[8]. »

La cause du désastre et la personnalité de Varus exigent que l'on s'y arrête. Quintilius Varus descendait d'une famille plutôt illustre que noble. C'était un homme qui avait un naturel doux, un caractère paisible, une certaine paresse du corps et de l'esprit, plus habitué au calme des camps qu'à l'activité guerrière ; mais il ne méprisait pas l'argent, comme le prouve la Syrie dont il fut gouverneur : riche elle était quand il y arriva pauvre, pauvre elle était quand il en partit riche.

Devenu commandant de l'armée qui se trouvait en Germanie, il imagina que ces hommes qui n'avaient d'hommes que la voix et les membres et qui ne pouvaient être domptés que par l'épée pourraient être adoucis par les lois. Pénétrant avec de telles intentions au cœur de la Germanie comme s'il se trouvait au milieu de gens qui goûtaient les douceurs de la paix, il passa le temps de la campagne d'été à rendre la justice et à prononcer, cas après cas, des arrêts du haut de son tribunal.

Mais chose que l'on aurait peine à croire si l'on n'en avait fait soi-même l'expérience, ces gens[9], malgré leur extrême barbarie, sont doués d'une profonde astuce.

Velleius Paterculus, *Histoire romaine*, 2, 117 – 118, 1.

Varus donc, au lieu d'avoir ses légions réunies, comme cela se doit faire en pays ennemi, les dispersa en nombreux détachements, sur la demande des habitants les plus faibles, sous prétexte de garder certaines places, de s'emparer de brigands ou de veiller à l'arrivée des convois de vivres. Les principaux conjurés, les chefs du complot et de la guerre [...] avaient avec Varus des rapports continuels et souvent partageaient sa table. Cependant, [...] Varus, plein de

8. Suétone, *Auguste*, 23, 1.
9. Les Germains.

confiance [...], loin de s'attendre à aucun malheur, refuse d'ajouter foi à aucun de ceux qui soupçonnent ce qui se passe et l'avertissent de se tenir sur ses gardes.

Dion Cassius, *Histoire romaine*, 56, 19.

On lui annonce que des peuplades éloignées se sont soulevées. Varus se met en route pour aller y rétablir l'ordre, sans se douter qu'il va tomber dans un piège.

L'armée la plus valeureuse de toutes, la première parmi les troupes romaines pour sa discipline, son énergie et son expérience des guerres, se trouva encerclée, victime de l'apathie de son chef, de la perfidie de l'ennemi, de l'injustice du sort ; l'occasion ne fut même pas donnée aux soldats de combattre ou de faire une sortie en toute liberté autant qu'ils l'auraient voulu, puisque certains d'entre eux furent durement punis pour s'être servis de leurs armes et s'être comportés en Romains ; enfermés dans des forêts, des marécages, pris dans un piège, ils furent massacrés jusqu'au dernier par ces ennemis qu'ils avaient toujours égorgés comme du bétail au point que la vie ou la mort de ces derniers dépendait de leur colère ou de leur pitié. Le général montra plus de courage pour mourir que pour combattre car, à l'exemple de son père et de son grand-père, il se transperça de son épée.

Velleius Paterculus, *Histoire romaine*, 2, 119, 2-3.

Trois légions, trois corps de cavalerie et six cohortes furent anéanties[10].

Il faut également louer la valeur du préfet du camp, L. Caedicius, et des soldats qui, encerclés avec lui à Alison,

10. Sous le règne d'Auguste, une légion comprenait dix cohortes d'environ six-cents hommes. Un corps de cavalerie se compose de cent à trois-cents cavaliers. À Teutoburg, l'armée romaine représentait donc environ vingt-deux mille hommes.

étaient assiégés par d'immenses troupes de Germains. Surmontant toutes les difficultés rendues intolérables par le manque de tout et insurmontables par la puissance des ennemis, sans recourir non plus à une résolution téméraire ou à une lâche prévoyance, ils guettèrent l'occasion favorable et s'ouvrirent par le fer le chemin de retour vers les leurs. Il apparaît d'après cela que Varus était certes un homme sérieux et plein de bonnes intentions, mais que c'est plus le manque de la prudence nécessaire à un général que l'absence du courage chez ses soldats qui a provoqué sa perte et celle d'une magnifique armée.

Caldus Caelius, bien digne de l'antique noblesse de sa famille, fut l'auteur d'une action héroïque : enfermant dans sa main une certaine longueur des chaînes par lesquelles il était lié, il s'en frappa la tête avec une telle violence qu'il mourut aussitôt dans un jaillissement de sang et de cervelle.

Velleius Paterculus, *Histoire romaine*, 2, 120, 4-6.

Des deux préfets du camp, L. Eggius donna un exemple qui fut aussi glorieux que fut ignominieux celui qu'offrit Ceionus ; car, alors que la bataille avait englouti de beaucoup la plus grande partie de l'armée, il prit l'initiative de la reddition, préférant mourir dans les supplices plutôt que dans la bataille. Quant à Vala Numonius, un lieutenant de Varus, un homme par ailleurs paisible et honnête, il donna un exemple funeste : abandonnant ceux de ses cavaliers qui avaient perdu leurs chevaux et étaient réduits à l'état de fantassins, il tenta avec les autres de fuir vers le Rhin. La fortune vengea son crime : il ne survécut pas à ceux qu'il avait désertés et mourut en déserteur. Le corps à demi-brûlé de Varus fut sauvagement déchiré par les ennemis ; sa tête tranchée, portée à Maroboduus et envoyée par ce dernier à Auguste, reçut malgré tout l'honneur de la sépulture dans le tombeau de sa famille.

Velleius Paterculus, *Histoire romaine*, 2, 119, 4-5.

Auguste, en apprenant la défaite de Varus, déchira ses vêtements, au rapport de plusieurs historiens, et conçut une grande douleur de la perte de son armée, et aussi parce qu'il craignait pour les Germanies et pour les Gaules, et, ce qui était le plus grave, parce qu'il se figurait voir ces nations prêtes à fondre sur l'Italie et sur Rome elle-même. Il ne restait plus de citoyens en âge de porter les armes ayant quelque valeur […].

Néanmoins il prit toutes les mesures qu'exigeait la circonstance. Comme pas un de ceux qui avaient l'âge de porter les armes ne voulait s'enrôler, il les fit tirer au sort, et le cinquième parmi ceux qui n'avaient pas encore trente-cinq ans, le dixième parmi ceux qui étaient plus âgés, étaient, par suite de ce tirage, dépouillés de leurs biens et notés d'infamie.

Enfin, comme, malgré cela, beaucoup refusaient encore de lui obéir, il en punit plusieurs de mort. Il enrôla ainsi par la voie du sort le plus qu'il put de vétérans et d'affranchis, et se hâta de les envoyer immédiatement en Germanie rejoindre Tibère.

Comme il y avait à Rome un grand nombre de Gaulois et de Germains, les uns voyageant sans songer à rien, les autres servant dans les gardes prétoriennes, il craignit qu'ils ne formassent quelque complot, et il envoya les derniers dans des îles, tandis qu'à ceux qui n'avaient pas d'armes, il enjoignait de sortir de la ville.

Dion Cassius, *Histoire romaine*, 56, 23.

Enfin, il se montra, dit-on, si consterné, que, laissant pousser sa barbe et ses cheveux pendant plusieurs mois, de temps à autre, il se frappait la tête contre la porte en hurlant : « Quintilius Varus, rends-moi mes légions ! » et que l'anniversaire de ce désastre fut désormais pour lui un jour de tristesse et de deuil.

Suétone, *Auguste*, 23, 4.

La défaite de Teutoburg donne un coup d'arrêt à la stratégie consistant à repousser toujours plus loin les limites de l'empire. Après quelques actions punitives, Tibère et Germanicus se limitèrent à consolider les positions le long de la frontière naturelle que représentait le Rhin.

LA MORT DU PRINCE

Rappelons-nous Octave, le triomphateur qui vient de soumettre l'Égypte. À la tête du cortège qui conduit au temple de Jupiter Capitolin. À cheval, sur la gauche de son char, son neveu, Marcellus, fils d'Octavie. Et à sa droite, Tibère, fils de Livie.

Lorsqu'il installe l'empire, il n'a pas de fils. Il sait que Livie ne pourra lui en donner. Que serait donc un empereur sans héritier ?

Il maria Julie[1], d'abord à Marcellus, fils de sa sœur Octavie, à peine sorti de l'enfance.

Suétone, *Auguste*, 63, 2.

La maladie l'ayant alors empêché de faire à Rome les noces de sa fille Julie et de son neveu Marcellus[2], ce fut Agrippa qui les célébra en son absence.

Dion Cassius, *Histoire romaine*, 53, 27, 5.

Un an plus tard, Marcellus décède, à Baïes.

Baïes, détestée pour un crime affreux, quel dieu ennemi s'est établi dans votre eau ?

Marcellus enfonçait son visage dans l'onde stygienne et son âme erre sur le lac infernal. À quoi lui ont servi sa race, sa valeur ou la meilleure des mères, et d'avoir embrassé le foyer de César [...] ? Il est mort ; pour le malheureux, avait été fixée la vingtième année [...].

1. Sa fille.
2. En 24.

Mais pour moi, que le nocher, qui fait passer les ombres des hommes pieux, apporte ici ta dépouille vide de ton âme.

Properce, Élégies, 3, 18, 7-15 et 31-32.

Et avec Virgile, de nouveau, la poésie installe l'histoire dans la légende : aux Enfers, Énée est impressionné par l'allure d'un jeune homme « d'une beauté insigne ». Il interroge son père.

– Père, [qui est-ce] ? Quelles acclamations dans la foule qui se presse autour de lui ! À lui seul, combien n'en vaut-il pas ! Mais autour de sa tête vole l'ombre lugubre d'une noire nuit.

Les yeux du vénérable Anchise se remplirent de larmes, et il commença :

– Ô fils, ne sonde pas le deuil immense des tiens ! Celui-ci, le destin ne fera que le montrer à la terre et ne permettra rien de plus. La gent romaine, ô dieux, vous aurait paru trop puissante si votre don avait été définitif. Quelle lamentation générale le Champ de Mars ne fera-t-il pas s'élever là-bas, devant la grande ville du dieu ! Quelles funérailles ne verras-tu pas, ô Tibérinus[3], lorsque tes eaux couleront devant sa tombe toute fraîche ! Aucun enfant d'ascendance troyenne n'exaltera d'autant d'espoir ses ancêtres latins, jamais la terre de Romulus ne s'enorgueillira autant d'un de ses nourrissons. Hélas, cette piété, hélas, cette loyauté digne des anciens temps, ce bras invincible à la guerre ! Nul ne se serait impunément porté contre lui lorsqu'il était en armes, qu'il marchât à pied à l'ennemi ou qu'il fouillât de ses éperons les épaules d'un cheval écumant. Malheureux enfant, hélas ! Ah, si tu pouvais briser la dureté du destin ! Tu seras Marcellus. Donnez-moi des lis, que j'épande à pleines mains ces fleurs de pourpre, que je comble au moins

---

3. Le tombeau de Marcellus se trouvait sur la rive gauche du Tibre.

de ces offrandes l'âme de mon petit-fils et m'acquitte d'un vain office.

Virgile, Énéide, 6, 863-886.

« Tu Marcellus eris… », « *Tu seras Marcellus.* »
On dit que lorsque Virgile lut son poème devant la famille d'Auguste, Octavie s'évanouit à l'instant.

Livie fut accusée de la mort de Marcellus, parce qu'on le préférait à ses fils. Mais ce soupçon fut balancé par la maladie qui sévit cette année et la suivante avec tant de violence qu'elles virent périr beaucoup de monde.

Dion Cassius, Histoire romaine, 53, 33, 4.

Alors, Auguste décida de marier Julie à Agrippa…

[Il obtint] de sa sœur qu'elle lui cédât son gendre, car Agrippa était alors marié avec l'une des deux Marcella et il en avait des enfants. Lorsqu'Agrippa fut mort à son tour, il hésita longtemps entre de nombreux partis, cherchant même dans l'ordre équestre, puis il choisit son beau-fils Tibère, qu'il contraignit à renvoyer sa femme[4], bien qu'elle fut enceinte et qu'il l'eût déjà rendu père.

Suétone, Auguste, 63, 2-3.

Tibère avait pris pour femme Agrippine, fille de Marcus Agrippa et petite-fille du chevalier romain Caecilius Atticus, le correspondant de Cicéron ; après avoir eu d'elle un fils, Drusus, il se vit, malgré leur parfait accord, et quoiqu'elle fût de nouveau enceinte, contraint de la congédier, pour épouser sur-le-champ Julie, la fille d'Auguste : ce ne fut pas sans une profonde douleur, parce que l'habitude l'attachait à Agrippine, et qu'il réprouvait la conduite de Julie, s'étant

4. Agrippine.

aperçu qu'elle avait du goût pour lui, du vivant même de son précédent mari, ce qui avait même fait l'objet d'un bruit public.

Pour ce qui est d'Agrippine, non seulement, il souffrit d'en être séparé, après son divorce, mais, l'ayant une seule fois revue, au hasard d'une rencontre, il la suivit d'un regard si heureux et si attendri, que désormais on prit soin de ne plus la laisser paraître en sa présence. Il vécut d'abord en bonne intelligence avec Julie et répondit à son amour, mais bientôt il s'en détacha et la séparation fut encore aggravée – car depuis lors il fit toujours lit à part – quand eut disparu le gage de leur amour, un fils qui naquit à Aquilée et mourut tout enfant.

Suétone, Tibère, 7, 3-5.

Auguste avait aussi adopté les fils d'Agrippa : Caius et Lucius.

Avant même d'avoir déposé la toge prétexte de l'enfance, ils furent appelés princes de la jeunesse et désignés pour le consulat, honneurs que, sous un semblant de refus, Auguste avait vivement désiré pour eux.

Lorsqu'Agrippa eut cessé de vivre et que Lucius, en allant aux armées d'Espagne, Caius, en revenant d'Arménie grièvement blessé, eurent été enlevés par une mort[5] que hâta le destin ou par une machination de leur marâtre Livie, comme Drusus s'était éteint[6] et qu'il ne restait plus comme beau-fils que Tibère, c'est de ce côté que tout converge : il devient son fils, son collègue au pouvoir, son associé à la puissance tribunicienne, et il est montré ostensiblement à toutes les armées, tandis que sa mère ne recourt plus, comme jadis, à d'obscures intrigues mais à des exhortations publiques.

Tacite, Annales, 1, 3, 2-3.

5. En 2 et 4 après J.-C.
6. En 9 après J.-C.

C'est aussi la fin d'une longue parenthèse dans la vie de Tibère qui s'était senti marginalisé à une période où les fils d'Agrippa, adoptés par Auguste, occupaient chaque jour une place plus importante. Pourtant, Auguste n'ignorait pas la valeur de Tibère.

Il donna à Tibère la puissance tribunicienne pour cinq ans, et le chargea de l'Arménie qui faisait défection. Le résultat de cette mesure fut de brouiller inutilement les jeunes gens et Tibère : Caius et Lucius se crurent méprisés. Tibère craignit leur colère. Aussi se retira-t-il à Rhodes sous prétexte de s'y adonner à l'étude, sans emmener aucun de ses amis, ni même tous ses domestiques, afin de se dérober aux yeux et aux intrigues de ses envieux.

Arrivé dans l'île, il ne fit et ne dit rien qui sentit l'orgueil. Telle est la cause la plus vraie de sa retraite. On l'attribue aussi à sa femme Julie, qu'il ne pouvait plus supporter ; du moins la laissa-t-il à Rome.

Dion Cassius, Histoire romaine, 55, 9, 4-7.

Avec la disparition des deux fils adoptifs d'Auguste, la place de Tibère apparaît donc évidente. Le jeune homme qui, comme Marcellus, le jour du triomphe d'Octave, caracolait près de son char, ce jeune homme-là a plus de cinquante ans. Il sait désormais où le conduit l'histoire. Et Livie, de son côté, continue d'agir, inlassablement.

Elle avait tellement subjugué la vieillesse d'Auguste qu'il jeta dans l'île de Planasie[7] son unique petit-fils, Agrippa Postumus, dépourvu assurément de culture et stupidement orgueilleux de sa force physique, mais qui n'était convaincu d'aucun forfait.

Tacite, Annales, 1, 3, 4.

---

7. Près de l'île d'Elbe. Aujourd'hui, île de Pianosa.

On en arrive à une époque où les craintes furent à leur comble. César Auguste avait envoyé en Germanie son petit-fils Germanicus pour y mettre un terme aux opérations militaires. Il s'apprêtait à envoyer en Illyrie son fils Tibère pour y affermir par la paix les conquêtes faites par les armes. En septembre 14, voulant l'accompagner, et se proposant en même temps d'assister à des combats d'athlètes institués par les Napolitains en son honneur, il se rendit en Campanie. Bien qu'il eût déjà ressenti des symptômes d'affaiblissement et les débuts d'une détérioration de sa santé, il s'obstina pourtant de toute sa force d'âme à accompagner son fils qu'il quitta à Bénévent.

Velleius Paterculus, *Histoire romaine*, 2, 123, 1.

La fin est proche.

Au retour, sa maladie s'étant aggravée, il dut enfin s'aliter à Nole, fit revenir Tibère, qu'on arrêta en cours de route, et s'entretint longuement avec lui seul à seul. Ensuite, il ne s'occupa plus d'aucune affaire sérieuse.

Le dernier jour de sa vie, tout en s'informant à plusieurs reprises si son état provoquait déjà de l'animation en ville, il réclama un miroir, fit arranger ses cheveux et relever ses joues pendantes, puis, ayant fait introduire ses amis, il leur demanda « s'il leur paraissait avoir bien joué jusqu'au bout la farce de la vie », et il ajouta même la conclusion traditionnelle :

Si la pièce
Vous a plu, donnez-lui vos applaudissements
Et, tous ensemble, manifestez-nous votre joie.

Ensuite, il les renvoya tous, et, tout à coup, il expira entre les bras de Livie, en disant :

– Livie, tant que vous vivrez, souvenez-vous de notre union. Adieu.

Il eut ainsi une mort douce, et telle qu'il l'avait toujours désirée [...]. Il ne donna qu'un seul signe de trouble mental avant de rendre l'âme, car, saisi d'une peur soudaine, il se plaignit d'être entraîné par quarante jeunes gens. Encore fut-ce plutôt un présage qu'un effet du délire, car il y eut tout autant de soldats prétoriens pour le porter sur la place publique [...].

Il mourut dans la même chambre que son père Octavius, le quatorzième jour avant les calendes de septembre, à la quatorzième heure du jour, à l'âge de soixante-seize ans, moins trente-cinq jours.

Suétone, *Auguste*, 98, 10 – 100, 1.

Auguste donc succomba à la maladie, et Livie fut soupçonnée d'être l'auteur de sa mort, parce qu'il était allé en secret voir Agrippa dans son île, et semblait tout disposé à une réconciliation.

Craignant, dit-on, qu'Auguste ne rappelât Agrippa pour lui donner l'empire, elle empoisonna des figues encore pendantes à des arbres, où Auguste avait l'habitude de les cueillir de sa propre main. Elle mangea les fruits sur lesquels il n'y avait pas de poison, et lui présenta ceux qui étaient empoisonnés.

Dion Cassius, *Histoire romaine*, 56, 30, 1-2.

Tacite confirme les soupçons pesant sur Livie.

Effectivement, peu de mois auparavant, Auguste, après avoir choisi quelques confidents et pour seul compagnon Fabius Maximus[8], s'était rendu à Planasie pour voir Postumus Agrippa. Il y aurait eu là bien des larmes de part et d'autre

8. Consul en 11, ami d'Ovide.

et des marques d'affection, d'où l'espoir que le jeune homme se serait rendu aux pénates de son aïeul. Ce secret aurait été dévoilé par Maximus à son épouse Marcia[9], et par elle à Livie. Tibère l'aurait su, et, Maximus s'étant éteint peu après d'une mort peut-être provoquée, on aurait entendu à ses funérailles les gémissements de Marcia, s'accusant d'avoir provoqué la perte de son mari.

Quoi qu'il en soit de cette affaire, à peine entré en Illyrie, Tibère est rappelé par une lettre pressante de sa mère. Et on ne sait si Auguste respirait encore ou s'il avait rendu l'âme quand il le rejoignit à Nole. Car une garde rigoureuse avait été postée par Livie pour barrer la maison et les chemins, et des bulletins favorables étaient publiés de temps à autre jusqu'au moment où, une fois prises les mesures que conseillaient les circonstances, on apprit à la fois qu'Auguste était mort et que Tibère prenait le pouvoir.

Le premier acte du nouveau principat fut le meurtre de Postumus Agrippa, qui, surpris sans armes par un centurion résolu, ne fut pourtant achevé qu'avec peine. Tibère n'en dit mot au Sénat : il simulait des ordres de son père, qui aurait prescrit au tribun préposé à la garde d'Agrippa de le mettre à mort aussitôt que lui-même aurait accompli son dernier jour.

Assurément Auguste, après avoir proféré des plaintes violentes sur le caractère de l'adolescent, avait fait en sorte que son exil soit ratifié par un sénatus-consulte. Mais sa rigueur n'alla jamais jusqu'à tuer un des siens, et il n'est pas croyable qu'il eût immolé son petit-fils à la sécurité de son beau-fils. Il est plus vraisemblable que Tibère et Livie, l'un par crainte, l'autre par une haine de marâtre, se hâtèrent d'exécuter un jeune homme suspect et odieux.

Au centurion qui lui annonçait, selon l'usage militaire, que son ordre avait été exécuté, il répondit qu'il n'avait

9. Cousine d'Auguste par sa mère Atia.

pas donné d'ordre et qu'on aurait à rendre compte de l'acte devant le Sénat. À cette nouvelle, Sallustius Crispus, son confident – c'est lui qui avait envoyé le billet au tribun –, craignant d'être inculpé dans une affaire également périlleuse, soit qu'il mentît, soit qu'il dît la vérité, invita Livie à ne pas divulguer les secrets du palais, les conseils des amis, les services de l'armée, et à éviter que Tibère ne relâchât la force du principat en renvoyant tout au Sénat. Telle était, disait-il, la bonne règle du pouvoir impérial, de ne rendre compte qu'à un seul.

Tacite, Annales, 1, 5-6.

Tacite insiste sur le comportement politique de Tibère dans les temps qui suivent immédiatement la mort d'Auguste. Certes les consuls prêtent serment devant lui, mais « il agit comme si subsistait l'ancienne république et s'il n'était pas sûr de régner. »

Sur l'édit même par lequel il convoquait les sénateurs à la Curie, il ne porta mention que de la puissance tribunicienne reçue sous Auguste. Les termes de l'édit étaient brefs et de tendance très modérée : il allait consulter le Sénat sur les honneurs dus à son père, dont il ne quittait pas le corps. C'était la seule fonction officielle qu'il s'attribuât.

Mais dès la mort d'Auguste, il avait donné le mot d'ordre aux cohortes prétoriennes en qualité de chef. Il avait des gardes, des armes et tous les autres éléments d'une cour. Des soldats l'escortaient au Forum, l'escortaient à la Curie. Il écrivit aux armées comme s'il avait obtenu le principat, ne montrant de l'hésitation que dans ses paroles au Sénat.

La raison principale venait de la crainte que Germanicus[10], qui avait en main tant de légions et d'innombrables auxiliaires

---

10. Fils de Drusus, le frère de Tibère. Adopté par ce dernier en 11 sous le nom de *Caius Julius Caesar*. Le surnom de Germanicus

alliés, et qui jouissait d'une étonnante popularité, n'aimât mieux posséder le pouvoir que de l'attendre.

Il sacrifiait aussi à la renommée, en donnant l'impression d'avoir été appelé et choisi par la République plutôt que de s'être glissé subrepticement grâce à l'intrigue d'une épouse et par l'adoption d'un vieillard.

On a reconnu dans la suite qu'il avait voulu sonder aussi les intentions des grands sous le masque de l'irrésolution : en effet, tournant en accusation les paroles, les jeux de physionomie, il gardait tout en lui-même.

Tacite, *Annales*, 1, 7, 3-7.

Ce sont des funérailles organisées par Tibère et sous haute protection.

Par acclamation, les sénateurs demandent à porter le corps au bûcher sur leurs épaules. Tibère consentit avec une réserve hautaine, et il avertit le peuple par un édit de ne pas troubler les funérailles comme il l'avait fait jadis par excès de zèle pour celles du divin Jules, en voulant qu'Auguste fût brûlé au Forum plutôt qu'au Champ de Mars, fixé pour sa dernière demeure[11].

Le jour des obsèques, les soldats se tinrent en armes comme pour prêter main-forte, sous la risée de ceux qui avaient vu eux-mêmes ou connu par leurs pères cette journée d'une servitude encore fraîche et d'une liberté revendiquée sans succès, où le meurtre du dictateur César paraissait aux uns un forfait abominable, aux autres un exploit magnifique. Maintenant, un prince âgé, à la fin d'une longue domination, ayant même pourvu à la puissance de ses héritiers en vue de

---

avait d'abord été donné à son père pour saluer ses succès militaires contre les Germains.

11. Dans le mausolée construit pour sa famille.

leur mainmise sur l'État, devait être apparemment protégé par la troupe pour avoir des funérailles paisibles !

Tacite, *Annales*, 1, 8, 5-6.

C'était l'heure de dresser un bilan du règne d'Auguste.

Pour les uns [...], il avait fait beaucoup de concessions à Marc Antoine en attendant de punir les meurtriers de son père, et beaucoup à Lépide. Quand celui-ci eût décliné dans l'apathie et que celui-là se fut perdu par ses passions, il ne restait d'autre remède aux discordes de la patrie que le gouvernement d'un seul.

Cependant, ni la royauté ni la dictature, mais le seul nom de prince avait donné un fondement à l'État. La mer océane ou des fleuves lointains servaient de barrières à l'empire[12]. Légions, provinces, flottes, tout était étroitement uni. Le droit régissait les citoyens, la modération les alliés. La Ville même était magnifiquement embellie. Un très petit nombre de mesures avaient assuré la tranquillité générale.

On disait à l'opposé que sa piété filiale et la situation de l'État avaient servi de prétexte [...].

Il n'avait rien laissé aux dieux en fait d'honneurs, lui qui voulait être adoré au moyen de temples et d'images sacrées.

Même en adoptant Tibère pour lui succéder, il n'avait eu égard ni à l'affection ni au bien public. Mais, ayant sondé cette âme arrogante et cruelle, il avait voulu qu'un odieux contraste servît sa gloire.

Tacite, *Annales*, 1, 9, 4 – 10, 1 et 6-7.

Puis on ouvre son testament.

Auguste avait fait son testament sous le consulat de L. Plancus et C. Silius, trois jours avant les nones d'avril, un

12. Le Rhin, le Danube et l'Euphrate. Voir carte p. 298-299.

an et quatre mois avant sa mort. Il était écrit sur deux cahiers, en partie de sa propre main, en partie par ses affranchis, Polybe et Hilarion, et avait été déposé chez les Vestales, qui le produisirent alors, ainsi que trois rouleaux de parchemin, également cachetés. Tous ces documents furent ouverts et lus au Sénat.

Suétone, Auguste, 101, 1.

Ses légataires furent Tibère, Livie, « avec obligation pour eux de porter son nom », *Drusus, le fils de Tibère, et Germanicus. Le peuple romain, les prétoriens et les légionnaires. Pour ces derniers, il prescrivit de les payer comptant,* « car il avait toujours tenu cette somme en réserve dans sa cassette ».

Les trois parchemins contenaient notamment un résumé de son œuvre[13]. Il demanda que ce texte soit gravé sur des tables de bronze à placer devant son mausolée.

En ce qui concerne les deux Julie, sa fille et sa petite-fille, il interdit qu'elles fussent après leur mort transportées dans son tombeau.

Suétone, Auguste, 101, 5.

La fille d'Auguste mourut la même année que son père, peu de temps après l'accession de Tibère, son ancien mari, à la tête de l'empire.

La même année mourut Julie[14], qu'en raison de ses débauches son père Auguste avait jadis enfermée dans l'île de Pandateria[15], puis dans la place de Rhegium, qui borde le détroit de Sicile. Mariée à Tibère dans le temps où florissaient Caius et Lucius, elle l'avait méprisé comme

---

13. *Res Gestae Divi Augusti* (*Hauts Faits du Divin Auguste*).

14. Mariée à Marcellus en 25, à Agrippa en 21, à Tibère en 11, châtiée en 2.

15. Dans le golfe de Naples. Aujourd'hui, île de Ventotene.

de rang inférieur et ce fut la raison la plus intime qui poussa Tibère à se retirer à Rhodes. Maître du pouvoir, celui-ci, la laissant proscrite, flétrie et, après le meurtre de Postumus Agrippa[16], privée de toute espérance, la fit périr lentement de dénuement et de consomption, persuadé que sa mort passerait inaperçue après un aussi long bannissement.

Pour une raison semblable, il sévit contre Sempronius Gracchus, qui, d'une famille illustre, d'un esprit agile et d'une éloquence funeste, avait déshonoré Julie pendant son mariage avec M. Agrippa. Et l'adultère ne s'en tint pas là : quant elle eut passé à Tibère, cet amant obstiné excitait sa raideur et sa haine envers son mari, et une lettre que Julie écrivit à son père Auguste, pleine d'attaques contre Tibère, passait pour avoir été composée par Gracchus.

En conséquence, relégué à Cercine[17], île de la mer d'Afrique. Il y endura quatorze années d'exil.

Puis les soldats envoyés pour le tuer le trouvèrent sur une pointe du rivage, n'attendant rien d'heureux. À leur arrivée, il demanda un court délai pour écrire par lettre ses dernières volontés à sa femme, et il offrit son cou aux meurtriers. Sa fermeté dans la mort ne fut pas indigne du nom de Sempronius, ce qu'il avait démenti par sa vie.

Certains ont rapporté que ces soldats ne venaient pas de Rome, mais qu'ils furent envoyés par le proconsul d'Afrique, à l'instigation de Tibère qui avait eu le vain espoir de pouvoir faire retomber sur lui l'odieux du meurtre.

Tacite, *Annales*, 1, 53.

16. Son dernier fils.
17. Dans la petite Syrte, aujourd'hui le golfe de Gabès (Tunisie).

268 *La véritable histoire d'Auguste*

La mort en exil, encore, pour la fille de Julie et d'Agrippa.

Julie, petite-fille d'Auguste[18], convaincue d'adultère, avait été condamnée et jetée dans l'île de Trimète[19], non loin des côtes d'Apulie. Elle y subit un exil de vingt ans, entretenue par les libéralités de Livie, qui, après avoir renversé par de sourdes intrigues ses beaux-enfants florissants[20], manifestait pour eux, une fois abattus, une compassion ostentatoire.

Tacite, Annales, 4, 71, 4.

À Tomes[21], sur les bords de la mer Noire, terre lointaine, le poète exilé d'Auguste attend une lettre qui ne viendra plus. Ovide ne sera secouru par personne. Il continue néanmoins de composer des œuvres à la gloire de son empereur... Et confesse à son ami Carus avoir fait preuve d'un mimétisme inattendu :

Il ne faudra pas t'étonner si mes vers ont des défauts : je suis presque un poète gète. Ah ! J'en ai honte, j'ai écrit un livre en langue gétique et j'ai disposé des mots barbares selon nos rythmes. Et j'ai plu – félicite-moi ! – et j'ai déjà un renom de poète chez les Gètes grossiers.

Tu demandes le sujet ? Il a droit à ton éloge : j'ai chanté César ! Dans ce genre nouveau, je fus aidé par le pouvoir de ce dieu. Car je leur ai appris que le corps du vénérable Auguste était mortel, mais que son essence divine avait rejoint les demeures éthérées, et qu'est égal en vertu à son père celui qui n'accepta que sollicité de prendre les rênes du pouvoir après bien des refus.

18. Julie la Jeune (19-28). Fille de Julie et d'Agrippa, exilée en 8 après J.-C.
19. Aujourd'hui Trémiti, en mer Adriatique.
20. Les enfants d'Agrippa, notamment Caius et Lucius, adoptés par Auguste, et Postumus.
21. Aujourd'hui Constanta, en Roumanie.

Je leur ai aussi appris que tu es, Livie, la Vesta des chastes matrones, toi dont on ne sait si tu es plus digne de ton fils ou de ton époux, et enfin, qu'il est deux jeunes gens, solides appuis de leur père, qui ont donné des gages certains de leur vaillance.

Quand j'eus terminé la lecture de cet écrit inspiré par une Camène[22] étrangère et que la dernière feuille glissa sous mes doigts, toutes les têtes s'agitèrent en même temps que les carquois pleins de flèches, les bouches gètes firent entendre un long murmure et l'un d'eux s'écria :

– Puisque tu écris cela de César, tu devrais être rétabli dans tes droits par ordre de César.

Ainsi parla-t-il, mais voici le sixième hiver, Carus, qui me voit relégué sous le pôle neigeux. Mes poèmes sont inutiles. Ils m'ont nui jadis et furent la première cause d'un si misérable exil. Mais toi, par les études sacrées qui nous unissent, par le nom de l'amitié qui a tant de valeur pour toi – puisse Germanicus chargeant de chaînes latines l'ennemi captif offrir matière à vos talents, et puissent prospérer les enfants dont l'éducation, pour ta grande gloire, a été confiée à tes soins ! –, autant qu'il t'est possible, use de ton influence pour mon salut, que seul pourra assurer un changement de séjour.

Ovide, *Pontiques*, 4, 13, 17-50.

Ovide est mort à Tomes, trois ans plus tard.

22. Les Camènes, nymphes des montages, des bois et des eaux dans la mythologie romaine.

CHRONOLOGIE

63 Cicéron est consul. *23 septembre :* naissance de Caius
    Octavius, futur Auguste. Conjuration de Catilina.

59 Jules César est consul. Mort de Gaius Octavius, père
    du futur Auguste. Celui-ci est confié à sa grand-tante
    Julia.

52 Echec de Jules César devant Gergovie. Reddition de
    Vercingétorix à Alésia.

51 Mort de Julia, sœur de Jules César.

49 Passage du Rubicon. Début de la guerre civile entre
    César et Pompée.

48 *9 août :* victoire de César à Pharsale. *19 octobre :* Octave
    prend la toge virile.

46 *6 avril :* victoire de César à Thapsus. *Juillet :* Jules
    César célèbre son triomphe à Rome. Octave reçoit
    des récompenses militaires. *Décembre :* Jules César
    part pour l'Espagne. Octave l'y rejoint.

45 *17 mars :* victoire de Jules César à Munda. *13 septembre :*
    Jules César refait son testament et désigne son petit-
    neveu pour héritier principal. *Décembre :* Octave part
    pour Apollonie.

44 *15 mars :* assassinat de Jules César. *Avril :* Octave est en
    Campanie. *Début mai :* il arrive à Rome. *20-30 juillet :*
    il organise les Jeux en l'honneur de la Victoire de César.
    Apparition d'une comète. *1ᵉʳ août :* Antoine déclare
    la guerre à Brutus et à Cassius. *2 septembre :* première
    Philippique de Cicéron. *10 novembre :* coup de force
    d'Octave à Rome. *20 décembre :* troisième *Philippique.*
    Octave reçoit le droit de siéger parmi les sénateurs.

43 *Mars-avril* : guerre de Modène. *16 avril* : Octave reçoit la première salutation impériale. *21 avril* : Cicéron prononce la 14ᵉ *Philippique*. Victoire d'Octave et d'Hirtius devant Modène. *Août* : Octave marche sur Rome. *19 août* : il est élu consul. *Octobre* : rencontre d'Antoine, de Lépide et d'Octave. Constitution du triumvirat. *Décembre* : proscriptions ; mariage d'Octave avec Claudia, fille de Clodius et de Fulvie. *17 décembre* : mort de Cicéron.

42 *1ᵉʳ janvier* : Jules César est déclaré dieu. *23 octobre* : Brutus est vaincu à Philippes. *16 novembre* : naissance de Tibère.

41 *Janvier* : Octave revient à Rome. Début de la guerre de Pérouse. Octave répudie Claudia.

40 *Automne* : accords de Brindes. Mariage d'Antoine et d'Octavie. Octave épouse Scribonia. Virgile écrit la quatrième *Bucolique*. *Novembre-décembre* : émeutes à Rome.

39 *Eté* : paix de Misène conclue entre Antoine, Octave et Sextus Pompée. *Fin de l'année* : naissance de Julie, fille d'Octave et de Scribonia. Octave répudie Scribonia pour épouser Livie.

38 *14 janvier* : naissance de Drusus, fils de Livie. *17 janvier* : mariage d'Octave et de Livie. Echecs d'Octave en Sicile.

37 *Printemps* : Antoine et Octave se rencontrent près de Tarente et renouvellent le triumvirat.

36 *1ᵉʳ juillet* : la flotte d'Octave quitte le port de Baïes. *3 septembre* : victoire d'Agrippa à Nauloque. Lépide est placé en résidence surveillée.

35 Octave combat en Illyrie.

34 Octave combat en Dalmatie.

33 IIᵉ consulat d'Octave. *1ᵉʳ janvier* : Octave rend officielle la rupture avec Antoine. Octave en Dalmatie. Agrippa édile.

32 *Février* : coup de force d'Octave au Sénat. *Mai-juin* : Antoine répudie Octavie. Octave lit le testament d'Antoine. *Juillet* : déclaration de guerre à Cléopâtre.

31 IIIe consulat. *2 septembre* : bataille d'Actium.

30 IVe consulat. *1er août* : entrée d'Octave à Alexandrie. Suicides de Cléopâtre et de Marc Antoine. Hiver 30-29 : Octave en Orient.

29 V^e consulat. *Printemps* : séjour à Atella. Titre d'*Imperator*. *13-15 août* : triple triomphe. *18 août* : dédicace du temple de Jules César divinisé, sur le Forum.

28 VIe consulat (avec Agrippa). *9 octobre* : inauguration du temple d'Apollon Palatin. Recensement de la population.

27 VIIe consulat (avec Agrippa). *13 janvier* : remise des pouvoirs au Sénat. *16 janvier* : attribution du surnom d'Auguste et du bouclier d'or.

26-24 VIIIe, IXe et X^e consulats. Départ pour l'Espagne jusqu'en 24. Séjour à Tarragone, maladie. Mariage de Julie et de Marcellus en 24.

23 XIe consulat, qu'il abdique. Il reçoit la puissance tribunicienne, qu'il revêt le 1er juillet. Année I de la puissance tribunicienne. Conspiration dans laquelle Muréna est compromis. Maladie. Mort de Marcellus à la fin de l'été ou au début de l'automne.

22 Auguste refuse la dictature et le consulat perpétuel.

21 Mariage de Julie et d'Agrippa. Auguste et Livie partent en Orient.

20 Reddition par le roi des Parthes des enseignes prises à Crassus et à Antoine. Naissance de Caius.

19 *21 septembre* : mort de Virgile. *12 octobre* : retour d'Auguste à Rome. Naissance de Julie la cadette.

18 Agrippa corégent, doté de la puissance tribunicienne.

17 Naissance de Lucius. Adoption de Caius et de Lucius. *31 mai-3 juin* : Jeux Séculaires.

16	Drusus, fils de Livie, épouse Antonia la cadette, fille d'Antoine et d'Octavie. Auguste part en tournée en Occident.
15	*24 mai* : naissance de Germanicus.
13	*4 juillet* : Auguste revient à Rome, décision d'élever l'Autel de la Paix (*Ara Pacis*).
12	*6 mars* : Auguste est élu Grand Pontife. Mort d'Agrippa. Naissance d'Agrippa Postumus.
11	Mort d'Octavie.
10	Naissance du futur empereur Claude.
9	*30 janvier* : dédicace de l'Autel de la Paix. Mort de Drusus, fils de Livie.
8	Mort de Mécène et d'Horace.
6	Tibère reçoit la puissance tribunicienne ; il part à Rhodes.
5	Auguste consul pour la douzième fois. Présentation de Caius César au Sénat.
2	Auguste consul pour la treizième fois. *5 février* : Auguste reçoit le titre de Père de la Patrie. Présentation de Lucius au Sénat. Inauguration du Forum d'Auguste. Exil de Julie.
+ 2	*20 août* : mort de Lucius César, à Marseille.
3	*9 juillet* : Caius tombe dans un guet-apens en Orient.
4	*21 février* : mort de Caius César. *26 ou 27 juin* : Auguste adopte Tibère et Agrippa Postumus. Incendie de la maison d'Auguste.
7	Relégation d'Agrippa Postumus.
8	Exil de Julie la cadette et relégation d'Ovide.
9	Désastre de Varus à Teutoburg.
10-11	Tibère en Germanie.
12	Naissance de Caligula. Tibère célèbre son triomphe.
14	Recensement de la population. *19 août* : mort d'Auguste.

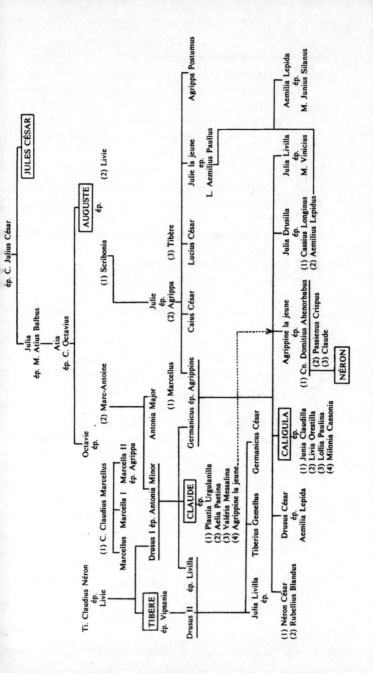

BIOGRAPHIES DES AUTEURS

Appien (95-160). Né à Alexandrie, de nationalité grecque, il vient à Rome et obtient, par Hadrien, la citoyenneté romaine, ainsi que le statut de chevalier. D'abord avocat, il deviendra haut fonctionnaire, et procurateur du fisc sous Antonin. Il composa en grec plusieurs ouvrages, dont une *Histoire romaine* en 24 livres et *La Guerre de Mithridate*. Sa méthode est originale : plutôt que de s'en tenir à une composition strictement chronologique, il préfère tracer le tableau des différentes nations depuis leur premier contact avec Rome jusqu'à leur absorption dans l'Empire romain. Il est le seul historien dont on ait gardé le récit complet de tous les événements qui se sont déroulés à Rome, des Gracques jusqu'à Sylla. Appien a le mérite de discerner l'importance du contexte économique et social sur le cours de la vie politique.

Cicéron (106-43). L'existence du plus fameux des écrivains romains regorge de rebondissements, car cet avocat brillant fut de tous les combats, tant judiciaires que politiques ou philosophiques. Né à Arpinum, dans un municipe éloigné d'une centaine de kilomètres de Rome, Cicéron voit le jour dans une famille aisée de notables. Toutefois, comme Caton l'Ancien, qu'il admire, Cicéron est un « homme nouveau » (*homo nouus*) : il est le premier de sa lignée à parcourir la carrière des honneurs jusqu'à son degré le plus élevé, le consulat, qu'il exerce en 63. C'est lors de ce consulat qu'il dénonce, dans ses *Catilinaires*, une conspiration qui menaçait la République, en employant la

formule fameuse « Ô temps, ô mœurs ! » (*O tempora, o mores*).
À la suite des manœuvres de son ennemi juré, le tribun
Clodius, il est exilé pendant un an (58-57), pour avoir fait
mettre à mort Catilina sans jugement. Malgré le bon accueil
qui lui est fait à son retour, son rôle politique ne cesse de
décliner dans les années suivantes. Cicéron, l'un des plus
fervents défenseurs du régime républicain, finit par rallier le
camp de Pompée contre César, juste avant que ce dernier ne
l'emporte définitivement. À la mort du dictateur, l'orateur
prend le parti de son petit-neveu, Octave, le futur Auguste,
pensant pouvoir influencer ce jeune homme de dix-neuf
ans. Il le sert en rédigeant les *Philippiques*, dirigées contre
Marc Antoine, lequel lui voue dès lors une haine inexpiable.
Antoine réclame à Octave la mort de l'orateur dès leur
première réconciliation. Abandonné par Octave, Cicéron est
assassiné par des émissaires d'Antoine ; sa tête et ses mains
seront clouées à la tribune du Forum. L'œuvre de Cicéron,
qui est très étendue, comprend une riche correspondance,
environ cent quarante discours judiciaires ou politiques et
de multiples traités de rhétorique et de philosophie ; elle
a joué un rôle déterminant dans la tradition culturelle de
l'Occident jusqu'à nos jours.

Dion Cassius (155-235). Cassius Dio Cocceianus est né
à Nicée en Bithynie. Il a fait une brillante carrière à Rome :
sénateur sous le règne de Commode, préteur sous Pertinax
et plusieurs fois consul suffect sous Septime Sévère. Sous
Alexandre Sévère, il se voit confier le proconsulat d'Afrique
et les légations de Dalmatie et Cilicie. Élu ordinaire, il
quitte Rome pour s'installer définitivement en Bithynie
où il disparaît vers 235.

Tout en exerçant de hautes magistratures, Dion Cassius
s'est consacré aux lettres. Il aurait écrit une biographie
d'Arrien et un ouvrage sur les rêves. Mais son œuvre
principale, composée de 80 livres, est une *Histoire romaine*.

Il aurait employé dix ans de sa vie aux recherches qui allaient servir de base à cet ouvrage, puis dix autres années pour le rédiger. Parti des origines de Rome, Dion achève son entreprise historique en 229, avec le règne d'Alexandre Sévère. Cette œuvre monumentale ne nous est pas parvenue en entier.

Horace (65-8). Méridional natif de Venouse, aux confins de l'Apulie, Quintus Horatius Flaccus était probablement le fils d'un ancien esclave public affranchi. Il commence par séjourner à Rome qu'il déteste, avant de poursuivre sa formation à Athènes qui l'enchante. Après les troubles des guerres civiles, où il eut le malheur de prendre sans gloire le parti des assassins de César, il rentre en Italie où il a été dépossédé de tous ses maigres biens. C'est son talent qui le sauve. Remarqué par Mécène, avec lequel la sympathie et la complicité sont immédiates, il rentre dans son cénacle restreint et glorieux où il finit par attirer l'attention du maître de Rome, Auguste. Ce dernier lui propose même de devenir son secrétaire, mais le poète, attaché à son indépendance, décline son offre. Peu attiré par l'agitation citadine, il préfère partager son temps entre Rome et la villa de Sabine que lui a offerte Mécène. Le chantre épicurien du *carpe diem* est fameux pour ses satires, ces « mélanges » libres, enjoués et enlevés, où il attaque les travers de ses contemporains avec autant de justesse que d'esprit et de bonhomie. Outre les *Satires*, nous possédons de lui des œuvres lyriques, les *Odes* et *Épodes*, qui explorent ses thématiques favorites comme l'amour et l'amitié. Ce recueil témoigne aussi de l'exigence morale du poète et de son attention au destin de la cité : ces soucis justifient son adhésion au régime monarchique mis en place par Auguste. Enfin, ses *Épîtres* sont conclues par la célèbre *Épître aux Pisons*, où Horace définit un art poétique qui fut longtemps la référence des poètes et des théoriciens de la poésie, comme Boileau.

Macrobe (vers 370 après J.-C. - ?). Ecrivain philosophe, il est l'un des passeurs de témoin de la fin de l'Antiquité romaine avec Saint Augustin et Cassiodore.

Il est l'auteur des *Saturnales* et du *Commentaire du songe de Scipion*.

Les *Saturnales* appartiennent au genre littéraire du banquet philosophique. Douze interlocuteurs devisent, lors d'un repas qui a lieu pendant la fête des Saturnales, de divers sujets religieux. Le second livre présente de nombreux bons mots de personnages illustres comme Cicéron et Auguste.

Nicolas de Damas (64 avant J.-C. - ?). Historien et philosophe de langue grecque, il est né à Damas en Syrie et a été le secrétaire, le professeur et l'ami d'Hérode 1er, roi de Judée.

Il est l'auteur d'une œuvre abondante dont seulement des fragments nous sont parvenus. Flavius Josèphe s'en est inspiré pour écrire ses *Antiquités juives*.

On dit qu'il fut le précepteur des enfants d'Antoine et de Cléopâtre. Il fut un personnage important à la cour d'Hérode et fut dépêché par Marcus Vipsanius Agrippa pour plaider la cause des juifs vivant dans les cités hellénisées. Il est envoyé à Rome comme ambassadeur pour apaiser la colère d'Auguste quand Hérode déclare la guerre aux Nabatéens.

Il est l'auteur d'une *Histoire universelle* en 114 livres des origines de l'humanité jusqu'au temps d'Auguste, d'une *Vie d'Auguste* relatant avec de nombreux détails l'assassinat de Jules César, une *Autobiographie*, un *Recueil de traités de mœurs* et de nombreux ouvrages philosophiques.

Ovide (43 avant J.-C.-18 après J.-C.). Le « clerc de Vénus », le « précepteur d'Amour » est le plus jeune des poètes augustéens. Pour n'avoir pas connu l'horreur des guerres civiles, il manifeste moins de reconnaissance et plus d'insolence que ses devanciers à l'encontre du restaurateur de la paix et nouveau maître de Rome, Auguste. Après avoir brièvement participé à l'organisation de la Cité, il se détourne vite de la vie politique au profit d'une vie mondaine vouée à l'érotisme et à la poésie. Les joutes du forum l'ennuient, le cénacle de Messala l'exalte, même s'il n'entend pas limiter la diffusion de ses œuvres à ce cercle restreint. Pour des raisons qui nous demeurent obscures – Auguste invoquera l'immoralité de *L'Art d'aimer*, mais ce prétexte paraît peu convaincant –, Ovide est exilé à Tomes dans l'actuelle Roumanie, au bord de la mer Noire, où il meurt dans la désolation, abandonné de tous et de tout, sauf de ses livres. Son œuvre de virtuose, étourdissante de facilité et de beauté, s'étage sur trois périodes. Un premier ensemble regroupe les œuvres de jeunesse, dédiées à la célébration de l'amour : les *Héroïdes*, *Les Amours*, *L'Art d'aimer* et *Les Remèdes à l'amour*. Le poète s'engage ensuite dans une inspiration savante et mythologique avec *Les Fastes*, qui détaillent l'origine des fêtes du calendrier romain, et *Les Métamorphoses*, qui narrent les transformations légendaires des hommes en animaux et en plantes. La troisième période s'ouvre avec les recueils des *Tristes* et des *Pontiques*, où le poète fait entendre la douleur de l'exil et sa nostalgie de Rome dans les lettres qu'il adresse à ses proches, à ses amis et à l'empereur. Tendre, enjoué et incisif, Ovide est l'un des plus célèbres poètes latins. Maître de l'élégie romaine, il porte ce genre à un degré d'achèvement inégalé, depuis la frivolité des poèmes érotiques jusqu'aux larmes de l'exil. Ses *Métamorphoses*, dans lesquelles éclate un exceptionnel talent de conteur, constituent l'une de nos sources les plus complètes pour la mythologie gréco-romaine : elles étaient, pour leur auteur, la plus fidèle image de lui-même.

Pline l'Ancien (23-79). Pline est le véritable inventeur de l'encyclopédie. Né à Côme, il appartient à l'ordre équestre, ce qui l'oblige à accomplir successivement trois commandements militaires. Néron est au pouvoir lorsqu'il rentre en Italie. Pline préfère alors prendre ses distances et vivre dans une retraite studieuse. L'accession de Vespasien le remet en selle : cultivant ses bonnes grâces, il exercera quatre procuratèles entre 70 et 76, tout en gardant amplement le temps de se livrer à ses recherches érudites et à ses travaux d'écriture. Entre 77 et 79, il commande la flotte de Misène tout en résidant le plus souvent à Rome, plaidant et ne laissant jamais un ami dans l'embarras. L'éruption du Vésuve, en 79, lui coûtera la vie pour avoir voulu observer le phénomène de trop près. Le « plus illustre apôtre de la science romaine » a laissé plus de 500 volumes, dont seuls nous sont parvenus les 37 livres de l'*Histoire naturelle*, achevée et publiée en 77.

Plutarque (vers 45-125). Né à Chéronée, en Béotie, Plutarque est issu d'une famille de notables. Après avoir visité Athènes, où il étudie, l'Égypte et l'Asie Mineure, il s'installe à Rome et acquiert la citoyenneté. Plutarque a laissé une œuvre importante, dans laquelle la philosophie et la biographie occupent une place de choix. Sous le titre de *Moralia* sont regroupés ses nombreux traités de philosophie morale qui offrent une synthèse érudite et passionnante des différentes écoles, de Platon, d'Aristote, des stoïciens et des épicuriens.

En sa qualité de moraliste, Plutarque s'est intéressé à la vie des hommes illustres en rédigeant des biographies dans lesquelles il établit et analyse les vices et les vertus de chacun. Nous disposons ainsi de 23 paires de ses *Vies parallèles des hommes illustres* où sont chaque fois rapprochés un Grec et un Latin.

Properce (50-15). Properce, le « Callimaque romain », le véritable héritier de l'alexandrinisme grec, révèle dans son œuvre qu'il est né en Ombrie, sans doute à Assise,

dans une famille proche du rang équestre. Son enfance
est marquée par la violence des guerres civiles dont il
est directement victime. Destiné à devenir avocat, Properce préfère la carrière poétique. Il appelle « Cynthie »
la femme qui lui inspire le *Monobiblos*, le premier livre
de son recueil d'*Élégies*, publié vers 29. Cette première
publication lui apporte le succès, l'intérêt et la faveur
de Mécène, l'ami et le conseiller d'Auguste. Properce
peut ainsi continuer à composer. Il publie en tout quatre
livres d'élégies. Les témoignages sur la date de sa mort ne
concordent pas et nous ignorons toujours si le quatrième
livre est posthume.

Sénèque (4 av. J.-C.-65). Lucius Annaeus Seneca est né à
Cordoue dans le sud de l'Espagne. Il suit l'enseignement du
stoïcien Attale, puis est initié en Égypte aux cultes orientaux.
La carrière politique du philosophe est tout aussi brillante
que sa carrière littéraire, même s'il connaît des disgrâces
et un exil en Corse en 41, sous le règne de Caligula. On
lui attribue neuf tragédies fameuses, dont *Œdipe*, *Hercule
furieux* et *Médée*, qui représentent les ravages des passions
dénoncées dans ses traités philosophiques. Ces derniers
sont ses œuvres les plus marquantes : *De la tranquillité de
l'âme, De la clémence, De la colère, De la brièveté de la vie, De la
constance du sage*, autant de traités où Sénèque, parallèlement
à sa carrière d'homme d'État, développe les principes de la
philosophie stoïcienne.

Rappelé d'exil par Claude en 48, à la demande
d'Agrippine, il devient le précepteur de Néron, dont il
guidera les premiers pas en politique. Mais, après le meurtre
d'Agrippine, Sénèque prend ses distances avec le jeune
empereur qui n'écoute plus guère les leçons de son maître.
Retiré à Naples à partir de 62, Sénèque mène l'existence
érudite et tranquille d'un philosophe qui soigne son corps
et son âme. C'est là qu'il compose ses fameuses *Lettres à*

Lucilius, sorte de guide moral du savoir-vivre et du savoir-mourir. En 65, compromis malgré lui dans la conspiration de Pison, il se donne la mort sur ordre de Néron.

Strabon (63 avant J.-C.-25 après J.-C.). Né à Amasée dans le Pont, Strabon s'installa à Rome vers 44 avant J.-C., après la défaite de Mithridate. Nous n'avons conservé de son œuvre que les dix-sept livres de sa *Géographie*. Il fait dans cet ouvrage une description de toute la terre habitée, en partant comme on le faisait d'habitude dans les périples du détroit de Gibraltar (les colonnes d'Hercule) : les premiers livres sont consacrés à l'Occident, le dernier à l'Égypte, l'Éthiopie et l'Afrique du Nord. Malgré son titre, la *Géographie* donne de nombreux renseignements historiques : Strabon voit en effet la géographie humaine et physique comme des facteurs d'explication de l'histoire des peuples.

Suétone (vers 70-122). Né dans une famille de l'ordre équestre, Caius Suetonius Tranquillus est un auteur fécond mais seuls nous sont parvenus sa fameuse *Vie des douze Césars* et des fragments de *Grammairiens et rhéteurs*. Il s'intéresse tout autant aux courtisanes célèbres qu'à l'histoire naturelle, aux jeux d'enfants ou aux mots injurieux de la langue grecque. Ami et protégé de Pline le Jeune, il parvient à se faire exempter de la charge militaire. Il se prépare sans suite au métier d'avocat, puis brigue le tribunat, avant de devenir archiviste impérial sous Trajan puis responsable de la correspondance latine de l'empereur sous Hadrien.

Historiographe moins rigoureux et méthodique que son aîné Tacite, Suétone s'intéresse surtout à la personnalité des empereurs, privilégiant l'anecdote et la peinture des travers de ses sujets, ainsi qu'en témoigne sa biographie de Néron. Auteur subjectif, accusé parfois de rapporter des rumeurs, voire des ragots, il n'en reste pas moins que son œuvre pleine de vivacité est précieuse, reflétant l'opinion de l'époque à l'égard des premiers Césars. Mêlé à des intrigues de cour, Suétone connaît la disgrâce à partir de 122.

Tacite (entre 55 et 57-entre 116 et 120). Servi par de brillants talents d'orateur, son amitié avec Pline le Jeune et un mariage avantageux, Publius Cornelius Tacitus, né dans une famille de rang équestre de la Gaule narbonnaise, devient consul en 97, puis proconsul d'Asie en 112-114. Il disparaît ensuite et meurt sans doute au début du règne d'Hadrien. Sa carrière d'écrivain commence par un essai consacré à la rhétorique, le *Dialogue des orateurs* où il s'interroge sur les causes de la décadence de l'art oratoire et sur ses raisons d'être sous le régime impérial où l'empereur détenait la plupart des pouvoirs. Suivent deux brèves monographies, une apologie de son beau-père, Agricola, et un essai ethnographique sur la Germanie.

C'est ensuite que Tacite écrit ses deux chefs-d'œuvre, les *Histoires*, qui retracent les destinées de Rome du règne de Galba (3-69) au règne de Domitien (51-96), et les *Annales,* qui remontent plus haut dans le passé, de Tibère (42-37) à Néron (37-68). Écrites dans un style tout à la fois concis, intense et saisissant, les *Annales* constituent un témoignage essentiel et véridique, mettant en scène une multitude de personnages. Tacite n'est pas un adversaire de l'empire, mais, appartenant à l'aristocratie sénatoriale souvent bafouée par les princes, il ne ménage pas ses critiques à l'égard des Césars du Iᵉʳ siècle. Volontiers moraliste, il déplore la décadence des mœurs et la disparition des vertus fondatrices de Rome. Tacite a été qualifié par Racine de « plus grand peintre de l'Antiquité ».

Valère Maxime (Iᵉʳ siècle après J.-C.). Historien de la cour de Tibère, Valère Maxime a servi en Asie avant de retourner à Rome. Il nous est connu pour ses *Faits et dits mémorables*, un recueil d'anecdotes qui ne fait pas toujours preuve d'un grand sens critique mais qui reste néanmoins un livre précieux pour un certain nombre de renseignements sur la société romaine.

Velleius Paterculus (20 av. J.-C.-31 apr. J.-C.). Issu d'une famille de notables originaire de Capoue, Velleius devait faire toute sa carrière sous la protection d'un dénommé Vinicius, auquel son *Histoire romaine* est dédiée, et dans la proximité des empereurs, qu'il prit la liberté de flatter pour mieux vivre aux dépens de ceux qui l'écoutaient. En l'an 1 avant J.-C., il fut tribun militaire en Thrace et en Macédoine, accompagnant le petit-fils d'Auguste auprès du roi des Parthes. Après avoir assumé diverses fonctions, dont celle de légat, dans les armées de Tibère, il prit part en octobre 12 au triomphe du prince-héritier. Auguste mort, il sera élu préteur : ne pouvant désormais prétendre à de plus hautes fonctions, il se voua à la littérature. C'est en courtisan qu'il raconte, dans son *Histoire romaine*, les campagnes de Tibère, exposant au passage sa vision de l'histoire et de la mission civilisatrice de Rome dans une fresque inspirée tantôt de Cornelius Nepos et d'Atticus, tantôt de Tite-Live, de Salluste et de Cicéron.

Virgile (70-19)

Si Homère devait avoir un double latin, ce serait Virgile, tant son œuvre fut célébrée, autant par les Anciens que par les générations suivantes. Issu d'une famille modeste, spoliée d'une partie de ses biens par la guerre civile, *Publius Vergilius Maro* est né à Mantoue et ne tarde guère à se consacrer à la poésie, après avoir étudié la rhétorique et la philosophie épicurienne à Crémone, Milan et Rome. À trente ans à peine, il a déjà composé les *Bucoliques*, pièces champêtres à la manière du poète grec Théocrite, qui comportent plusieurs allusions à la triste réalité contemporaine des propriétaires spoliés. Il poursuit avec les *Géorgiques*, imitées de la poésie didactique d'Hésiode.

Mécène puis l'empereur Auguste le remarquent, l'encouragent et lui donnent un petit domaine rural en Campanie. Virgile devient ainsi le chantre officiel de l'Empire. Toutefois, ce poète de cour est un poète de génie. Désireux de chanter la gloire d'Auguste, il a cependant l'idée de ne pas célébrer directement ses exploits mais d'entreprendre une épopée propre à flatter tant le prince que l'orgueil national : l'*Énéide* relate les exploits d'Énée, chef troyen, fils de Vénus et ancêtre mythique de la famille d'Auguste et du peuple romain. Un réseau complexe d'allusions à la destinée future du peuple romain assure le lien entre le récit fabuleux des origines et l'histoire contemporaine. C'est ainsi que les Romains ont pu rivaliser avec les glorieux héros grecs. Insatisfait de son œuvre, Virgile avait demandé à Varron de la jeter dans les flammes s'il venait à mourir. Bravant la volonté du poète mort brusquement d'une insolation, Auguste en ordonna la publication. Dès lors, l'épopée nationale fut considérée comme un véritable abrégé du savoir humain et le modèle de la grande poésie, louée tant par les païens que par les chrétiens. À partir des trois œuvres du poète s'élabora le modèle de la « roue de Virgile » : les motifs, les tournures de chacune servaient de références aux trois niveaux de style, bas, moyen et élevé (*humile, mediocre, sublime*).

BIBLIOGRAPHIE

Les traductions des auteurs anciens cités sont extraites d'ouvrages publiés aux éditions Les Belles Lettres excepté les livres 47, 53, 54, 55 et 56 de l'*Histoire romaine* de Dion Cassius, traduit par E. Gros, Librairie Firmin Didot-Paris, 1848 et La *Vie du poète Horace* de Suétone traduit par M. Daudement, J.-J. Dubouchet, Le Chevalier et Cie, Paris, 1845. Ces textes sont disponibles sur le site internet de l'Antiquité grecque et latine de Philippe Remacle.

APPIEN, *Histoire romaine*. Collection des Universités de France.
Tome X, Livre XV. Guerres civiles, Livre III, texte établi et traduit par P. Goukowsky et annoté par P. Torrens, 2010.
Tome XII, Livre XVII. Guerres civiles, Livre V, texte établi, traduit et annoté par M. Étienne-Duplessis, 2013.
—, *Les guerres civiles à Rome*, collection La roue à livres.
Livre III, traduction, introduction et notes de P. Torrens, 2000, 3ᵉ tirage 2014.
Livre IV, traduction, introduction et notes de P. Torrens, 2008.

CICÉRON, *Discours. Tome XIX, Philippiques I-IV*, texte établi et traduit par A. Boulanger et P. Wuilleumier, Collection des Universités de France, 1959, 6ᵉ tirage 2002.

DION CASSIUS, *Histoire romaine*. Collection des Universités de France.
Livres 45 & 46, texte établi et traduit par V. Fromentin, traduit et annoté par E. Bernard, 2008.

Livres 48 & 49, texte édité et traduit par M.-L. Freyburger et J.-M. Roddaz, 1994, 2ᵉ tirage 2002.

Livres 50 & 51, texte édité et traduit par M.-L. Freyburger et J.-M. Roddaz, 1991, 2ᵉ tirage 2002.

—, *Histoire romaine. Livres 57 à 59. Tibère et Caligula*, traduit et annoté par J. Auberger, collection La roue à livres, 1995.

HORACE, *Odes et épodes*, texte établi et traduit par F. Villeneuve, Collection des Universités de France, 1929, 13ᵉ édition revue et corrigée par J. Hellegouarc'h 1992, 2ᵉ tirage de la 13ᵉ édition 2002.

—, *Odes*, édité et traduit par F. Villeneuve, introduction de O. Ricoux, collection Classiques en poche, 2000, 3ᵉ tirage 2012.

MACROBE, *Les Saturnales. Livres I-III*, introduction, traduction et notes par C. Guittard, collection La roue à livres, 1997, 2ᵉ tirage 2004.

NICOLAS DE DAMAS, *Histoires, recueil de coutumes, Vie d'Auguste, Autobiographie*, textes traduits et commentés par É. Parmentier et F. Prometea Barone, collection Fragments, 2011.

OVIDE, Collection des Universités de France.

L'art d'aimer, texte établi et traduit par H. Bornecque, 8ᵉ édition revue et corrigée par Ph. Heuzé, 1924, 8ᵉ édition revue et corrigée par P. Heuzé 1994, 6ᵉ tirage de la 9ᵉ édition 2011.

Les Amours, traduit par H. Bornecque, 1930, 6ᵉ tirage revu et corrigé par H. Le Bonniec 1995, 8ᵉ tirage 2012.

Les Fastes. Tome II, Livres IV-VI, texte établi, traduit et commenté par R. Schilling, 1993, 2ᵉ tirage 2013.

Pontiques, texte établi et traduit par J. André, 1977, 2ᵉ tirage 2002.

Les Remèdes à l'Amour, texte établi et traduit par H. Bornecque, 1930, 3ᵉ tirage 2003.

Tristes, texte établi et traduit par J. André, 1968, 4ᵉ tirage, 2008.

—, *Les Amours*, traduit par H. Bornecque, révision et introduction par J.-P. Néraudau, collection Classiques en poche, 1997.

—, *Les Fastes*, traduit et annoté par H. Le Bonniec, préface de A. Fraschetti, collection La roue à livres, 1990.

PLINE L'ANCIEN, Collection des Universités de France.

Histoire naturelle. Livre XXXIV (Des Métaux et de la sculpture), texte établi et traduit par H. Le Bonniec, commenté par H. Le Bonniec et H. Gallet de Santerre, 1953, 2ᵉ tirage revu et corrigé 1983.

Histoire naturelle. Livre XXXVI (Nature des pierres), texte établi par J. André, traduit par R. Bloch et commenté par A. Rouveret, 1981, 2ᵉ tirage 2003.

PLUTARQUE, *Vies*, Collection des Universités de France.

Tome XII, Démosthène–Cicéron, texte établi par R. Flacelière et E. Chambry, 1976, 2ᵉ tirage 2003.

Tome XIII, Démétrios–Antoine, texte établi par R. Flacelière et E. Chambry, 1977, 3ᵉ tirage 2013.

Tome XIV, Dion–Brutus, texte établi par R. Flacelière et E. Chambry, 1978, 2ᵉ tirage 2003.

PROPERCE, *Élégies*, texte établi, traduit et commenté par S. Viarre, Collection des Universités de France, 2005, 2ᵉ tirage 2007.

Res Gestae divi Augusti. Hauts faits du divin Auguste, texte établi par J. Scheid, Collection des Universités de France, 2007.

SÉNÈQUE, Collection des Universités de France.

De la clémence, texte établi et traduit par F.-R. Chaumartin, 2005, 2ᵉ tirage 2007.

Des bienfaits. Tome II, Livres V-VII, texte établi par F. Préchac, 1928, 4ᵉ tirage 2003.

Dialogues. Tome I, De la colère, texte établi par A. Bourgery, 1922, 7ᵉ tirage 2012.

Dialogues. Tome II, De la vie heureuse – De la brièveté de la vie, texte établi par A. Bourgery, 1930, 12ᵉ tirage 2010.

Lettres à Lucilius. Tome V, Livres XIX-XX, texte établi par F. Préchac et traduit par H. Noblot, 1964, 4ᵉ tirage revu et corrigé par F.-R. Chaumartin 1991, 5ᵉ tirage 2003.

Strabon, *Géographie, Tome III, Livres V et VI (Italie-Sicile)*, texte établi et traduit par F. Lasserre, Collection des Universités de France, 1967, 2ᵉ tirage 2003.

Suétone, Collection des Universités de France.

Grammairiens et rhéteurs, texte établi et traduit par M.-C. Vacher, 1993, 2ᵉ tirage 2003.

Vie des douze Césars. Tome I, César–Auguste, texte établi et traduit par H. Ailloud, 1931, 8ᵉ tirage 2007.

Vie des douze Césars. Tome II, Tibère–Caligula–Claude–Néron, texte établi et traduit par H. Ailloud, 1931, 10ᵉ tirage 2010.

—, *Vie des douze Césars*, collection Classiques en poche.

César–Auguste, texte établi et traduit par H. Ailloud, introduction et notes par F. L'Yvonnet, 2008, 2ᵉ tirage, 2013.

Tibère–Caligula, texte établi et traduit par H. Ailloud, introduction et notes par P.-E. Dauzat, 2000, 3ᵉ tirage, 2012.

Tacite, *Annales*. Collection des Universités de France.

Tome I, Livres I-III, texte établi et traduit par P. Wuilleumier, 1923, 2ᵉ édition 1974, 7ᵉ tirage de la 2ᵉ édition 2013.

Tome II, Livres IV-VI, texte établi et traduit par P. Wuilleumier, 1975, 2ᵉ tirage revu et corrigé par H. Le Bonniec 1990, 3ᵉ tirage 2003.

—, *Histoires. Tome I, Livre I*, texte établi et traduit par P. Wuilleumier et H. Le Bonniec, annoté par J. Hellegouarc'h, Collection des Universités de France, 1987, 2ᵉ tirage 2002.

VALÈRE MAXIME, *Faits et dits mémorables, Tome I, Livres I-III*, texte établi et traduit par R. Combès, Collection des Universités de France, 1995, 2ᵉ tirage 2003.

VELLEIUS PATERCULUS, *Histoire romaine. Tome II, Livre II*, texte établi et traduit par J. Hellegouarc'h, Collection des Universités de France, 1982, 2ᵉ tirage 2003.

VIRGILE, *Énéide*, Collection des Universités de France.
Tome I, Livres I-IV, texte établi et traduit par J. Perret, 1936, 2ᵉ édition revue et corrigée par R. Lesueur 1977, 6ᵉ tirage 2014.
Tome II, Livres V-VIII, texte établi et traduit par J. Perret, 1936, 2ᵉ édition 1978, 8ᵉ tirage 2012.
—, *L'Énéide*, introduction, traduction nouvelle et notes par P. Veyne, 2 vol., collection Classiques en poche, Paris, 2013.

Pierre Cosme, *Auguste*, collection Tempus, Perrin, Paris, 2009.

Jean-Pierre Néraudau, *Auguste, la brique et le marbre*, Les Belles Lettres, Paris, 1996, 2ᵉ tirage 2007.

CARTES

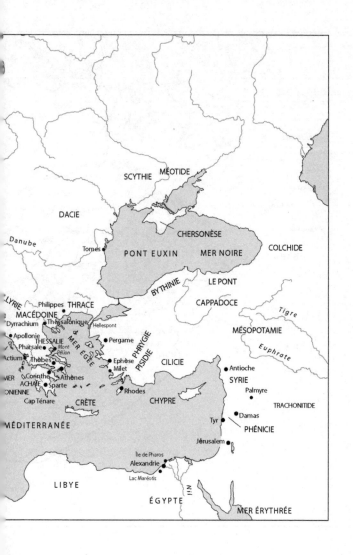

SCYTHIE

MÉOTIDE

DACIE

Danube

CHERSONÈSE

Tomes

PONT EUXIN

MER NOIRE

COLCHIDE

LYRIE

Philippes THRACE

MACÉDOINE

Dyrrachium Thessalonique

Apollonie

THESSALIE

Pharsale

MER ÉGÉE

Mont Pélion

Actium Thèbes

MER

Corinthe Athènes

ACHAÏE Sparte

ONIENNE

Cap Ténare

CRÈTE

MÉDITERRANÉE

BYTHINIE

LE PONT

CAPPADOCE

Tigre

PHRYGIE

MÉSOPOTAMIE

Pergame

Euphrate

Ephèse

PISIDIE

CILICIE

Milet

Antioche

Rhodes

SYRIE

CHYPRE

Palmyre

TRACHONITIDE

Tyr

Damas

PHÉNICIE

Jérusalem

Île de Pharos

Alexandrie

Lac Maréotis

NIL

LIBYE

ÉGYPTE

MER ÉRYTHRÉE

Hellespont

OCÉAN
ATLANTIQUE

Lugdunaise
Paris
Seine

Germanie
Inférieure
GERMANIE

G A U L E
Aquitaine

Rhin

RHÉTIE

NORIQUE
PANNONIE

Lyon
Gaule
Cisalpine
Marseille

Aquilée
Ravennes
ILLYRIE
Danu

I T A L I E

TARRACONAISE

NARBONNAISE
Narbonne •

Lusitanie

ESPAGNE

CORSE

ÉTRURIE

Rome •
• Ostie
CAMPANIE
APULIE

Dyrrachium •

MAC
ÉPIR

Bétique

SARDAIGNE

M E D I T

Actium •

MAURÉTANIE

Carthage
NUMIDIE
AFRIQUE

SICILE
Syracuse •

E
R
R
A
N
É
E

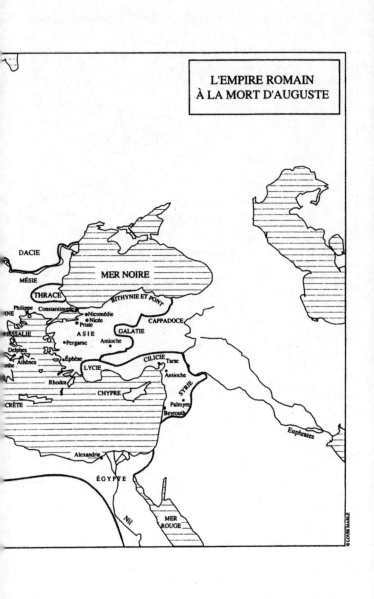

L'EMPIRE ROMAIN
À LA MORT D'AUGUSTE

DACIE

MÉSIE

THRACE

Philippe

Constantinople

Nicomédie

Nicée

Pruse

ASIE

Pergame

Antioche

HESSALIE

Delphes

Athènes

inthe

Éphèse

LYCIE

Rhodes

CHYPRE

CRÈTE

MER NOIRE

BITHYNIE ET PONT

CAPPADOCE

GALATIE

CILICIE

Tarse

Antioche

SYRIE

Palmyre

Beyrouth

Euphrates

Alexandrie

ÉGYPTE

Nil

MER
ROUGE

© LOUIS MARLE

TABLE DES MATIÈRES

Ce volume,
le dix-septième
de la collection
La véritable histoire de,
publié aux Éditions Les Belles Lettres,
a été achevé d'imprimer
en avril 2014
sur les presses
de la Nouvelle Imprimerie Laballery
58500 Clamecy

N° d'éditeur : 7831 – N° d'imprimeur : 404192
Dépôt légal : mai 2014
Imprimé en France